예배가 이끄는 삶
THE WORSHIP DRIVEN LIFE

참된 예배자를 위한 40일 말씀 여정

초판 1쇄 발행 | 2023년 4월 10일

지은이 | 가진수

펴낸곳 | ㈜글로벌워십미니스트리
편　집 | 편집팀
디자인 | 조성윤

전　화 | 070) 4632-0660
팩　스 | 070) 4325-6181
등록일 | 2012년 5월 21일
등　록 | 제387-2012-000036호
이메일 | wlm@worshipleader.kr

판권소유 ⓒ 도서출판 워십리더 2023
값 28,000원

ISBN 979-11-88876-40-2 03230

"도서출판 워십리더는 교회와 예배의 회복과 부흥을 위해 세워졌습니다. 예배전문 출판사로서 세계의 다양한 예배의 컨텐츠를 담아 문서선교의 사명을 감당할 것입니다. 한국교회의 목회자, 워십리더, 예배세션뿐만 아니라 모든 크리스천들이 하나님의 임재를 경험할 수 있도록 열정을 다하고 있습니다."

〈이 책의 모든 내용은 저자와의 독점 출간 저작권 보호를 받으므로 어떤 사유로도 무단전재와 복제를 할 수 없습니다.〉

(Printed in Korea)

당신의 삶을 하나님 말씀으로 새롭게 디자인하라

예배가 이끄는 삶
THE WORSHIP DRIVEN LIFE

참된 예배자를 위한 40일 말씀 여정

가진수

worship leader 워십리더

사랑하는 나의 아버지 가용현 장로님과
어머니 김길자 전도사님께 마음을 담아
이 책을 헌정합니다.

들어가는 글

교회의 가장 중요한 목적은 하나님께 '예배' 드리는 것입니다. 창세기를 통해 하나님께서 우리를 창조하신 목적은 '하나님께 영광 돌리기 위해서'라고 말씀하셨습니다. 그러므로 피조물인 우리들의 가장 중요한 인생 우선순위는 '예배'가 되어야 합니다. 예배는 선택의 문제가 아니라 우리의 인생 목적입니다.

"이 백성은 내가 나를 위하여 지었나니 나를 찬송하게 하려 함이니라"
(사 43:21)

예수님께서는 요한복음 4:24을 통해 다음과 같이 예배에 대한 말씀을 하셨습니다.

"하나님은 영이시니 예배하는 자가 영과 진리로 예배할지니라"(요 4:24)

예수님께서 직접 말씀하신 "영과 진리"의 예배는 마지막 때를 살아가는 우리들에게 영이신 하나님께 예배를 어떻게 드려야 하는지를 분명히 알려주고 있습니다. 그동안 한국교회는 급격한 외적 성장으로 인해 예배를 잘 드리는 것에 관심을 많이 두지 않았습니다. 예배를 잘 드리지 않아도 부흥했었고, 예배는 늘 드리는 것이라는 타성에 젖기도 했습니다. 예배를 드리면서 '예배가 무엇인지?' '왜 예배를 드려야 하는지?'에 대한 분명한 이해도 없었습니다. 지금의 위기 시대에 우리 교회는 예배의 본질과 기초로 돌아가야 합니다. 진정한 교회의 목적을 고민하면서 어렵더라도 다시 시작하는 자세가 중요합니다.

한국교회는 마음을 드리는 예배에 비해 하나님 말씀을 예배의 본질과 기초 위에 세우는 노력이 많이 부족했습니다. 성경은 우리를 깨우치게 하고 교훈을 주며 이 시대를 어떻게 살아야 하는지 알려줍니다. 그러나 그보다도 성경이 중요한 것은 예배의 대상이신 '하나님이 어떤 분이신가?'를 알려주기 때문입니다. 이 성경을 통해 우리는 하나님이 어떤 분이신지를 분명히 깨닫고, 어떻게 예배를 드려야 하는지, 그리고 하나님이 원하시고 기뻐하시는 예배의 모습이 무엇인지를 명확히 알 수 있습니다.

이 책은 예배적 관점에서 바라본 성경의 본질을 40일 동안 나누기 원하는 책입니다. 성경이 예배의 유일한 대상인 하나님께 "예배자들이 어떻게 예배해야 하는가?"에 대한 말씀이기 때문에, 성경에서 예배의 기초와 본질을 찾아가는 것은 당연합니다. 그런 관점에서 이 책은 한국교회의 예배를 다시 회복하고 참된 예배자를 세우는데 중요한 기초서라 할 수 있습니다. 성경의 많은 하나님의 사람들이 어떻게 하나님을 예배했는가를 명확하게 알 수 있을 뿐만 아니라, 하나님을 정말 잘 섬기고 따라가기를 원하는 예배자들에게 필요한 내용이 담겨 있기 때문입니다. 더 나아가 이 책은 하나님이 원하시고 기뻐하시는 예배를 드리고자 오늘도 갈망하는 모든 그리스도인을 위한 책입니다.

주님 오실 날이 가까운 이 시기에, '예배가 이끄는 삶'이 다시 회복하기를 원하는 한국교회와 하나님이 기뻐하시는 신실한 예배자로 서기 원하는 분들에게 귀한 영적 마중물이 되기를 소망합니다. 그리고 하나님께 예배드림이 얼마나 소중하고 하나님이 사랑하는 우리에게 주신 무한한 기쁨인지 회복하는 은혜가 있기를 기대합니다.

무엇보다도 이 책을 통해 한국교회의 예배가 회복되고, 하나님이 원하시는 참된 예배자들로 새로워지기를 원합니다. 그리고 우리의 신앙이 더욱 굳건히 되며 하나님을 이전보다 더욱 사랑할 수 있기를 진실로 원합니다.

"그런즉 너희가 먹든지 마시든지 무엇을 하든지 다 하나님의 영광을 위하여 하라"(고전 10:31)

가진수

일러두기

1. 이 책의 성경 구절은 '개역개정'을 사용했으며, 이해를 돕기 위해 '새번역', '킹제임스번역' '메시지 성경' 등도 함께 사용했습니다. 별다른 표기가 없는 것은 '개역개정'입니다.

2. 이 책을 함께 나눌 시에는 일부분을 서로 돌아가면서 읽는 것도 좋으며, 성경 구절 부분은 함께 읽는 것도 추천합니다. 그리고 지면의 한계로 인해 성경 구절을 다 기록하지 못한 부분은 성경을 함께 찾아 읽으면 더 이해가 깊을 것입니다.

3. 소그룹에 사용하는 방법으로는 함께 읽고 나누는 것을 추천하며, 함께 모이기 어려울 경우 서로 읽고 나서 느낀 점을 함께 나누는 것도 추천합니다.

4. 각 장의 마지막 부분 '함께 나누기'에서 서로 읽고 느낀 점들을 질문과 더불어 나누면 더 효과적입니다.

5. 혹시 오탈자를 비롯한 오류나 저자에게 질문이 있으시면 jsoogah@hanmail.net으로 연락주시기 바랍니다.

차례

들어가는 글   06

첫째, 하나님은 우리를 예배자로 창조하셨습니다.

제 1일   우리들의 목적은 하나님을 영화롭게 하는 것입니다. 창세기   16
제 2일   하나님은 우리를 구원하시고 자녀 삼아 주셨습니다. 출애굽기   27
제 3일   우리는 하나님의 거룩한 예배자입니다. 레위기, 민수기, 신명기   38

둘째, 하나님은 우리의 삶을 인도하십니다.

제 4일   하나님은 우리와 항상 함께 하십니다. 여호수아   52
제 5일   하나님은 우리의 참된 예배를 받으십니다. 사사기   64
제 6일   하나님은 신실한 예배자를 찾으십니다. 룻기   73
제 7일   하나님은 순종하는 예배자를 찾으십니다. 사무엘상, 사무엘하   81
제 8일   예배의 시작은 하나님의 주권을 인정하는 것입니다.
        열왕기상, 열왕기하, 역대상, 역대하   90
제 9일   참된 예배자는 하나님의 말씀을 따르는 자입니다.
        에스라, 느헤미야   99
제 10일   하나님은 그의 백성들을 언제나 보호하십니다. 에스더   108

셋째, 하나님은 우리와 늘 함께 계십니다.

제 11일	하나님은 우리가 늘 영적으로 성장하기 원하십니다. 욥기	120
제 12일	예배자는 항상 하나님을 높이고 찬양해야 합니다. 시편	129
제 13일	우리는 날마다 인도하시는 주님을 찬양해야 합니다. 잠언, 전도서	138
제 14일	참된 예배자는 하나님을 날마다 사랑하는 사람입니다. 아가	147

넷째, 하나님은 우리에게 귀를 기울이고 계십니다.

제 15일	예배는 하나님의 임재 가운데 거하는 것입니다. 이사야	158
제 16일	예배자는 하나님 말씀대로 사는 사람입니다. 예레미야, 예레미야애가	168
제 17일	예배자는 하나님과 항상 친밀한 관계를 유지합니다. 에스겔	178
제 18일	하나님은 신실한 예배자를 원하십니다. 다니엘	188
제 19일	하나님은 우리가 순결하고 거룩하기를 원하십니다. 호세아	197
제 20일	하나님은 당신을 찾는 예배자를 기뻐하십니다. 요엘, 아모스, 오바댜	207
제 21일	예배는 하나님의 음성을 듣는 것부터 시작합니다. 요나	217
제 22일	예배는 매일의 삶에서 하나님을 증거 하는 것입니다. 미가, 나훔	227
제 23일	예배는 하나님의 영광을 인정하는 것입니다. 하박국	238
제 24일	예배는 하나님을 가장 우선순위에 두는 것입니다. 스바냐, 학개	248
제 25일	예배는 하나님을 전적으로 신뢰하는 것입니다. 스가랴, 말라기	259

다섯째, 예수 그리스도는 우리의 구원이십니다.

제 26일	예배의 중심은 예수 그리스도이십니다. 마태복음, 마가복음, 누가복음	272
제 27일	참된 예배는 영과 진리로 드리는 예배입니다. 요한복음	283

여섯째, 하나님은 우리의 삶에 간섭하십니다.

제 28일	예배는 삶 속에서 예수 그리스도를 증거 하는 것입니다. 사도행전	298

일곱째, 하나님은 우리와 늘 이야기하기 원하십니다.

제 29일　우리의 예배는 항상 복음적이어야 합니다. 로마서　310

제 30일　우리는 신실하고 경건한 삶의 예배자가 되어야 합니다.
　　　　고린도전서, 고린도후서　322

제 31일　예배는 우리에게 진정한 자유함을 줍니다. 갈라디아서　333

제 32일　참된 예배자는 그리스도 안에서 날마다 성장하는 것입니다.
　　　　에베소서, 빌립보서, 골로새서　344

제 33일　예배는 하나님의 은혜를 경험하는 것입니다.
　　　　데살로니가전서, 데살로니가후서　355

제 34일　예배는 말씀의 기초위에 세워져야 합니다.
　　　　디모데전서, 디모데후서, 디도서, 빌레몬서　367

여덟째, 하나님은 이 땅에서 참된 예배자로 살기 원하십니다.

제 35일　믿음은 하나님께 나아가는 예배자의 필수요건입니다. 히브리서　380

제 36일　참된 예배자는 삶에서 그리스도가 드러나는 사람입니다. 야고보서　392

제 37일　하나님은 세상 속의 참된 예배자가 되기 원하십니다.
　　　　베드로전서, 베드로후서　403

제 38일　참된 예배자는 하나님과 늘 교제합니다. 요한일서, 요한이서, 요한삼서　414

제 39일　하나님이 원하시는 예배자는 성령의 음성을 늘 듣는 사람입니다.
　　　　유다서　425

아홉째, 하나님은 우리를 영원한 나라로 인도하십니다.

제 40일　참된 예배자는 영원한 나라를 늘 사모하는 사람입니다. 요한계시록　438

나가는 글　449

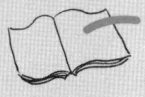

첫째,

하나님은 우리를 예배자로 창조하셨습니다.

제 1 일 우리들의 목적은 하나님을 영화롭게 하는 것입니다. 창세기
제 2 일 하나님은 우리를 구원하시고 자녀 삼아 주셨습니다. 출애굽기
제 3 일 우리는 하나님의 거룩한 예배자입니다. 레위기, 민수기, 신명기

제 1 일

우리 인생의 목적은 하나님을 영화롭게 하는 것입니다.

창세기

    웨스트민스터 소요리문답 제1 문항은 "사람의 제일되는 목적이 무엇인가?"라고 묻고, "사람의 제일 되는 목적은 하나님을 영화롭게 하고 하나님을 영원히 즐거워하는 것이다."라고 대답합니다.

    성경의 첫 말씀인 창세기의 목적은 '예배'입니다. '예배'라는 말이 통용되기 위해서는 예배를 받는 대상과 예배하는 자가 있어야 하는데, 창세기는 창조하신 창조주와 예배하기 위해 지음 받은 예배자가 분명하게 구분되는 시작점이기 때문입니다. 그렇기에 창세기는 '시작'이라는 의미를 가지고 있습니다. 세상은 모든 것이 하나님의 손에 의해 시작되었습니다. 우리 모두를 창조하신 것입니다.

    창조하신 마지막 날에 하나님은 세상을 보시고 "참 좋았다"라고 하셨습니다. "참 좋았다"는 말씀은 창조하신 모든 만물을 통해 하나님을 영화롭게 할 모든 것이 준비되었다고 알리는 것입니다. 만일 어떤 사람이 어떤 재료를 통해 예술적인 멋진 작품을 만들었다고 했을 때, 우리는 그 작품을 보며 감탄합니다. 그것이 그림이거나 보이는 조각품, 또는 건축물일 경우 더 감동합니다. 그리고 그 작품을 만든 사람을 우러러보며 존경하기도 합니다. 하나님은 무에서 유를 창조하셨습니다. 온 우주와 남자, 여자를 창조하시고 아름다운 꽃과 나무, 생물들을 창조하셨습니다. 우리가 하나님을 존경하고 경배하는 이유는 바로 이 모든 것들을 창조하신 전능하신 분이기 때문입니다. 하나님이 세상을 창조하신 전능자라는 것은 예배 받기에 합당하신 위대하심을 나타냅니다. 영광을 받으시기 위한 자격이 있는 예배 대상자는 전능자이자 왕의 왕, 존귀하신 분이어야 하는데, 창세기는 바로 하나님께서 예배 받으시기에 합당하신 분임을 명확하게 보여줍니다.

세계적인 찬송가 작곡자이자 영국 찬송가의 아버지라 불리는 아이작 와츠(Issac Watts, 1674-1748)는 '창조가 하나님의 선하심에 대한 최초의 증거'라고 말합니다. 그는 하나님의 위대하심을 기억하며 "주의 위대한 능력을 노래하리(I sing the mighty power of God)"를 작곡했습니다. 1715년에 쓴 이 찬양은 하나님이 이 땅에 허락하신 권능과 아름다움을 아름답게 표현했습니다. 하나님께서 어떻게 우리로 하여금 창조의 기쁨을 누릴 수 있는지 이 찬양은 말해주고 있습니다.

주의 위대한 능력을 노래하리 산을 만드시고
바다를 만방에 보내시며 하늘을 펼치셨네.
주의 지혜를 노래하리 해를 명하사 낮을 다스리고
달은 주의 말씀에 따라 밝게 빛나며 모든 별들도 그의 말씀에 복종하네.

주의 선하심을 노래하리 주는 이 땅을 양식으로 채우시고
그의 말씀으로 모든 것을 만드셨으며 그것들을 선하다고 칭하시네.
내가 눈을 두는 곳마다 주의 경이로움을 보네.
걷고 있는 딸을 보아도, 하늘을 올려다보아도.

어둡고 암흑으로 불완전한 이 세상을 아름다움으로 만드신 건축가이자, 물리학자이자, 생물학자이신 하나님께 우리는 존경을 담아 찬양을 하는 것입니다. 그 위대하심을 높이고 찬양하는 것, 그것이 예배입니다. 이사야 43:21 말씀은 하나님께서 우리를 지으신 목적을 명확하게 말씀하십니다.

"이 백성은 내가 나를 위하여 지었나니 나를 찬송하게 하려 함이니라"
(사 43:21)

창조는 예배의 시작입니다. 우리는 위대하신 창조주 하나님을 예배하도록 지음 받은 예배자입니다. 하나님을 영화롭게 하는 것이 인생의 가장 중요한 책무인 우리 예배자들에게 예배는 단지 의무가 아니라 하나님이 우리에게 주시는 특권이자 은혜입니다. 하나님이 우리를 지으시고, 택하시고 구원하셨기 때문입니다. 그보다도 더 위대한 이유는 그 위대하신 하나님께서 당신의 형상대로 우리를 지으셨다는 사실입니다. 우리는 이것을 사랑이라는 말밖에는 달리 표현할 수 없습니다. 에덴동산에서의 아담과 하와의 불순종으로 인해 영원한 죄악 가운데 죽을 수밖에 없는 우리들은 하나님의 변함없는 사랑으로 구원받았습니

다. 하나님은 당신의 사랑을 이렇게 확증하셨습니다.

"우리가 아직 죄인 되었을 때에 그리스도께서 우리를 위하여 죽으심으로 하나님께서 우리에 대한 자기의 사랑을 확증하셨느니라"(롬 5:8)

우리는 아브라함과 사라를 통해 위대한 나라를 시작하시는 약속의 하나님을 만납니다. 아브람에게 하신 약속의 말씀들은 거룩함을 통해 온 땅의 모든 사람들이 복을 받을 것입니다. 세상의 구원자이자 메시야이신 예수님께서 이스라엘 자손으로 오시기 때문입니다.

하나님은 창세기를 통해 당신이 창조하신 피조물들에게서 끊어지지 않았음을 보여주십니다. 오히려 하나님은 피조물들과 교제하시기를 원하십니다. 아브라함과의 언약은 궁극적으로 십자가를 통해 구원으로 이루어지는 인류에 대한 하나님의 사랑과 헌신의 깊이를 보여줍니다. 그리고 이 언약은 하나님께서 우리와 맺기 원하시는 신성한 계획이며, 사랑의 순종에 대한 우리들의 반응이 요구되는 특별한 관계를 나타냅니다.

계속해서 창세기는 하나님께서 그분의 목적을 이루시기 위해 어떻게 성도들과 악한 자들을 사용하시는지를 보여줍니다. 또한 하나님은 가끔 악한 자들과 같이 행동하는 성도를 사용하시기도 합니다. 전능하신 하나님의 영광보다 자신의 이기적인 이득을 추구하는 인간들의 성향에도 불구하고 결코 좌절하지 않으신다고 말씀하십니다. 그리고 결국 하나님의 사랑은 예수 그리스도를 통해 하나님께서 아브라함에게 하셨던 그 약속이 언젠가 완성될 것임을 말씀하십니다. 그 때까지 우리는 아브라함과 같은 믿음을 통해 하나님의 자녀이자 예배자가 되어야합니다. 그리고 무엇보다도 하나님을 영화롭게 하는 피조물로서 순종적인 삶을 살며 하나님을 예배하며, 그분의 주권적인 목적이 우리 안에서 그리고 우리를 통해서 성취될 수 있도록 해야 합니다.

하나님은 아담과 하와의 불순종을 비롯해 바벨의 오만함, 소돔과 고모라의 타락을 벌하시기도 하시지만, 때때로 침묵하시기도 하십니다. 하지만 창세기의 대부분은 하나님의 사랑이 미치지 않은 곳이 없음을 증거하고 있습니다. 요셉과 그의 형제들의 이야기에서 보듯 결국에는 하나님의 사람들을 구원하기 위해 하나님께서 매 순간 적극적으로 관여하고 계심을 발견합니다.

우리의 죄는 하나님을 올바로 예배할 수 없습니다. 하나님의 용서와 자비가 필요한 이유입니다. 우리는 완전하지 않으며, 하나님께 예배 드리며 나아가는 것은 오직 하나님의 자비와 사랑만이 필요합니다. 그것이 은혜입니다. 우리가 원해서 하나님께 나아가는 것이 아닌, 오직 하나님의 은혜로 하나님께 나아갈 수 있는 것입니다.

아브라함은 소돔과 고모라의 세속적 타락이 하나님을 예배할 수 없는 상태임을 알고 있었습니다. 아브라함의 간절한 간구와 고백을 통해 하나님의 자비와 사랑을 구하고 있습니다. 하나님은 우리의 죄악에 대해 자비와 용서로 응답하시며, 예배는 이에 대한 적합한 응답임을 기억해야 합니다. 하나님은 우리가 자비를 구하는 것에 대해 기꺼이 응답하십니다. 하나님께 용서를 구하는 아브라함을 사랑으로 응답해주신 것처럼 지금도 우리를 언제나 용서하시고 자비를 베풀어주십니다.

창세기 4장에는 가인과 아벨의 제사가 나옵니다. 아벨의 제사는 하나님께서 받으실만한 첫 번째 예배로 기록됐습니다.

"아벨은 자기도 양의 첫 새끼와 그 기름으로 드렸더니 여호와께서 아벨과 그의 제물은 받으셨으나"(창 4:4)

이 말씀 중 중요한 것은 하나님께서 아벨의 제사를 받으셨다는 것입니다. 아벨의 제물 이전에 '아벨과'를 주목하시기 바랍니다. 이 말씀을 통해 우리는 하나님이 가장 원하시는 참 제사는 제물보다는 예배를 드리는 사람의 중심이라는 것을 알 수 있습니다. 또한 예배는 '하나님의 말씀에 대한 응답'이므로 하나님이 받지 않으시는 예배는 진정한 예배가 될 수 없음을 기억해야 합니다. 우리가 아무리 많은 예배를 드린다고 해도, 우리가 아무리 많은 중요한 것으로 하나님께 나아간다고 해도, 하나님이 받으시는 예배가 중요합니다. 그러므로 우리는 하나님이 기뻐하시고 받으시는 예배가 무엇인지 깨닫고 하나님이 기뻐하시는 예배가 될 수 있기 위해 노력해야합니다. 그것은 무엇보다 아벨과 같이 내 자신이 하나님 앞에 참된 예배자가 되는 것입니다.

에녹은 참된 예배자로서의 모범입니다. 성경에는 그가 짧게 등장하지만, 하늘로 들려 올라간 두 사람 중 한사람입니다. 성경은 에녹이 하나님과 동행했다고 기록하고 있습니다.

"에녹이 하나님과 동행하더니 하나님이 그를 데려가시므로 세상에 있지 아

니하였더라"(창 5:24)

여기서 '동행하더니'의 영어 표현은 'walked'입니다. 이 원문은 '하나님과 동행하다'는 뜻으로 '예배자로 평생 살았다는 것'을 의미합니다. 그의 삶이 어떠했는지는 히브리서 11장에 조금 더 자세히 나와 있습니다.

"믿음으로 에녹은 죽음을 보지 않고 옮겨졌으니 하나님이 그를 옮기심으로 다시 보이지 아니하였느니라 그는 옮겨지기 전에 하나님을 기쁘시게 하는 자라 하는 증거를 받았느니라"(히 11:5)

에녹은 동행하였을 뿐 아니라 하나님을 기쁘시게 하는 사람이었습니다. 하나님을 영화롭게 하는 것이 참된 예배자라면 하나님을 기쁘시게 하는 것은 최상의 예배자의 표현입니다. 하나님을 기쁘시게 하는 것만큼 우리 피조물들에게 중요한 것이 있을까요? 하나님을 기쁘시게 하는 것이 우리 인생의 최대 목적이 되어야 합니다.

창세기는 믿음의 예배자들이 많이 언급됩니다. 노아는 햇볕 쨍쨍한 곳에 배를 지었으며, 아브라함은 믿음의 조상이었고, 이삭과 야곱, 요셉을 비롯한 허다한 믿음의 사람들이 하나님을 신뢰하고 기쁘시게 했습니다. 이 믿음의 사람들의 공통점은 순종입니다. 예배는 하나님께 순종함으로 시작됩니다. 순종은 예배로 들어가는 관문입니다. 순종이 없이는 하나님께 나아갈 수 없을 뿐만 아니라 하나님을 기쁘시게 할 수 없습니다.

"노아가 그와 같이 하여 하나님이 자기에게 명하신 대로 다 준행하였더라"(창 6:22)

"이에 아브람이 여호와의 말씀을 따라갔고 롯도 그와 함께 갔으며 아브람이 하란을 떠날 때에 칠십오 세였더라"(창 12:4)

하나님의 말씀에 순종한다는 것은 하나님께 진실을 다해 예배한다는 것과 같으며 그것은 나의 생각을 온전히 버린다는 것을 의미합니다. 노아, 아브라함, 이삭 그리고 야곱은 하나님의 계시에 대한 적절한 응답으로서 기쁨이 있는 예배를 보여주었습니다. 이들은 하나님의 말씀에 온전히 순종함으로 자신의 생각과 상식을 버리는 위대한 예배의 모습을 보여주었습니다. 우리의 것을 버릴 때 예배의 제단을 세울 수 있습니다. 그리고 순종이 제사보다 낫습니다(삼상 15:22).

순종은 믿음의 다른 말입니다. 내가 생각하는 것이 아무리 옳아도 하나님의 뜻을 따라가는 것이 순종입니다. 이것은 하나님에 대한 믿음이 없이는 불가능합니다. 그러므로 온전한 예배자란 내 생각과 뜻이 하나님의 뜻으로 바뀌는 것을 의미합니다. 하나님은 카이로스의 시간에 우리에게 많은 축복을 성령님을 통해 부어 주시려고 합니다. 그것은 오직 하나님께 나의 영적 주파수가 맞춰져 있는, 하나님과 항상 교제하는 예배자의 상태가 되어야 합니다. 창세기는 특히 하나님의 뜻에 맞춰 순종하며 살려고 했던 믿음의 예배자들을 보여주는 말씀의 책입니다.

아브라함은 하나님과의 약속을 기억하며 자신의 안락을 포기하고 자신의 거처를 떠나갔습니다. 하나님이 우리에게 약속하신 것이 무엇인지를 기억하는 것은 중요합니다. 우리도 아브라함처럼 진정한 예배의 자리를 위해 지금의 안락과 편안함을 과감히 버리는 것이 가능하지 생각해보아야 합니다. 우리는 참된 예배를 위해 내가 가진 소유와 지위를 과감히 포기할 수 있어야 합니다. 그리고 나의 생명을 드리며 주님의 영광을 위해 기쁨의 제물이 되어야 합니다. 하나님께 온전히 순종하는 참된 예배는 우리를 하나님과의 언약의 관계 안에 살아갈 수 있도록 위로해줍니다.

참된 예배는 하나님을 기쁘시게 하는 것이며, 우리의 마음과 일생을 하나님께 모두 드리는 것임을 잊어서는 안 됩니다. 단지 주일에만 하나님께 나아와 예배 드리는 것이 아니라, 월요일부터 토요일까지의 우리의 삶이 예배가 되어야 합니다. 우리의 모든 삶이 예배가 되어야 합니다.

"그런즉 너희가 먹든지 마시든지 무엇을 하든지 다 하나님의 영광을 위하여 하라"(고전 10:31)

뛰어난 예배 학자였던 로버트 웨버(Robert E. Webber) 박사는 예배란 "하나님이 하신 창조의 사역과 구원의 사역, 예수 그리스도의 탄생과 죽으심, 부활, 다시 오심에 대한 이야기를 기억하는 것"이라고 말했습니다. 예배의 본질인 이 모든 말씀은 성경에 기록되어 있습니다. 이 과거의 말씀들을 지금의 시간, 주일 예배에 기억하고 재현하며 감사로 찬양하며 예배하는 것입니다. 그리고 주일 예배 이후, 즉 오늘의 시간 이후 시작되는 월요일부터 토요일까지의 삶을 예배로 살아나가는 것입니다. 이것이 본격적인 예배이자 온전한 예배이며, 피조물인 예배자의 당연한 의무입니다. 이것이 예배의 본질이자 내용이라면, 우리는 예배를 통해 하나님의 놀라우신 일들을 경외함으로 높여드리고 모든 만물을 창조하신 전지전능한 하나님께 무한한 영광을 돌려드려야 합니다. 그것이 주일 예배 등의 공예배뿐 아니라 모든 예배를 포함하며, 더 나아가 우리 삶의 예배를 통해서도 드러나야 합니다.

한편 창세기는 하나님께 나아가는 데 필요한 다양한 예의를 알려줍니다. 희생물과 제단, 돌기둥, 전제, 할례, 경건 의식, 서약 등은 예배 예식을 구성하는 중요한 요소들입니다. 아벨과 노아, 아브라함, 이삭, 야곱, 요셉은 하나님을 마음뿐 아니라 예를 갖춰 하나님께 예배했습니다. 오늘날에도 우리는 주일 예배를 포함한 여러 예배를 통해 하나님께 경건을 갖추고 마음과 뜻을 모아 예배하는 전통을 이어가고 있습니다.

창세기는 예배의 시작이며 예배의 모본을 보여줍니다. 그리고 예배자로 살았던 믿음의 사람들, 아벨, 노아, 아브라함, 이삭, 야곱, 요셉 등을 통해 하나님을 기쁘시게 하는 것이 무엇인지 알려줍니다. 그들의 순종과 믿음을 통해 하나님을 영화롭게 하고 중심을 통해 참된 예배를 드리는 모습은 지금의 복잡하고 현란한 시대를 살아가는 우리에게 많은 혜안을 줍니다. 순종과 믿음은 하나님을 기쁘시게 하며, 우리의 예배를 통해 창조하신 하나님의 목적을 이루게 됩니다. 우리를 창조하시고 예배자로 부르신 하나님께 존귀와 찬양과 영광을 영원히 돌려 드려야 합니다.

1. 하나님께서 우리를 창조하신 목적은 무엇인가요?
2. 아브라함을 통해 배울 수 있는 예배의 자세는 무엇인가요?
3. 창세기에 나타난 예배의 모습을 말해보세요.

제 2 일

하나님은 우리를 구원하시고 자녀 삼아 주셨습니다.

출애굽기

하나님은 우리를 구원하시고 함께 하시는 분이십니다. 이 영원히 변치 않는 명제를 잘 보여주는 것이 출애굽기입니다. 출애굽기는 하나님이 모세를 통해 이스라엘 백성을 구원하시고 젖과 꿀이 흐르는 가나안 땅으로 인도하실 것이라는 약속의 말씀입니다. 약속은 예배에 있어 중요한 본질입니다. 예배를 받으실 하나님과 예배를 드릴 예배자가 '언약(covenant)'이라는 약속을 통해 시작되기 때문입니다. 이것은 우리가 예배자가 되는 것이 선택이 아닌 필수조건임을 말해줍니다. 우리가 창조된 날부터 하나님을 예배하도록 지어진 예배자이며, 이것을 확인시켜주는 것이 언약입니다.

'톰 소여의 모험'이라는 소설로 잘 알려진 마크 트웨인(Mark Twain, 1835-1910)은 인간의 삶이 끝없이 분주하다는 점을 강조했습니다. 그러면서 "우리는 우리가 원하는 것이 무엇인지 잘 모른다. 하지만 우리는 우리의 마음을 고통스러울 만치 분주하게 하는 것들을 원한다"고

첫째, 하나님은 우리를 예배자로 창조하셨습니다.

말했습니다. 주변을 돌아보면, 우리는 트웨인의 말이 옳음을 알게 됩니다. 사람들은 직장과 가정, 교회와 사회의 각종 일들을 도맡아가며 정신없는 삶을 살아갑니다. 돈을 벌기 위해, 승진과 더 나은 삶을 위해 새로운 시대의 각종 기술을 배우기 위해 여러 강의와 세미나로 몰려듭니다. 또 다른 사람들은 물질적 쾌락을 통한 성취감을 얻기 위해 모든 힘을 다 쏟기도 합니다.

출애굽기는 괴로운 마음으로 쉴 곳을 찾아 헤매는 사람들의 이야기로 시작합니다. 그들은 애굽의 통치아래 고통과 고난으로 가득한 무가치해 보이는 삶을 살아왔습니다. 아브라함과 이삭, 야곱의 자손들인 이들은 곤경에서 벗어나기를 원했습니다. 하지만 처음 그들의 삶은 하나님으로부터 거의 잊힌 것처럼 보였습니다. 그들의 상황이 더 이상 견딜 수 없는 지경까지 이르렀을 때, 하나님은 모세를 보내어 그들을 구원하게 하셨습니다.

출애굽기는 구원의 이야기이자, 하나님의 백성들이 상상한 것 이상의 경험을 제공하는 이야기입니다. 고뇌에 찬 이야기로 시작해 하나님의 사랑을 극적으로 표현하며 끝이 납니다. 노예생활을 하던 백성들에 대한 하나님의 돌보심과 자비를 통해, 출애굽기는 하나님이 그 어떤 것과도 비할 수 없는 능력과 보호하심으로 자신의 백성들을 속박에서 건져내실 것을 이야기하고 있습니다.

출애굽기는 애굽의 억눌림으로부터 떠나는 이스라엘의 이야기입니다. 이 노예 생활에서의 '탈출'은 근본적으로 이스라엘의 하나님께서 하신 계획입니다. 하나님께서는 그분의 백성들을 구원하시는 과정을 통해 사랑과 자비의 성품을 보여주고 계십니다. 더 나아가 우리로 하여금 예배의 삶 가운데 그분께 어떻게 응답해야 하는지 알려주고 계십니다.

이스라엘 백성에 대한 하나님의 구원은 노예상태로부터 벗어나게 해달라는 백성들의 목소리를 들으시는 데서부터 시작되었습니다. 그리고 하나님은 그의 백성들을 긍휼히 여기시고 아브라함과 맺은 그의 언약을 기억하셨습니다. 하나님은 스스로를 떨기나무 불꽃 가운데 모세를 부르심으로 구원 사역을 시작하셨습니다. 하나님은 하나의 부족신이 아니라 '스스로 있는 자(I am who I am)'로서, 최종적 주권을 행사하시는 거룩한 하나님이셨습니다. 모세와 같이 하나님의 존전 앞에 우리는 경외감에 사로잡힌 나머지 우리의 얼굴을 감추고 싶어 합니다. 그러나 하나님께서는 우리를 불로 없애시기보다는, 우리를 사랑의 관계로 이끄시며 구원의 목적을 위해 우리를 부르십니다.

출애굽기 7장 14절부터 11장 10절에 기록된 애굽에 내리는 재앙을 통해 예배는 분명 자연과 인류에 대한 하나님의 완전하신 통치권임을 깨닫게 합니다. 또한 하나님의 섭리 가운데 애굽에서 벗어나는 이스라엘 백성들의 탈출기를 통해 어떻게 그들을 애굽의 왕과 권세에서 구해내시는지 우리는 하나님의 능력을 절대적으로 인정하고 예배해야함을 보여줍니다.

이스라엘 백성들은 애굽에서의 궁핍함에서 벗어나 시내(Sinai) 산에서 하나님의 임재하심을 경험합니다. 출애굽기를 통해 우리는 하나님이 그의 백성들을 사랑하기 원하신다는 것을 명백하게 그리고 감사함으로 깨닫습니다. 그리고 그들은 이렇게 고백합니다.

"여호와는 나의 힘이요 노래시며 나의 구원이시로다 그는 나의 하나님이시니 내가 그를 찬송할 것이요 내 아버지의 하나님이시니 내가 그를 높이리로다"(출 15:2)

하나님께서는 모세를 언약의 약속으로 새롭게 세우시고 이스라엘 백성들을 애굽의 속박으로부터 구원하셨습니다. 이 과정을 통해 하나님께서는 그의 권능이 인간의 권세와 이교도 신들, 자연의 섭리보다 뛰어나다는 것을 보여주셨습니다. 그리고 이스라엘 장자들의 생명을 보호하시고, 후손들이 하나님의 은혜로운 구원을 기억할 수 있게 유월절을 기념하도록 하셨습니다. 예배자로서 우리의 예배 역시 하나님의 구원에 초점을 두며, 예수님의 만찬에서 기념되었던 것과 같이 예수님의 죽음으로 구원받은 것을 기념하기 위해 지금도 성찬을 중요시하고 있습니다.

출애굽기 15장에는 하나님께서 그들을 구원하셨음을 기쁨으로 노래했던 이스라엘의 백성들이 등장합니다. 이 구원의 노래는 바로의 군대로부터 구해주신 하나님을 찬미하는 구약성경 최초의 노래로, 아론과 모세의 누이이자 최초의 여선지자인 미리암이 인도합니다.

"이 때에 모세와 이스라엘 자손이 이 노래로 여호와께 노래하니 일렀으되 내가 여호와를 찬송하리니 그는 높고 영화로우심이요 말과 그 탄 자를 바다에 던지셨음이로다 여호와는 나의 힘이요 노래시며 나의 구원이시로다 그는 나의 하나님이시니 내가 그를 찬송할 것이요 내 아버지의 하나님이시니 내가 그를 높이리로다"(출 15:1-2)

우리는 보통 '선지자'라고 하면 미래를 향한 하나님의 계획에 통찰력을 지닌 사람으로 생각합니다. 하지만 미리암은 하나님께서 자신을 사람들로 하여금 하나님께서 이미 행하신 일에 초점을 맞추기 위해 부르셨다는 것을 알고 있었습니다. 과거에 하나님께서 우리에게 공급하셨던 것을 상기하는 것 역시 예배의 중요한 본질입니다. 로버트 웨버 박사는 그것을 예배에서의 '기억(Remember)'과 '재현(Representation)'이라고 했습니다.

> "기억은 우리 모두에게 아주 중요한 것이다. 우리 개인의 삶에, 우리 가족에게, 우리 교회에게, 그리고 우리 나라에게 아주 중요한 것이다. 우리가 우리의 삶을 이끌어주는 중요한 사건들을 기억할 때, 우리의 마음은 종종 기쁨으로 가득 찬다. 성경적 예배는 바로 이런 것이다. 하나님의 구원 사역에 대해 말하고, 기억하고 재현하는 것이다. 그리고 재현의 동작을 통해 더 큰 기쁨을 얻는 것이다." [2]

예배는 하나님의 구원하심과 예수 그리스도의 죽으심, 부활, 다시 오심을 기억하고 재현하는 것입니다. 미리암의 노래는 하나님의 장엄함과 신실하심 그리고 사랑을 기억하게 합니다. 미리암은 그녀가 가진 음악적 재능으로 이스라엘 여인들이 노래와 춤으로 하나님을 찬양하며 안전하게 홍해를 건널 수 있도록 이끌었습니다.

"미리암이 그들에게 화답하여 이르되 너희는 여호와를 찬송하라 그는 높

---

[1] 로버트 E. 웨버, 예배의 고대와 미래, 가진수 번역, (인천: 워십리더, 2019), 30.

고 영화로우심이요 말과 그 탄 자를 바다에 던지셨음이로다 하였더라"(출 15:21)

하나님은 단순히 우리 입술의 찬양이 아닌, 그의 명령에 복종함으로 하나님을 예배하기 원하십니다. 백성들을 자유케 하신 후, 하나님은 백성들과 맺은 언약을 재확인하셨습니다. 그리고 시내 산에서 십계명을 선보이셨습니다. 이러한 것들은 언약의 조건이었습니다. 출애굽을 시작해 가나안땅으로 들어가기까지의 40년 광야 생활은 하나님의 인도하심이 없이는 불가능했습니다. 매일 공급하시는 만나와 메추라기는 이스라엘 백성들이 부족하지도 남지도 않았고, 구름기둥과 불기둥은 하나님이 함께하신다는 증표였습니다. 하나님께서 당신의 자녀들을 늘 부족하지 않게 인도하시며 이 모습은 예수님이 하신 말씀과 동일합니다.

"그러므로 염려하여 이르기를 무엇을 먹을까 무엇을 마실까 무엇을 입을까 하지 말라 이는 다 이방인들이 구하는 것이라 너희 하늘 아버지께서 이 모든 것이 너희에게 있어야 할 줄을 아시느니라"(마 6:23-24)

오늘 우리 예배자들의 삶도 하나님께서 돌보시고 함께하신다는 사실을 잊어서는 안 됩니다. 하나님의 자녀로 확정된 이상 하나님은 우리를 늘 부족하지 않게 해주실 것입니다.

"그러므로 내일 일을 위하여 염려하지 말라 내일 일은 내일이 염려할 것이요

한 날의 괴로움은 그 날로 족하니라"(마 6:25)

비록 눈에 보이진 않지만 우리의 모든 삶에 간섭하셔서 도와주심을 기억해야합니다. 특히 우리 예배자들에게는 성령님을 통해 모든 것이 합력해 선을 이룬다고 말씀하셨습니다. 여기서 '모든 것'은 100%를 말하며, 우리 삶의 모든 부분을 완벽하게 채워주신다는 의미입니다.

"우리가 알거니와 하나님을 사랑하는 자 곧 그의 뜻대로 부르심을 입은 자들에게는 모든 것이 합력하여 선을 이루느니라"(롬 8:28)

하나님은 이스라엘 백성들에게 찬양 받아야 할 특별한 권리를 알리시며 법규를 주셨습니다. 무엇보다도 다른 신들과 우상들은 받아들여질 수 없습니다. 하나님은 다른 신들에 대한 예배를 참지 않으시며, 찬양 받음의 영광을 다른 이들과 나눌 수도 없습니다. 10계명 중 네 계명은 하나님과의 약속이며 여섯 계명은 사람들과의 약속의 계명입니다. 십계명은 오래된 율법이 아니라 하나님이 어떤 분이신지를 명확하게 보여주며, 지금도 우리가 왜 하나님을 예배해야 하는지에 대한 예배의 목적과 대상을 분명하게 보여줍니다. 그리고 출애굽기 20장에서 23장에는 지혜와 긍휼에 대한 법규들이 나와 있습니다. 제단에 관한 법(출 20:22-26), 종에 관한 법(출 21:1-11), 폭행에 관한 법(출 21:12-27), 배상에 관한 법(출 22:1-15), 도덕에 관한 법(출 22:16-31), 공평에 관한 법(출 23:1-9), 안식년과 안식일에 관한 법(출 23:10-13), 세 가지 절기에 관한 법(출 23:14-19)입니다.

첫째, 하나님은 우리를 예배자로 창조하셨습니다.

하나님은 사랑의 하나님이시기도 하지만 그의 백성들이 하나님을 외면하고 다른 신을 탐할 때 무서운 진노를 내리셨습니다. 이스라엘 백성들이 금송아지를 경배할 때, 하나님의 진노는 뜨겁게 타올랐고 백성들은 무거운 대가를 지불해야 했습니다. 이는 오직 홀로 찬양받으시는 하나님을 제쳐두고 다른 신들을 먼저 좇아가는 우리의 성향을 보여줍니다. 지금도 우리가 예배자로 살면서 세상을 따라 살 때 하나님이 가장 미워하신다는 사실을 깨달아야 합니다.

출애굽기에서 우리는 영광스러운 하나님과 만나게 됩니다. 출애굽기의 이야기는 이스라엘 예배의 중심이 되는 성막이 하나님의 영광으로 채워지는 것으로 마무리됩니다. 이 말씀들을 통해 우리들이 하나님께 어떻게 나아가야 할지, 서로를 어떻게 돌봐야 할지 등을 알려주셨습니다. 그리고 하나님은 성막을 세우시고 우리들이 전심으로 예배할 수 있는 공동체를 형성할 수 있도록 해주셨습니다. 하나님이 원하시고 기뻐하시는 예배를 드리고, 하나님의 영광이 성막을 가득 채우는 것으로 출애굽기는 막을 내립니다. 하나님의 영광은 우리의 이해력을 뛰어넘는 것으로 그야말로 압도적입니다. 모세조차도 그 영광 앞에 머리를 들 수 없었다고 말씀하고 있습니다.

출애굽기는 경외감으로 가득한 영광을 지니시고 존귀와 찬양과 경배를 받으시기에 합당하신 하나님을 찬양하고 있습니다. 우리는 출애굽기를 통해 하나님과 어떻게 예배해야 하는지를 배울 수 있습니다.

첫째는 하나님의 구원의 언약입니다. 이스라엘 백성을 가나안 땅으로 인도하시겠다는 약속은 이미 오래전 아브라함에게 말씀하셨던 말씀입니다. 너와 네 민족을 구원할 것이며 함께하실 거라는 구원의 약속은 아브라함과 이스라엘 백성들뿐 아니라 지금도 하나님의 자녀들인 우리에게 해당됩니다. 하나님의 백성이자 예배자들로 창조된 우리를 창조주 하나님은 버리지 않으시고 영원히 구원하신다는 말씀입니다.

둘째, 예배 예식에 대한 기초를 보여줍니다. 출애굽기 25장에서 31장에는 하나님께 제사 드리는 양식과 예식에 대해 자세하게 나와 있습니다. 성소를 지을 예물, 증거궤, 진설병을 두는 상, 등잔대와 기구들 그리고 성막과 제단에 대한 상세한 내용과 등불 관리, 제사장의 옷, 판결 흉패, 제사장의 다른 옷에 대한 내용들 그리고 제사장의 직분과 분향할 제단, 회막 봉사에 쓰는 속전, 놋 물두멍, 거룩한 향기름, 거룩한 향, 안식일, 증거판에 대해서도 설명하고 있습니다. 이 예식과 절차는 오랜 역사를 거쳐 지금까지도 예배에 기초가 됩니다. 하나님께 예배할 때 우리의 마음뿐 아니라 하나님의 존엄에 예의를 갖추고 존귀와 찬양과 영광을 돌리는 모습이 참된 예배입니다.

그리고 상징적인 예술품 혹은 예술적 작품은 하나님을 배우는 데 도움을 줍니다. 출애굽기 36장부터 39장에는 하나님께 제사를 드릴 때에 마음뿐 아니라 필요한 언약궤와 상, 등잔대, 제단, 번제단, 놋 물두멍을 비롯한 성막 재료의 물자 등을 정성을 다해 준비할 것을 말씀하시고 있습니다. 우리는 하나님께 예배하는 예식의 하나하나까지 준비하시는 하나님의 세심함을 찬양해야 합니다. 우리가 거룩한 하나님께 예배 드릴 때 경솔하게 혹은 부주의하게 드려서는 안 되며, 마음뿐 아니라 정성껏 준비하는 태도 또한 참된 예배의 모습입니다.

셋째, 예배의 순서와 요소를 보여줍니다. 예배는 네 가지 요소로 이루어져 있습니다. 모세가 하나님의 부르심에 만나고, 하나님께서 말씀하시며, 하나님 말씀을 듣고 순종하며, 이를 통해 백성들에게 알리고 행하는 과정은 지금 우리가 드리는 예배의 순서이자 양식입니다. 지금도 우리의 예배는 하나님의 부르심과 말씀, 감사와 결단, 파송으로 이루어져 있습니다.

출애굽기는 하나님께서 아브라함에게 약속하셨던 자손들에 대한 축복과 영원히 함께하심에 대한 증거입니다. 희망이 보이지 않는 고통의 삶에서 모세를 통해 인도하는 모습은 흡사 영원한 죄악 가운데 죽을 수밖에 없던 우리 죄인들을 구원하신 예수 그리스도의 십자가를 떠오르게 합니다. 이스라엘 백성에게 약속하시는 유월절 어린양의 피는 우리에게 구원의 보혈을 상징합니다.

우리를 일찍이 택하시고, 지으시고 지금도 이끌어주시는 구원의 하나님을 주일예배를 비롯한 공예배뿐 아니라 우리의 삶 가운데 예배해야 합니다. 그것이 하나님이 기뻐하시는 참된 예배자이며 지금도 만나와 메추라기를 통해 공급하시는 하나님을 신뢰하는 일일 것입니다.

이스라엘 백성들의 출애굽과 40여 년의 광야 생활은 우리 인생의 모습과 닮아있습니다. 하나님은 우리를 죄악 가운데 이끌어내셨으며, 만나와 메추라기를 통해 일용할 양식을 먹이셨던 것처럼 지금도 우리 삶에 말씀으로 날마다 함께 하십니다. 출애굽과 광야 생활을 거친 이스라엘 백성들에게 약속하신 가나안 땅은 하나님이 준비하신 하늘나라입니다. 영적 가나안 땅에 들어갈 때까지 우리의 예배는 쉬지 않을 것이며, 하나님이 기뻐하시는 참된 예배자로서 우리 앞에 펼쳐진 광야의 삶을 날마다 승리할 것입니다.

1. 하나님과 모세의 만남을 통해 알 수 있는 예배의 본질은 무엇인가요?
2. 하나님께서 주신 십계명의 의미와 예배의 적용은 무엇인가요?
3. 출애굽기를 통해 하나님께서 보여주시는 예배의 의미는 무엇인가요?

제 3 일

우리는 하나님의 거룩한 예배자입니다.

레위기, 민수기, 신명기

모세오경 중에서 창세기가 창조주에 대한 예배자의 목적을 보여주며, 출애굽기를 통해 하나님과의 언약을 통한 예배의 시작을 나타낸다면 레위기, 민수기, 신명기는 하나님의 백성에 대한 약속과 사랑, 신뢰에 대한 은혜와 축복이라 할 수 있습니다. 이를 통해 하나님과 우리들의 관계는 변치 않는 약속의 관계임을 명확하게 말해줍니다.

여러분 중에는 레고를 좋아하는 아이들과 함께 놀아주면서 다음과 같은 경험을 하신 분들도 있을 것입니다. 보통 보기에 아이들의 장난감 놀이터 레고는 쉬워 보입니다. 조립 설명서가 있지만 굳이 열어볼 생각을 안 합니다. 비슷한 것들을 오래전에 조립해봤을 뿐만 아니라 옆에서 아이들이 설명서 볼 시간을 주지 않기 때문입니다. 하지만 조각들을 맞추기 위해 수많은 레고들과 이상하게 생긴 부속들을 다루다 보면 자신감은 조금씩 희미해집니다. 한 시간가량 작업을 해보지만, 만들어진 레고 놀이터는 이상하고 완제품과는 거리가 멉니다. 마침내 설명서를 꺼내 들고 조립을 다시 시작하기도 합니다.

레위기는 간과되었던 설명서와 비슷합니다. 거룩한 삶을 위한 입문서와 같은 이 책은 이스라엘 백성들로 하여금 그들이 하나님의 예배를 위해 특별히 부름 받았다는 것을 일깨워주는 규례입니다. 예배 예식은 레위기 전체를 통해 찾아볼 수 있습니다. 희생제물은 감사와 회개를 나타내는 강력한 상징입니다. 하나님이 하신 일들을 기념하고 그의 선하심을 기리기 위해 거룩한 날들이 제정됐으며, 행동 수칙도 만들어졌습니다. 하나님께서 그의 계명을 지키는 자들에게 축복을 부어주실 것임을 '언약'으로 약속하십니다. 레위기에서 우리는 '거룩하라'고 말씀하시는 거룩하신 하나님을 만나게 됩니다.

"너는 이스라엘 자손의 온 회중에게 말하여 이르라 너희는 거룩하라 이는 나 여호와 너희 하나님이 거룩함이니라"(레 19:2)

하나님께서 '거룩하시다'라고 말씀하신 것은 모든 피조물과 구별되심을 의미합니다. 하나님은 '완전히' 다른 분이시며 죄가 없으신 분입니다. 그분의 거룩하심은 어떻게 죄인인 우리가 거룩해질 수 있는지, 우리의 입술과 행동이 그리고 우리의 마음이 이렇게 더러운데 어떻게 거룩하신 하나님과 관계를 맺고 하나님을 예배할 수 있는지를 고민하게 합니다.

레위기는 이러한 질문들에 대한 하나님의 첫 번째 단계를 보여줍니다. 이스라엘 백성들은 심각한 죄의 용서를 위해 거룩한 제물을 바쳐야 했습니다. 그리고 매년 한 번씩 이스라엘 백성들이 하나님과 화목하기 위한 제사를 드리기 위해 속죄일을 지켰습니다. 대제사장은 이스라엘 백성들을 위한 '속죄 제물'로 염소를 드렸습니다. 그리고 상징적으로 백성들의 죄를 지고 '속죄의 염소'가 광야로 보내졌습니다. 이 속죄일의 엄숙한 의식이 진행되는 동안 백성들은 금식했고 일하는 것을 멈췄습니다. 이를 통해 "이스라엘 자손의 모든 죄를 위하여 일 년에 한 번 속죄할 것"을 지켰습니다. 그러나 이스라엘 백성들의 거룩함은 근본적으로 죄에 대한 제물을 통해서가 아니라 '하나님의 거룩함에 따라 어떻게 사는지'에 달려있었습니다. 하나님은 레위기 17-26장을 통해 매일의 삶 속에서 "네 이웃 사랑하기를 네 자신과 같이 사랑하라"고 말씀하셨습니다.

불행히도 이스라엘 백성들과 마찬가지로 우리들은 하나님께서 요구하시는 거룩한 삶을 살 수 없습니다. 속죄 제물이 인간의 뿌리 깊은 죄의 문제를 해결할 수 없기 때문입니다. 신약성경 히브리서는 레위기 말씀을 바탕으로 이 문제에 대한 하나님의 해결 방법을 보여줍니다. 그리스도께서 십자가에 달려 돌아가신 것은 하나님께 완전한 속죄를 얻는 '단 한 번에 모두를 위한' 일이었습니다. 예수님은 완전한 희생제물이 되실 뿐 아니라 하나님과 친밀한 관계를 맺을 수 있도록 길을 열어 주시는 대제사장이십니다. 예수님께서 우리의 대제사장이 되시기 때문에 우리는 긍휼하심을 받고, 때를 따라 돕는 은혜를 얻기 위하여 은혜의 보좌 앞에 담대히 나아갈 것입니다(히 4:15-16). 우리가 믿음 안에서 예수 그리스도의 '단 한 번에 모두를 위한' 제사에 동참할 때, 우리는 거룩한 삶을 살 수 있는 힘을 얻습니다.

"너희 몸을 하나님이 기뻐하시는 거룩한 산 제물로 드리라, 이는 너희가

드릴 영적 예배니라"(롬 12:1)

한편 우리는 그리스도로 인해 모든 것이 이루어졌음을 믿기 때문에 레위인들의 제사에 관한 율법을 따르지는 않지만 매일의 삶 가운데 하나님을 예배할 수 있도록 도덕적 율법을 따릅니다. 레위기에서 지켜야 할 여러 율법과 규제들은 은혜로 이어집니다. 그리스도 없이는 규례와 제사, 의식들은 우리에게 커다란 부담입니다. 왜냐하면 그것들만으로는 우리의 죄가 완전히 제거될 수 없기 때문입니다. 히브리서는 그리스도의 십자가 희생만이 영원하고 완전한 것이며, 예수님께서 우리를 위하여 하나님 앞에서 중보 하신다고 말씀하십니다(히 8:1-7).

레위기는 우리를 위한 그리스도의 제사를 더 깊이 이해할 수 있도록 우리를 이끌어주며 이를 통해 우리가 더 깊은 감사의 예배를 드릴 수 있도록 해줍니다. 또한 우리로 하여금 단순히 노래와 기념 의식을 통해서 예배할 뿐만 아니라, 거룩한 산 제물로서 우리 자신을 하나님께 드리고 그분께 전적으로 헌신하는 삶을 살라고 도전케 합니다. 또한 레위기는 그리스도께서 성취하실 완전한 사역을 기대하게 합니다. 하나님과의 관계를 풍성하게 하며, 단순히 예배를 관람하는 자가 아닌 하나님의 성스러움을 보게 될 것을 기대하게 만들어줍니다.

하나님과 함께한 이스라엘 사람들의 여정을 기록한 민수기는 이스라엘 백성들이 광야 길을 헤맬 때 두 번의 인구조사를 진행한 것에서부터 비롯되었습니다. 그러나 '광야에서(In the Wilderness)'라는 히브리어 제목은 약속의 땅을 상속받기 위해 광야로 향해 나아가는 하나님의 선

첫째, 하나님은 우리를 예배자로 창조하셨습니다.

택된 백성을 생각하게 합니다.

우리가 민수기에서 만나는 하나님은 그분의 백성들과 지속적으로 함께하시고 인도하시고 그들의 필요를 제공해 주시는 분이십니다. 하나님의 은혜로운 관심에는 사소한 것이 없습니다. 그러나 사람들은 하나님의 돌보심에 만족하지 못합니다. 민수기는 이스라엘 백성들이 하나님을 신뢰하는데 실패했음을 솔직하게 이야기하고 있습니다. 그들은 불평하고 투덜댑니다. 하나님의 신실하심을 의심하고 애굽으로 돌아갈 계획을 모의하며, 바알을 숭배합니다. 그리고 하나님이 임명하신 지도자들을 반역하며, 심지어 모세조차도 그들에게 너무 화가 난 나머지 하나님의 명령에 불순종합니다.

하나님을 믿지 못한 이스라엘 자손들은 끔찍한 대가를 치르게 됩니다. 그들은 약속의 땅에 즉시 들어가는 것 대신에 전 세대가 죽을 때까지 광야에서 40년 동안 방황해야만 했습니다. 그럼에도 불구하고 여호와는 화내기를 더디 하시며, 사랑이 많으시고 죄와 반란을 용서하십니다. 광야에서의 오랜 시간 후 새로운 세대의 하나님의 백성들은 마침내 약속의 땅에 들어갈 준비를 하게 됩니다. 그들의 지체됨과 불평에도 불구하고 하나님은 '젖과 꿀이 흐르는 땅'으로 백성들을 인도하시며 그의 약속을 이루십니다. 민수기는 우리에게 하나님의 약속이 변함없이 지켜진다는 확신을 되새겨 줍니다. 하나님의 섭리는 절대 실패하지 않으며, 그의 백성들에 대한 크고 넓은 인내심을 보여주십니다.

민수기는 신앙의 약함과 두려움 때문에 하나님의 풍족한 은혜를 경험하지 못하며 자주 '광야'를 경험하는 우리들을 깨닫게 합니다. 우리는 좁은 식견과 원하는 것이 이루어지지 않는다는 이유로 얼마나 자주 투덜거렸는지 모릅니다. 그럼에도 불구하고 하나님의 인내하심과 공급은 우리와 영원히 함께 하시는 예수 그리스도를 통해 지속됩니다.

"내가 너희에게 분부한 모든 것을 가르쳐 지키게 하라 볼지어다 내가 세상 끝날까지 너희와 항상 함께 있으리라 하시니라"(마 28:20)

민수기는 그분의 말씀을 완전히 신뢰함으로써 하나님을 예배하도록 우리를 격려합니다. 특히 민수기 6장 24-26절은 제사장의 축복 속에서 우리를 향한 하나님의 풍성한 은혜를 보여줍니다.

"여호와는 네게 복을 주시고 너를 지키시기를 원하며 여호와는 그의 얼굴을 네게 비추사 은혜 베푸시기를 원하며 여호와는 그 얼굴을 네게로 향하여 드사 평강 주시기를 원하노라 할지니라 하라"

그리스도 안에서 우리는 하나님의 풍성한 복을 받고 찬양의 말씀과 순종의 삶을 통해 그분께 영광을 돌려야 합니다. 하나님은 자신의 백성과 항상 함께 하시며 우리의 사소한 것조차 기억하시고 도와주십니다. 민수기는 예배의 최종적인 목적지뿐 아니라 그 여정 가운데서도 하나님을 만나는 것이 얼마나 소중한지 알게 합니다. 그리고 삶의 긴 여정 속에서 어려움과 고난, 불행이 닥친다고 해도 도우시는 하나님이 우리와 언제나 함께 하신다는 것을 깨닫게 합니다.

신명기는 '두 번째 율법(Second lawgiving)'을 뜻하는 그리스 단어입니다. 이 제목은 시내 산에서 처음으로 계시된 율법을 되풀이하고 있습니다. 그러나 신명기는 이전에 들었던 내용을 단순히 반복만 하지는 않습니다. 오히려 이스라엘 백성들과 하나님의 특별한 관계에는 언약의 신실함이 요구된다는 것과 복을 약속받는다는 것을 일깨워줍니다. 그리고 모세는 그들의 의무에 대해 다음과 같이 설명합니다.

"이스라엘아 네 하나님 여호와께서 네게 요구하시는 것이 무엇이냐 곧 네 하나님 여호와를 경외하여 그의 모든 도를 행하고 그를 사랑하며 마음을 다하고 뜻을 다하여 네 하나님 여호와를 섬기고 내가 오늘 네 행복을 위하여 네게 명하는 여호와의 명령과 규례를 지킬 것이 아니냐"(신 10:12-13)

이스라엘 사람들을 위한 모세의 마지막 서신인 신명기는 전적으로 예배에 관한 책입니다. 하나님이 예배에 대해 이스라엘 사람들에게 요구하신 것들을 읽으면서, 우리는 오늘날의 예배에 있어서도 하나님이 원하시는 것이 무엇인지 배울 수 있습니다. 신명기에는 예배에 관한 몇 가지의 사실들을 알려줍니다. 우선 신명기는 설교와 가르침을 사용해 우리를 청중이라고 부르며, 하나님과의 동반자로서 충실하도록 합니다. 우리는 예수님의 가르침에서도 강조되었듯이 오직 하나님 한 분만을 예배해야 합니다.

"이스라엘아 들으라 우리 하나님 여호와는 오직 유일한 여호와이시니 너는 마음을 다하고 뜻을 다하고 힘을 다하여 네 하나님 여호와를 사랑하라"(신 6:4-5)

신명기는 이스라엘 백성들이 약속의 땅을 정복하기 직전에 모세가 전한 세 가지 연설로 구성되어 있습니다(신 1:1-4:40, 4:44-26:19, 29:1-30:20). 모세는 사람들에게 하나님이 어떻게 그들을 이집트에서 인도해 내셨고 계명을 주셨는지를 깨닫게 합니다. 그리고 그는 이스라엘 백성들이 땅을 점령한 후에 신실한 언약 속에서 살아갈 수 있도록 반복해 율법을 설명합니다. 만약 그들이 하나님의 말씀을 순종한다면 이스라엘 백성들은 큰 복을 받을 것이나 불순종하면 끔찍한 결과에 고통 받아야 될 것임을 말씀하고 있습니다(신 28장).

그러나 모세의 설교는 율법을 뛰어넘어 사람들이 순종 가운데 반드시 해야 하는 것이 담겨있습니다. 또한 우리에게 하나님의 놀라우신 은혜, 즉 그의 백성을 자유케 하시기 위해 그분의 사랑 가운데서 행하신 일을 깨닫게 합니다.

"여호와께서 다만 너희를 사랑하심으로 말미암아, 또는 너희의 조상들에게 하신 맹세를 지키려 하심으로 말미암아 자기의 권능의 손으로 너희를 인도하여 내시되 너희를 그 종 되었던 집에서 애굽 왕 바로의 손에서 속량하셨나니"(신 7:8)

한편 신명기는 하나님의 사랑을 떠나서 생각한다면 이 모든 것이 율법주의로 들릴 수도 있습니다. 그러나 하나님은 이스라엘을 사랑하셨기 때문에 그의 백성들을 애굽에서 구해내시고 하나님의 법을 그들에게 계시하셨습니다(신 4:37). 더불어 이스라엘 백성들은 하나님을 완전하게 사랑해야 한다는 율법의 핵심인 '쉐마'에 묘사되어 있습니다.

"이스라엘아 들으라 우리 하나님 여호와는 오직 유일한 여호와시니 너는 마음을 다하고 뜻을 다하고 힘을 다하여 네 하나님 여호와를 사랑하라(신 6:4-5)

하나님의 백성은 하나님의 사랑에 대한 응답으로 율법을 순종하고 하나님을 향한 그들의 사랑을 표현해야 합니다. 이것은 그리스도를 통해 하나님의 백성된 자들인 우리를 위한 말씀입니다. 예수님도 쉐마를 인용하시며 가장 큰 계명이라고 하셨습니다.

"예수께서 이르시되 네 마음을 다하고 목숨을 다하고 뜻을 다하여 주너의 하나님을 사랑하라 하셨으니 이것이 크고 첫째 되는 계명이요"(마 22:37-38)

예수님을 따르는 우리들은 모든 것으로 하나님을 예배해야 하며 하나님의 분노에 대한 두려움이 아닌, 우리 죄를 위해 화목제로 그 아들을 보내신 하나님이 보여주신 사랑에 대한 응답으로 우리의 삶을 살아야 합니다.

"사랑은 여기 있으니 우리가 하나님을 사랑한 것이 아니요 하나님이 우리를 사랑하사 우리 죄를 속하기 위하여 화목 제물로 그 아들을 보내셨음이라"(요일 4:10)

이것이 우리가 하나님을 예배하는 목적이며, 하나님의 사랑과 은혜에 대한 우리의 고백이자 경배와 찬양입니다. 십자가에서 예수님은 우리를 대신해 저주를 받으심으로 신명기에 나타난 저주의 위협뿐만 아니라 우리의 죄로 인한 죽음의 저주로부터 우리를 구원해 주셨습니다.

"그리스도께서 우리를 위하여 저주를 받은 바 되사 율법의 저주에서 우리를 속량하셨으니 기록된 바 나무에 달린 자마다 저주 아래에 있는 자라 하였음이라" (갈 3:13)

그러므로 우리 삶의 모든 부분에서 하나님을 사랑함으로써 예배해야 할 뿐만 아니라, 그리스도 안에서 하나님의 사랑에 대한 응답으로 우리 삶을 드려야 합니다.

"우리가 아직 죄인 되었을 때에 그리스도께서 우리를 위하여 죽으심으로 하나님께서 우리에 대한 자기의 사랑을 확증하셨느니라" (롬 5:8)

마지막으로 신명기는 백성들에게 선택의 말씀을 강조합니다. 그리고 이스라엘 지파를 축복하며 마무리합니다.

"내가 오늘 하늘과 땅을 불러 너희에게 증거를 삼노라 내가 생명과 사망과 복과 저주를 네 앞에 두었은즉 너와 네 자손이 살기 위하여 생명을 택하고" (신 30:19)

신명기는 우리가 하나님을 예배하는 것이 헌신과 언약에 기초한 것이지만 예배를 향한 우리의 동기는 우리를 향하신 하나님의 사랑에 대한 반응이어야 한다고 말씀합니다. 이것은 단순한 감정이 아니라 하나님과의 언약의 사랑 그리고 성숙한 헌신의 관계여야 합니다.

"우리가 사랑함은 그가 먼저 우리를 사랑하셨음이라"(요일 4:19)

우리 삶에서 하나님을 참되게 예배하면 우리는 서로 사랑하게 되어 있습니다. 더 나아가 하나님이 가장 기뻐하시는 교회와 예배 공동체는 사랑으로 충만한 공동체임을 기억해야 합니다.

1. 우리가 거룩해야 할 가장 큰 이유는 무엇인가요?
2. 광야를 통해 주시는 하나님의 가르침은 무엇인가요?
3. 하나님을 사랑하고 이웃을 사랑하는 계명이 가지는 예배의 의미는 무엇인가요?

첫째, 하나님은 우리를 예배자로 창조하셨습니다.

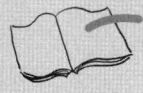

둘째,
하나님은 우리의 삶을 인도하십니다.

제 4일 하나님은 우리와 항상 함께 하십니다. 여호수아

제 5일 하나님은 우리의 참된 예배를 받으십니다. 사사기

제 6일 하나님은 신실한 예배자를 찾으십니다. 룻기

제 7일 하나님은 순종하는 예배자를 찾으십니다. 사무엘상, 사무엘하

제 8일 예배의 시작은 하나님의 주권을 인정하는 것입니다. 열왕기상, 열왕기하, 역대상, 역대하

제 9일 참된 예배자는 하나님의 말씀을 따르는 자입니다. 에스라, 느헤미야

제 10일 하나님은 그의 백성들을 언제나 보호하십니다. 에스더

제 4 일

하나님은 우리와 항상 함께 하십니다.
여호수아

　여호수아서는 모세로부터 다음 세대인 여호수아에게 이스라엘 백성들에 대한 지도력을 전수해나가는 말씀입니다. 모세가 하나님과의 굳건한 언약을 통해 이스라엘 백성들을 애굽에서 이끌어낸 구원의 하나님을 만났다면, 다음 세대인 여호수아는 세대를 걸쳐 변함없이 은혜와 사랑 속에 이스라엘 백성들을 인도하시는 신실하신 하나님을 경험하게 됩니다. 하나님은 모세의 다음 세대 지도자인 여호수아에게 다시 한 번 약속의 말씀을 재확인하십니다.

"오직 강하고 극히 담대하여 나의 종 모세가 네게 명령한 그 율법을 다 지켜 행하고 우로나 좌로나 치우치지 말라 그리하면 어디로 가든지 형통하리니 이 율법책을 네 입에서 떠나지 말게 하며 주야로 그것을 묵상하여 그 안에 기록된 대로 다 지켜 행하라 그리하면 네 길이 평탄하게 될 것이며 네가 형통하리라"(수 1:7-8)

하나님은 출애굽한 백성들과 여호수아에게 하나님의 말씀대로 지켜 행하게 될 때 변함없이 인도해주시고 형통할 것임을 약속해주셨습니다.

"내가 네게 명령한 것이 아니냐 강하고 담대하라 두려워하지 말며 놀라지 말라 네가 어디로 가든지 네 하나님 여호와가 너와 함께 하느니라 하시니라"(수 1:9)

하나님께서는 언약을 세우시기도 하지만 그 언약을 반드시 지키시는 분이십니다. 우리가 '신실하신 하나님'이라고 부르는 가장 큰 이유는 하나님은 약속을 지키시는 분이기 때문입니다. 아브라함에게 약속하신 하나님의 언약은 모세를 지나 여호수아에서 성취되기 시작합니다. 여호수아서에서 우리는 세우신 모든 언약을 지키시는 신실하신 하나님을 마주하게 됩니다.

"너희 중 한 사람이 천 명을 쫓으리니 이는 너희의 하나님 여호와 그가 너희에게 말씀하신 것 같이 너희를 위하여 싸우심이라"(수 23:10)

여호수아서는 가나안 정복(여호수아 1:1 - 12:24)과 땅 분배(여호수아 13:1 - 19:51)에 많은 초점을 맞춥니다. 이스라엘 백성들에게 가나안 땅은 보통의 땅 이상의 의미가 있습니다. 그들에게 가나안 땅은 조상 아브라함과 맺으신 하나님의 언약의 토대를 둔 유산이며, 하나님께로부터 받는 약속의 선물이기 때문입니다.

"그 날에 여호와께서 아브람과 더불어 언약을 세워 이르시되 내가 이 땅을 애굽 강에서부터 그 큰 강 유브라데까지 네 자손에게 주노니"(창 15:18)

이 땅에서 하나님의 백성들은 '제사장 나라와 거룩한 백성'으로서 하나님을 예배하게 될 것입니다.

"너희가 내게 대하여 제사장 나라가 되며 거룩한 백성이 되리라 너는 이 말을 이스라엘 자손에게 전할지니라"(출 19:6)

하나님은 우리를 존귀한 하나님의 백성으로 창조하셨을 뿐 아니라 우리의 삶을 통해 영광을 받으실 위대한 백성으로 인정해주셨습니다. 우리가 예배자로 부름 받은 것은 하나님의 선택된 백성의 자격뿐 아니라 영적인 능력으로 세상에 영향력을 주는 왕 같은 제사장으로서 복음을 선포하기 위함입니다.

"그러나 너희는 택하신 족속이요 왕 같은 제사장들이요 거룩한 나라요 그의 소유가 된 백성이니 이는 너희를 어두운 데서 불러 내어 그의 기이한 빛에 들어가게 하신 이의 아름다운 덕을 선포하게 하려 하심이라"(벧전 2:9)

그리고 이 땅에서 하나님은 그의 백성들을 지키시고 축복하실 것입니다.

"너를 축복하는 자에게는 내가 복을 내리고 너를 저주하는 자에게는 내

가 저주하리니 땅의 모든 족속이 너로 말미암아 복을 얻을 것이라 하신지라"(창 12:3)

하지만, 우리는 여호수아서 말씀을 읽다가 하나님께서 이스라엘 백성에게 가나안 족속을 완전히 멸하라고 명령하시는 부분에서는 주님의 이 축복의 말씀이 낯설게 느껴지기도 합니다. 어떻게 자비하신 하나님께서 그런 멸망과 파멸의 뜻을 나타내셨을까요? 가나안 족속의 가증한 행태들과 이스라엘 백성의 이방신 바알 숭상이 이 질문에 대한 명확한 답입니다. 우리가 기억해야 할 것은 하나님께서는 어떠한 이방신들이나 우상들에게 오염되지 않은 오직 그분의 말씀을 따르는 예배를 찾으신다는 사실입니다. 하나님은 예배를 받으시기 합당하신 분이시며 거룩하신 분임을 잊지 말아야 합니다. 여호수아서 여러 말씀에는 하나님의 역사하심이 쉽게 발견됩니다. 우리가 무심코 젖어 있는 세속 문화 속의 우상으로부터 이 말씀들은 우리를 지켜줍니다. 여호수아서에 나타난 하나님은 강한 전사의 하나님, 심판의 하나님이시며 동시에 그의 백성과 예배를 다른 이방신들로부터 철저히 차단하실 질투의 하나님이십니다. 하나님이 원하시는 예배는 흠 없고 진실 되며 거룩한 예배입니다.

이스라엘 백성들에게 가나안 땅으로 들어가는 일은 분명 불가능한 임무로 보였을 것입니다. 적은 매우 많았고 그들의 도시는 거대한 장벽으로 보호되어 있었기 때문입니다. 자연 환경적인 장벽 또한 이스라엘 민족의 임무에 어려움을 더하고 있었습니다. 이스라엘 민족이 약속의 땅끝에서 마주한 첫 번째 장애물은 강물이 불어나 강력해진 요단강이었습니다. 강을 건너기 위한 하나님의 지시는 매우 구체적이었습니다. 약속의 땅에 들어가기 위해서는 궤를 메고 가는 자들이 먼저 깊은 강물 속에 들어가야 했습니다. 그러나 하나님은 여호수아에게 그들이 들어가고 나서 무슨 일이 벌어질지도 말씀해주셨습니다.

"온 땅의 주 여호와의 궤를 멘 제사장들의 발바닥이 요단 물을 밟고 멈추면 요단 물 곧 위에서부터 흘러내리던 물이 끊어지고 한 곳에 쌓여 서리라"(수 3:13)

그리고 그 말씀대로 되었습니다. 이 기적적인 장면은 여호수아가 가나안에서 감당할 많은 승리의 서막입니다. 여호수아서는 예배에 실천을 포함하고 있음을 가르쳐줍니다. 우리는 하나님의 약속에 반드시 반응하며 주신 말씀대로 실천해야 합니다. 여호수아는 계속해서 하나님과 상의했으며 그분의 지시대로 행했습니다. 그리고 그분의 행하심에 대한 반응으로 하나님을 예배했습니다. 하나님의 말씀에는 반드시 순종이 따릅니다. 여호수아는 요단강을 건널 때 하나님의 지시를 따랐고 이 사건을 기억할 수 있도록 돌을 이용한 기념비를 만들었습니다. 이후 여호수아는 여리고를 정복하라는 하나님의 명령을 그대로 순종한 후 하나님께 제단을 쌓았습니다. 하나님께서 부르시면 하나님께 나아가고, 하나님의 말씀에 순종하면, 하나님의 역사가 나타납니다. 이것이 예배의 본질입니다. 지금 우리가 드리는 예배 또한 이 과정과 같습니다. 하나님께서 예배의 자리에 우리를 부르시면 우리는 하나님께 나아가 경배와 찬양을 드립니다. 이것이 하나님과의 만남이자 모임입니다. 그리고 하나님은 말씀하십니다. 우리는 그 말씀에 순종으로 응답하며 헌금을 드리고 결단, 감사의 기도를 드립니다. 이후에 우리는 파송과 축복의 시간을 갖고 세상에 나아가 삶의 예배를 드리게 됩니다.

예배는 익숙한 땅에서의 단순한 여정뿐 아니라 미지의 땅에서 용기 있는 걸음을 모두 포함합니다. 예배는 순종으로 나아가거나 혹은 경건한 태도로 멈춰 있을 수 있습니다. 여호수아는 하나님이 무엇을 말씀하시든 순종하도록 권면했습니다. 하지만 여호수아의 호소에도 이스라엘 백성들은 하나님을 섬기는 열정이 부족했습니다.

"여호수아가 백성에게 이르되 너희가 여호와를 능히 섬기지 못할 것은 그는 거룩하신 하나님이시요 질투하시는 하나님이시니 너희의 잘못과 죄들을 사하지 아니하실 것임이라"(수 24:19)

여호수아서를 통해 우리의 예배는 한순간의 열정으로 끝나는 것이 아니라 평생의 삶을 예배자로서 하나님과 동행하는 것이 중요함을 깨닫게 됩니다. 애굽에서 약속의 땅 가나안으로 들어가기까지 하나님은 몇 차례의 영적 전쟁을 통해 이스라엘 백성들이 하나님을 신뢰하고 가까이 할 수 있도록 시험하셨습니다. 여호수아서는 이 같은 영적 전쟁을 통해 하나님의 약속의 계명을 일깨우고 이스라엘 백성들이 이방신이 아닌 하나님만을 섬길 수 있도록 권면합니다. 하나님이 예비하신 가나안 땅을 통해 하나님의 사랑과 신실하심을 깨달을 수 있도록 하십니다.

첫 번째 영적 전쟁은 여호수아 군대의 여리고 성 정복입니다. 하나님께서는 이스라엘 백성들에게 이 여리고성을 주셨음을 확인해주셨습니다.

"일곱 번째에 제사장들이 나팔을 불 때에 여호수아가 백성에게 이르되 외치라 여호와께서 너희에게 이 성을 주셨느니라"(수 6:16)

특별히 우리가 눈여겨보아야 할 점은 제사장들이 언약궤를 들고 함께 공격했다는 점입니다. 이는 하나님께서 함께하실 때 역사가 일어난다는 것과 예배의 중요한 도구인 언약궤를 통해 우리가 예배를 드릴 때 하나님이 동행하신다는 사실을 상징적으로 보여줍니다.

두 번째 영적 전쟁은 자연의 힘을 사용하셔서 하나님의 목적을 이루시는 것으로 아모리 군대를 우박으로 섬멸하시는 능력을 보여주십니다.

"그들이 이스라엘 앞에서 도망하여 벧호론의 비탈에서 내려갈 때에 여호와께서 하늘에서 큰 우박 덩이를 아세가에 이르기까지 내리시매 그들이 죽었으니 이스라엘 자손의 칼에 죽은 자보다 우박에 죽은 자가 더 많았더라"(수 10:11)

여기서 우리 예배자들은 세상을 창조하시고 영광을 받으시기 합당하신 전능하신 하나님을 만나게 됩니다.

세 번째 영적 전쟁은 하나님께서 여호수아의 요청으로 해를 멈추시고 이스라엘 백성들을 위해 싸우셨던 말씀입니다. 여호수아가 아모리 사람들을 정복할 동안 해가 멈춰 있었던 기적의 사건입니다.

"여호와께서 아모리 사람을 이스라엘 자손에게 넘겨 주시던 날에 여호수아가 여호와께 아뢰어 이스라엘의 목전에서 이르되 태양아 너는 기브온 위에 머무르라 달아 너도 아얄론 골짜기에서 그리할지어다 하매 태양이 머물고 달이 멈추기를 백성이 그 대적에게 원수를 갚기까지 하였느니라 야살의 책에 태양이 중천에 머물러서 거의 종일토록 속히 내려가지 아니하였다고 기록되지 아니하였느냐"(수 10:12-13)

태양조차 멈추게 하시는 능력의 하나님을 우리는 인정하고 찬양해야 합니다. 이와 같은 기적들은 하나님의 전능하심을 보여주는 것으로 우리가 예배해야 할 오직 한 분은 하나님이심을 명확하게 해줍니다. 그 능력의 하나님은 지금도 우리 가운데 능력을 보여주시며, 성령님을 통해 역사하시고 언제나 우리를 도와주십니다. 우리가 하나님께 온전한 예배자가 될 때 우리의 삶은 바울이 이야기한 '예수 안에서' '그리스도 안에서'와 같이 하나님의 능력 가운데 인도함을 받게 됩니다.

"우리가 알거니와 하나님을 사랑하는 자 곧 그의 뜻대로 부르심을 입은 자들에게는 모든 것이 합력하여 선을 이루느니라"(롬 8:28)

여호수아서의 마지막은 하나님께서 세우신 모든 언약을 지키셨다는 사실을 여호수아의 고별 설교를 통해 백성들에게 다시 한번 일깨워줍니다. 여호수아 23장 11절 말씀은 이 설교의 핵심이라 할 수 있습니다.

"그러므로 스스로 조심하여 너희의 하나님 여호와를 사랑하라"

하나님께서 이스라엘 백성들에게 베푸신 구원의 은혜와 자비에 대한 우리의 고백은 하나님을 온전히 사랑하는 것입니다. 오늘날 우리 예배자들이 하나님을 기쁘시게 하는 가장 중요한 것은 지금도 우리의 삶을 인도하시는 하나님만을 온전하게 사랑하는 것임을 잊지 말아야 합니다.

여호수아는 이스라엘 백성들에게 하나님에 대한 감사와 사랑에 대한 합당한 반응으로써 율법에 기록된 모든 것을 지켜 행하라고 명합니다. 여호수아는 세겜에서 모든 이스라엘 지파를 모으고 백성들에게 유일하신 하나님을 섬길 것인지 아니면 다른 이방신들을 섬길 것인지 결정하라고 촉구합니다. 또한 이스라엘 백성들에게 하나님과의 언약을 파기하게 되면 뒤따르는 징벌들이 있음을 경고합니다. 그리고 이 말씀을 통해 다시 한번 유일하신 하나님 한 분만을 섬기겠다고 헌신했던 언약들을 다시 확증하게 됩니다. 이스라엘 백성들이 다시 한번 하나님 앞에 새로운 언약을 함으로써 우리는 하나님과의 언약은 단순히 회상해야 할 과거의 추억이 아니라는 것을 알게 됩니다. 그리고 하나님과의 살아 있는 관계 속에서 계속 새롭게 갱신하고 지속해야 한다는 것을 일깨워 줍니다. 예배는 과거 하나님께서 하신 구원의 일들을 기억하고 찬양할 뿐 아니라 내일과 일상의 삶을 통해 지속적으로 하나님을 경험하며 교제하는 것임을 잊지 말아야 합니다. 더 나아가 우리는 주일 예배 단 한번의 예식으로 예배가 끝나는 것이 아니라 우리 삶 전체를 통해 하나님께 예배 드려야 하는 예배자임을 기억해야 합니다.

우리는 예수님을 나의 구주로 믿음으로 하나님께서 이스라엘 백성들과 맺으셨던 언약에 계속 동참할 수 있게 되었습니다.

"이는 이방인들이 복음으로 말미암아 그리스도 예수 안에서 함께 상속자가 되고 함께 지체가 되고 함께 약속에 참여하는 자가 됨이라"(엡 3:6)

그리고 예수님을 통해 하나님의 궁극적인 언약의 성취를 경험하게 되었습니다.

"하나님의 약속은 얼마든지 그리스도 안에서 예가 되니 그런즉 그로 말미암아 우리가 아멘 하여 하나님께 영광을 돌리게 되느니라"(고후 1:20)

우리는 비록 이 세상에서 나그네의 삶을 살고 있지만 언젠가 영광에 휩싸여 변화할 영원한 천국 시민들입니다.

"그러나 우리의 시민권은 하늘에 있는지라 거기로부터 구원하는 자 곧 주 예수 그리스도를 기다리노니 그는 만물을 자기에게 복종하게 하실 수 있는 자의 역사로 우리의 낮은 몸을 자기 영광의 몸의 형체와 같이 변하게 하시리라"(빌 3:20-21)

그러므로 우리는 하나님께서 예수님을 통해 부어주시는 은혜에 감사함으로 예배하는 것입니다. 뿐만 아니라 이스라엘 백성들에게 약속하신 가나안 땅을 주셨던 것처럼, 훗날 하나님께서 예비하신 약속의 땅, 새 하늘과 새 땅의 소망을 바라보며 예배합니다.

여호수아서의 마지막 장은 이스라엘 백성의 삶과 예배에 전환점을 기록하고 있습니다. 여호수아는 오랫동안 하나님의 놀라우신 일들을 경험했습니다. 여호수아는 하나님이 주시는 약속과 확고한 믿음을 통해 모든 위험을 이겨낼 수 있었으며 앞에 닥친 모든 문제에 영감을 얻을 수 있었습니다. 이제 나이가 든 여호수아는 죽음을 앞두고 이스라엘 백성들에게 마지막 고별 연설을 합니다. 그것은 하나님에 대한 예배의 순결함이 우리들의 미래를 결정한다는 것입니다.

여호수아는 지혜롭고 안목 있는 지도자이자 예배자였습니다. 그는 이스라엘 백성들이 우상숭배 하려는 것을 알았고 그런 비극을 막기 위해 노력했습니다. 여호수아는 미래의 이스라엘 백성들을 위해서 하나님이 과거 이스라엘을 위해 이루신 일들을 일깨워주었습니다. 그의 위대한 설교는 하나님의 구원하심을 강조하며 순종을 위한 부르심으로 마무리 되었습니다. 여호수아는 신전 근처에 커다란 돌을 세워놓으며 사람들이 하나님을 따르기로 결정한 것을 기념했습니다. 이 상징은 다음 세대들에게 그들과 하나님과의 약속을 기억하는 것입니다. 우리의 예배 또한 하나님이 하신 구원의 일들을 지금의 시간에 기념하고 기억하는 것입니다. 하나님께서 우리에게 베푸신 사랑과 신뢰, 우리를 구원하신 능력과 약속들을 우리는 찬양하며 감사로 영광 돌려야 할 것입니다.

하나님은 신실하게 예배하고 섬긴 사람을 사랑하십니다. 하나님은 여호수아가 죽고 땅에 묻히자 '여호와의 종'이라고 부르셨습니다. 우리의 삶 속에서 하나님이 하신 일들을 돌이켜봅시다. 하나님의 행하심과 은혜, 우리를 향하신 자비하심과 그분의 사랑을 기억하며 감사함으로 찬양하고 묵상하시기 바랍니다. 그리고 하나님과 다른 사람들에게 한 서약과 약속을 생각하시기 바랍니다. 우리는 예수 그리스도를 따르기 위한 그리스도인으로써 우리의 결정에 변하지 않을 것을 결단해야 합니다. 마지막 때까지 신실하게 그의 계명에 순종할 수 있도록 하나님의 도우심을 구하면 하나님께서 그 요구를 들어주실 것입니다.

우리는 여호수아의 고백처럼 하나님을 예배하는 삶과 가정이 하나님이 가장 기뻐하시는 것임을 깨닫습니다.

"만일 여호와를 섬기는 것이 너희에게 좋지 않게 보이거든 너희 조상들이 강 저쪽에서 섬기던 신들이든지 또는 너희가 거주하는 땅에 있는 아모리 족속의 신들이든지 너희가 섬길 자를 오늘 택하라 오직 나와 내 집은 여호와를 섬기겠노라 하니"(수 24:15)

영적으로 분별없고 메마른 세속의 시대에 우리는 항상 예배자로서 여호수아처럼 고백하고 결단해야 할 것입니다. 변하는 것에 목숨 걸지 말고 변하지 않는 진리를 붙잡읍시다. 하나님은 변함없이 당신과 함께 하십니다.

1. 새로운 다음 세대를 세우는 일이 왜 중요한가요?
2. 여호수아와 갈렙을 통해 주시는 예배자에게 선택의 중요성은 무엇인가요?
3. 하나님만을 섬기겠다고 선언한 여호수아의 결단이 주는 예배의 의미는 무엇인가요?

제 5 일

하나님은 우리의 참된 예배를 받으십니다.

사사기

    사사기는 이스라엘 백성이 여호수아의 인도아래 가나안 땅을 정복한 다음 세대의 이야기입니다. 이스라엘 백성과 하나님과의 관계를 중심으로 시작합니다. 하나님이 선택하신 이스라엘 백성들은 비록 약속의 땅에 살고 있지만 가나안 족속을 몰아내지 않고 이교도와의 타협을 통해 오히려 하나님 백성으로서의 책임을 저버리는 행동을 했습니다. 더욱이 하나님께서 십계명을 통해 정해놓으신 '나 이외에 다른 신을 섬기지 말라'는 가장 큰 계명을 어겼으며, 가나안 족속들과 결혼했을 뿐 아니라 이들이 믿는 이방신들을 섬기기까지 했습니다. 이스라엘 백성들은 하나님이 약속하신 축복에도 불구하고 반복적으로 죄에 빠졌습니다.

    다른 나라와는 달리 이스라엘은 사사 시대에 왕이 없었습니다. 이스라엘은 신정국가로 왕과 하나님을 동일시합니다. 이것이 하나님이 통치하시는 가장 이상적인 나라인 것 같지만 현실은 그렇지 않았습니다. 이스라엘 백성들은 자신의 신성한 왕을 잊어버리고 이교도의 신들을 섬겼습니다. 그 결과 하나님께서는 이스라엘 백성들로부터 안전과 보호를 거두셨으며 결국 이방 왕의 통치를 받게 되었습니다. 이스라엘 백성들은 고뇌에 신음하며 하나님께 부르짖었습니다. 이에 하나님께서는 그들을 불쌍히 여기셨고 이스라엘 백성들을 그들의 압제자들로부터 구원하기 위해 사사를 세우셨습니다. '사사(士師)'의 히브리어는 '쇼페팀(shophetim)'으로 이 말의 뜻은 '지도자' 또는 '재판관(判官記)'을 의미합니다. 사사기에는 12명의 사사가 등장합니다.

우리는 자녀들이 잘못했을 때 사랑하기 때문에 용서합니다. 이것은 변하지 않는 사랑의 원리입니다. 사랑의 힘은 다른 사람들의 과거 아픔이나 실패로 인한 낙심 그리고 깨진 신뢰까지 회복시킵니다. 사사기는 하나님의 이와 같은 사랑을 보여줍니다. 애굽에서 가나안 땅으로 새롭게 들어가게 된 이스라엘 백성들은 반복해서 하나님과의 신뢰를 깨뜨렸습니다. 그리고 지도력의 부족으로 백성들은 각각 자기의 뜻에 따라 옳은 대로 행했습니다(삿 21:25). 이스라엘 백성들은 가나안 족속들과 결혼하며 그들의 신들을 섬기기 시작했습니다. 하지만 자비의 하나님은 그들을 사랑했기 때문에 수없이 변함없는 은혜로 다가가셨고 그들을 하나님께로 돌아오게 할 지도자 웃니엘을 세워주셨습니다(삿 3:9, 15, 4:3, 10:10-16). 그리고 또 다시 부르짖는 이스라엘 백성들의 요구로 에훗을 세워주셨습니다. 에훗은 이스라엘과 영토 문제로 대립한 모압 왕 에글론을 혼자서 죽였으며, 이로 인해 80년 동안 평화가 찾아왔습니다(삿 3:15). 그리고 사사 에훗 이후에 삼갈이라는 사사를 통해 소모는 막대기로 블레셋 사람 육백 명을 죽였고 이스라엘을 구원했습니다(삿 3:31).

사사기 4장에 등장하는 여성 사사이자 예언자인 드보라(Deborah)는 주님께 순종했으며 하나님의 뜻에 따라 군대장관인 바락을 임명했습니다. 그리고 바락과 함께 가나안 왕 야빈과 그 군대 장관인 시스라를 물리쳤습니다. 그녀는 바락이 머뭇거릴 때 직접 전쟁을 이끌 정도로 용감했으며, 이는 하나님이 함께하신다는 확신이 있었기 때문입니다. 드보라는 하나님을 따르는데 있어서만큼은 무슨 일이 있어도 단호했습니다. 드보라는 군사 지도자로서뿐 아니라 영적 지도력 또한 동일하게 보여주었습니다. 야빈 왕을 대적하는 전투가 승리하자 드보라와 바락은 이스라엘의 하나님을 찬양하는 노래를 불렀으며 이는 하나님 한 분만이 승리의 영광을 받으시기에 합당하다는 것을 알고 있었기 때문이었습니다. 드보라는 예배자로서 하나님의 음성 듣는 법을 알고 있었습니다. 하나님께서 드보라를 통해 승리케 하셨을 때, 드보라는 즉시 하나님께 영광을 돌렸습니다. 우리 역시 삶에서 하나님께서 이끌어주시고 함께해주실 때마다 드보라와 같이 즉시 하나님께 감사를 드려야 할 것입니다.

사사기 6-8장에 등장하는 기드온은 우리에게 300명의 용사로 잘 알려져 있습니다. 7년간 계속된 미디안 족의 침략에 하나님은 기드온에게 천사를 보내어 '여호와께서 사사로 부르셨다'고 선언하게 하셨습니다. 하나님의의 부름을 받은 기드온은 바알의 제단과 아세라 목상을 제거했고 하나님의 지시에 따라 불과 삼백 명의 군인으로 미디안 군사를 무찔렀습니다. 이때 사용한 전술은 적진을 둘러싸고 있다가 나팔을 불며 '여호와를 위하라, 기드온을 위하라'라고 외쳐 적을 혼란에 빠뜨리는 것이었습니다.

기드온은 하나님께서 항상 함께 하심을 예배 했으며, 전쟁에 나가 승리할 때에도 마찬가지였습니다(삿 6:24). 기드온은 하나님과 늘 교제하는 사람으로 특히 하나님께 언제 어디서든 소통하는 기도의 사람이었습니다.

"여호와의 영이 기드온에게 임하시니"(삿 6:34)

하나님과 늘 교제하는 사람은 성령의 음성을 듣고 행하는 사람입니다. 기드온은 어떤 일을 앞에 두고서 늘 하나님께 부르짖었으며, 그 부르짖음에 하나님은 응답하셨습니다. 지금 우리의 삶에서도 하나님께 참되게 예배하는 예배자들에게 하나님은 동행해주시고 성령님을 통해 우리의 갈 길을 올바로 알려주십니다.

기드온 이후의 돌라와 야이르 사사에 이어 11-12장에는 입다가 등장하는데, 입다는 굉장히 힘이 센 장사로 알려졌습니다. 그는 창녀와 길르앗이라는 사람사이에서 태어난 아들이었습니다. 하지만 길르앗의 적자들이 입다에게 욕하면서 그를 쫓아냈기 때문에, 돕이라는 성읍에서 건달들과 함께 도적떼의 두목 노릇을 했습니다. 암몬 백성이 이스라엘을 공격해오자, 길르앗의 원로들은 돕 지방에 가서 '암몬 백성을 물리쳐만 준다면, 우리 길르앗 사람들은 그대를 수령으로 모시겠다며 여호와께서 듣고 계시니 약속을 지킬 것이다'라고 설득했습니다. 자신을 두목으로 모신다는 말에 매력을 느낀 입다는 암몬 사람들과 전쟁을 하기로 했는데, 전쟁에 앞서 하나님께 승리한 후 번제물로 드리겠다는 서원을 했습니다(삿 11:31). 입다 역시 기드온과 같이 하나님이 함께할 때 승리할 수 있다는 것을 보여줍니다.

"이에 여호와의 영이 입다에게 임하시니"(삿 11:29)

사사기 13-16장에는 우리가 잘 아는 가장 강력한 힘을 가졌던 사사 삼손이 등장합니다. 그는 하나님께서 주신 힘으로 약 20년을 사사로서 이스라엘을 괴롭히는 블레셋을 무찔렀습니다. 하나님께서 그와 함께할 때마다 전쟁을 늘 승리로 이끌었습니다.

"여호와의 영이 그를 움직이기 시작하셨더라"(삿 13:25)

삼손은 결국 들릴라라는 한 여인의 유혹을 이기지 못했으며 하나님이 주신 힘을 다 잃고 죽게 되었습니다. 하나님이 함께 하실 때마다 승리한 삼손은 하나님의 뜻을 어길 때 죽임을 당할 수밖에 없었습니다. 하나님의 사람들은 아무리 많은 힘과 권력을 가지고 많은 일을 한다고 해도 하나님이 함께 하지 않으면 버림받을 수밖에 없음을 기억해야 합니다. 또한 삼손과 같이 절제하지 않고 정욕대로 육신의 힘을 사용하게 될 때 실패할 수밖에 없음을 깨닫게 해줍니다.

우리는 사사들의 이야기들을 통해 언약으로 선택된 백성들에게 하나님의 신실하심이 변함없다는 것을 배울 수 있습니다. 때로는 인간이 한없는 악함을 가지고 있을지라도 우리를 포기하지 않으시는 하나님을 볼 수 있습니다. 우리가 계속되는 실패 속에서도 회개하고 다시 하나님께로 향한다면, 이미 우리에게 자비를 보이시기 위해 기다리고 계심을 발견할 수 있습니다.

한편 사사기에서는 우상숭배가 매우 빠르게 확산되었습니다. 그리고 매번 이스라엘 백성들은 거짓 신들을 예배하는 유혹에 빠졌고 그들에게 마음을 사로잡혔습니다(삿 2:12, 17, 19). 다른 신을 섬긴다는 것은 하나님께 순종하지 않고 더 이상 계명을 따르지 않는다는 것을 의미합니다. 더 이상 예배자가 되지 않겠다는 말과 같습니다. 다른 신을 섬기는 것만큼 하나님의 마음을 아프게 하고 노하게 하는 일은 없습니다. 그것은 우리를 예배자로 세우신 언약을 깨뜨리는 행동입니다. 하나님은 그들의 행위가 패역한 길이라고 말씀하셨습니다.

예배자들에게 하나님 외에 다른 곳에 마음을 두는 것은 영적으로 다른 신을 섬기는 것과 같습니다. 세속의 많은 유혹 속에서 하나님과 동행하며 교제하는 삶을 살지 않는다면 우리는 다른 신을 섬기는 것이 됩니다. 또한 다른 신을 섬기는 우상숭배가 위험한 이유는 하나님을 향한 예배자의 마음이 빼앗기기 때문입니다. 우리는 온 맘을 다해 하나님께만 예배하는 것을 선택하고 그분께 우리의 마음을 드리도록 해야 할 것입니다. 이것이 우리를 지으신 예배자의 목적입니다.

하나님은 이스라엘의 잘못에도 불구하고 그들을 이방 세력으로부터 구해내셨으며 그의 백성들을 안정과 축복의 길로 인도하셨습니다. 하지만 사사가 죽게 되면 또 다시 이스라엘 백성들은 영적으로 간음하며 비참한 길로 돌아갔습니다. 수년간 고통의 시간을 보낸 후 하나님은 그의 백성을 구하기 위해 또 다른 사사를 세우셨습니다. 하지만 이 구원은 오직 사사가 살아있는 동안만 지속되었습니다.

　사사 시대에 이스라엘의 죄와 회개, 구원의 순환과정은 우리들의 삶과 같습니다. 예수 그리스도를 통해 구원받은 우리도 죄에 빠져 하나님을 멀리하게 됩니다. 사단의 유혹과 계략에 쉽게 빠지며 하나님의 은혜를 잊어버립니다. 하지만 다시 회개하고 하나님께 돌아오면 하나님은 용서하시고 하나님의 자녀로 인정해주십니다. 우리는 세상의 성공, 물질주의, 육체적 쾌락, 성적 부도덕과 같은 다른 '신'을 예배하려는 유혹을 자주 받습니다. 그리고 쉽게 이스라엘 백성들처럼 세상의 우상을 쫓게 됩니다. 죄의 삯은 사망이기에 우리는 죄의 열매로 고통 속에 빠지고 신음하며 괴로워하게 됩니다. 그러나 이스라엘 백성들에게 베푸신 자비와 마찬가지로 하나님의 자녀인 우리들을 불쌍히 여기시고 죄의 결박에서 구해주십니다. 이것이 은혜입니다.

　하나님은 우리에게 계속 사사를 보내 도와주실 수 있으셨지만 이제 새로운 '사사'를 보낼 필요가 없습니다. 하나님께서 예수 그리스도를 통해 우리에게 '죄'를 선고하셨고 그 형벌을 스스로 지셔서 마지막 사사의 역할을 완수하셨기 때문입니다(행 10:42-43). 예수 그리스도는 우리를 죄와 형벌로부터 한 번에 자유롭게 해주셨습니다. 이제 그리스도를 아는 우리가 죄에 빠진다고 해도 더 이상 사사와 같은 구세주가 필요치 않습니다. 우리의 예배는 예수 그리스도의 구원이 늘 필요합니다. 우리는 항상 예수 그리스도의 은혜로운 구원하심에 감사해야 합니다. 비록 우리가 여전히 죄를 짓고 있지만 하나님 앞에 고백하고 죄를 뉘우치면 하나님은 깨끗하게 해주신다고 말씀하셨습니다(요일 1:9).

　그러므로 우리가 삶에서 어떤 일을 당하든지 하나님과 동행하는 예배자가 되는 것이 중요합니다. 그것은 하나님과의 영적인 끈을 놓지 않는 것과 같습니다. 우리의 어떠한 실수에도 하나님의 사람들에게는 자비를 베푸시고 용서하시고 우리를 죄에서 깨끗하게 해주실 것입니다. 중요한 것은 참된 예배자가 되는 것입니다. 더 나아가 하나님과 늘 교제하는 예배자는 죄로부터 자연스럽게 멀어지게 될 것입니다.

하나님을 알고 그분의 음성을 듣는데 있어서 지름길은 없습니다. 하나님을 경험하기 위해서는 하나님을 찾아야 하며, 그분의 음성을 듣는데 시간을 보내야 합니다. 오늘날 하나님의 음성을 듣는 중요한 방법 중 하나는 말씀을 읽는 것입니다. 성경을 처음부터 끝까지 체계적으로 읽는 노력이 필요합니다. 이 방법은 좋아하는 구절에만 집중하지 않게 되며 우리가 예배하는 하나님이 어떤 분이신지와 여러 세대를 걸쳐 그의 백성들과 함께하신 관계에 더 완전한 그림을 얻게 될 것입니다.

하나님의 백성이자 예배자인 우리들은 사사기를 통해 연약한 우리의 모습을 바라볼 수 있습니다. 하나님께서 젖과 꿀이 흐르는 축복의 땅 가나안을 주셨건만 세속의 유혹에 빠져 다른 신을 섬기는 이스라엘 백성들의 모습은 점점 세속화되고 갈수록 영적 능력이 약화되고 있는 우리의 교회와 신앙의 모습과 닮아있기 때문입니다.

반복적으로 죄에 빠질 수밖에 없는 연약한 우리들에게는 오직 하나님의 용서와 자비만이 필요합니다. 예수 그리스도의 보혈을 통해 영원한 죄악에서 구원받았지만 연약함으로 자주 죄에 넘어지고 쓰러집니다. 하지만 우리가 하나님과 늘 교제하는 삶의 예배자가 될 때 반복적인 죄의 권세로부터 벗어나게 되는 은혜가 있을 것입니다. 빛과 어두움은 한곳에 있을 수 없습니다. 세상의 쾌락과 죄는 오직 성령의 능력으로만 벗어날 수 있습니다. 그러므로 우리는 매일 매 순간 하나님과 동행하는 삶을 통해 다시는 죄의 어두운 그늘에 머물지 않도록 해야 할 것입니다. 하나님과 교제하면 세상은 자연적으로 멀어집니다. 하나님과 동행한다는 것은 매일 매 순간 하나님의 살아계심을 느끼는 것입니다.

1. 삼손이 우리에게 깨닫게 해주는 예배자의 의미는 무엇인가요?
2. 세상의 유혹과 세속의 영을 이기기 위해 우리가 준비 해야 할 것은 무엇인가요?
3. 열두 사사를 통해 배우는 예배의 의미는 무엇인가요?

제 6 일

하나님은 신실한 예배자를 찾으십니다.

룻기

'이삭 줍기' '만종' '씨 뿌리는 사람' 등 농부들의 일상을 그린 작품으로 유명한 사실주의 혹은 자연주의 화가인 밀레(Jean-François Millet, 1814-1875)를 여러분은 잘 아실 것입니다. 저는 밀레의 그림을 볼 때마다 구약성경 룻기에 나타난 목가적인 전경들이 떠오릅니다. 사사 시대가 배경인 이 이야기는 룻이 이스라엘의 하나님께 헌신하기로 선택한 이방인이었기 때문에 더욱 기억에 남습니다. 매일의 스트레스와 분주한 바쁜 일정 속에서 우리는 하나님을 만나는 예배의 시간을 찾는 일이 어려울 수 있습니다. 더욱이 여러분이 외롭고 슬프거나 고통과 고난 중에 있을 때, 예배는 당신의 우선순위에서 밀려 마지막이 될 수도 있습니다. 사사 시대 모압의 과부였던 룻은 이러한 상황들과 마주했습니다. 룻의 이야기는 하나님을 믿는 것과 힘든 삶의 여건 속에서 그분을 예배하는 일이 얼마나 중요한지를 말해줍니다. 더 나아가 하나님께 신실한 예배자들은 익숙한 곳뿐 아니라 낯선 장소에서도 예배할 수 있어야 합니다(룻 1:1-5).

룻기는 이스라엘 사람 엘리멜렉과 그의 아내 나오미에게 닥친 흉년으로 인해 이스라엘 동쪽에 있는 모압으로 이주하는 것으로 시작됩니다. 그리고 몇 년 후 더 큰 비극이 닥치게 되며 두 아들이 죽게 됩니다. 가난했던 나오미는 이스라엘에 기근이 멈추었다는 소식을 듣게 되었고 고향 이스라엘 베들레헴으로 돌아가기로 결정했습니다. 나오미는 과부가 된 두 며느리에게 모압에서 새 삶을 찾으라고 강권했지만 두 며느리 중 한명인 룻은 나오미와 함께 하기를 고집했습니다. 룻은 시어머니 나오미를 따르기로 맹세하고 그녀와 함께 할 것과 그녀의 하나님을 예배하기로 약속했습니다. 그리고 과부가 된 모압 사람 룻은 익숙한 조국 사람들과 살기보다는 히브리인 시어머니 나오미와 함께 남기로 결심하며 위대한 선언을 합니다.

"어머니의 백성이 나의 백성이 되고 어머니의 하나님이 나의 하나님이 되시리니"(룻 1:16)

이 선언은 후에 단지 하나님을 따르기로 했다는 결심을 넘어선 역사를 바꾸는 위대한 선언이 되었습니다. 나오미의 하나님을 향한 충실한 삶은 룻의 죽은 남편의 먼 친척인 보아스라는 이름의 의인과 하나님의 섭리로 만남을 갖게 되었습니다. 룻에게 친절을 보인 보아스는 남편의 재산을 사들였으며 그녀와 결혼했습니다. 하나님은 룻의 신실함을 보시고 넘치는 상을 주셨습니다. 종종 우리가 예상하지 못하는 상황에서 하나님은 우리에게 복주시며, 그때마다 우리는 하나님께 예배함으로 반응해야 할 것입니다. 우리가 하나님과 늘 소통하는 예배자라면 하나님은 성령님을 통해 하나님의 때, 카이로스의 시간에 우리에게 축복을 주실 것입니다. 우리의 당연한 반응은 감사와 찬양으로 드려지는 예배입니다.

"나오미가 자기 며느리에게 이르되 그가 여호와로부터 복 받기를 원하노라 그가 살아 있는 자와 죽은 자에게 은혜 베풀기를 그치지 아니하도다 하고 나오미가 또 그에게 이르되 그 사람은 우리와 가까우니 우리 기업을 무를 자 중의 하나이니라 하니라"(룻 2:20)

룻의 이야기는 언뜻 보기에 "좋은 사람들에게는 어떻게 좋은 일이 일어나는가?"라는 우리에게 익숙한 도덕적인 이야기 같아 보입니다. 그러나 룻의 실제 이야기는 어려운 시기를 겪는 평범한 사람들의 삶에서 일어나는 하나님의 놀라운 은혜에 관한 것입니다. 고난과 역경은 일상적인 삶의 예배 가운데 '성찬'의 시간입니다. 하나님께서는 우리와 이야기하고 싶어 하십니다. 분주하고 정신없이 돌아가는 일상의 삶에서 고난과 역경이라는 '성찬'의 시간은 우리에게 감사이자 하나님과의 깊은 대화의 시간입니다. 하나님은 우리를 축복하시기 위해 우리가 알지 못하는 삶의 시간을 넘어 적절한 하나님의 때를 기다리십니다. 그러므로 하나님의 예배자들에게 고난과 역경은 곧 축복을 위한 디딤돌이 되는 것입니다.

룻기의 이야기 속에서 우리는 놀라운 하나님의 계획과 은혜를 엿볼 수 있습니다. 첫째, 우리는 하나님께서 선택하신 백성 중 한 명이 아닌 모든 민족과 열방을 뛰어넘는 하나님의 은혜를 깨닫게 됩니다. 비록 룻은 모압 사람이었지만 하나님의 축복의 약속을 받습니다. 이를 통해 우리는 하나님의 사랑이 단지 '선택된 하나님의 백성'이라는 특별한 민족에 관계없이 세상 모든 열방 속 이방인과 우리들을 배제시키지 않는다는 것에 대해 감사해야 합니다. 하나님은 모든 사람들을 이끄시기 위해 문화와 종교적 장벽도 초월하고 극복하게 하십니다. 룻의 선택은 이 모든 장벽을 뛰어넘는 역사적이자 영적 선택이었습니다.

"룻이 이르되 내게 어머니를 떠나며 어머니를 따르지 말고 돌아가라 강권하지 마옵소서 어머니께서 가시는 곳에 나도 가고 어머니께서 머무시는 곳에서 나도 머물겠나이다 어머니의 백성이 나의 백성이 되고 어머니의 하나님이 나의 하나님이 되시리니"(룻 1:16)

둘째, 룻기는 신실한 예배자를 찾으신다는 말씀입니다. 나오미와 룻의 충성과 희생, 헌신은 반드시 축복으로 되돌아오게 됩니다. 룻, 나오미와 보아스의 이야기를 통해 하나님을 향한 신실함과 충성이 하나님을 기쁘시게 하며 하나님께서 그의 백성들에게 늘 신실함으로 베풀어 주시는 언약의 열매라는 것을 보여줍니다. 하나님을 온전히 예배하면 하나님께서 약속하신 언약을 통해 우리에게 축복으로 부어주십니다.

셋째, 우리는 보아스로부터 예수 그리스도의 모형을 볼 수 있습니다. 보아스는 모세의 율법에 충실해 룻의 재산을 사들였고 이방인 여자를 하나님의 집으로 데려왔습니다.

"만일 네 형제가 가난하여 그의 기업 중에서 얼마를 팔았으면 그에게 가까운 기업 무를 자가 와서 그의 형제가 판 것을 무를 것이요"(레 25:25)

또한 그녀를 신부로 삼아 자기 재산의 공동 상속자로 만들었습니다. 이와 마찬가지로 '먼 친척 구세주'되시는 예수 그리스도는 우리를 죄와 죽음에서 구원하기 위해 대가를 치르셨습니다. 그분은 우리를 하나님의 가족으로 데려오셨으며 우리가 그 분의 상속에 참여할 수 있도록 우리를 그분의 신부로 만드셨습니다. 이 놀라운 구원의 역사를 통해 우리를 영원히 인도하시는 하나님을 찬양합니다.

"성령이 친히 우리의 영과 더불어 우리가 하나님의 자녀인 것을 증언하시나니 자녀이면 또한 상속자 곧 하나님의 상속자요 그리스도와 함께 한 상속자니 우리가 그와 함께 영광을 받기 위하여 고난도 함께 받아야 할 것이니라"(롬 8:16-17)

"또 내가 보매 거룩한 성 새 예루살렘이 하나님께로부터 하늘에서 내려오니 그 준비한 것이 신부가 남편을 위하여 단장한 것 같더라"(계 21:2)

"일곱 대접을 가지고 마지막 일곱 재앙을 담은 일곱 천사 중 하나가 나아와서 내게 말하여 이르되 이리 오라 내가 신부 곧 어린 양의 아내를 네게 보이리라 하고"(계 21:9)

룻의 시대에는 지금과 같은 생명보험 약관이나 은퇴계획이 존재하지 않았습니다. 그리고 고대 이스라엘의 많은 과부들은 보호나 일자리뿐 아니라 심지어 매일 일용할 음식에 있어서조차 단순히 운이 다한 것으로 여겨졌습니다. 하지만 하나님은 자비와 긍휼하심을 통해 이러한 여인들을 보호할 수 있는 길을 제공하셨습니다. 하나님은 레위기 25장의 '가족 구제법(the law of the family redeemer)'을 제정하셔서 죽은 형제의 과부와 결혼해 돌보도록 했습니다. "형제들이 함께 사는데 그 중 하나가 죽고 아들이 없거든 그 죽은 자의 아내는 나가서 타인에게 시집 가지 말 것이요 그의 남편의 형제가 그에게로 들어가서 그를 맞이하여 아내로 삼아 그의 남편의 형제 된 의무를 그에게 다 행할 것이요"(신 25:5) 이 법으로 형제의 과부와 결혼하기를 거부한다면 대중적인 망신을 당했습니다. 이 모든 것은 이스라엘 과부들을 위해 제정된 것으로, 이 법에 의해 보아스가 룻을 구제했으며 결혼하게 되었습니다.

룻처럼 오늘날 우리에게도 구원할 구세주가 필요합니다. 죄의 저주로 우리는 과부가 되었으며 하나님을 떠나 길을 잃고 홀로 되었습니다. 하지만 예수 그리스도는 우리의 구세주가 되십니다. 예수님께서 십자가에서 죽으심으로 우리를 구원하셨고 우리를 위해 값을 지불하셨으며 우리에게 새로운 가족이 되게 하셨습니다. 게다가 예수 그리스도와 공동 상속자가 되는 축복을 주셨습니다. 그러므로 '가족 구원자'되신 하나님을 우리는 날마다 감사함으로 찬양해야 합니다.

마지막으로, 룻기는 하나님의 백성의 삶은 '단순한 우연의 일치'가 없다는 것을 보여줍니다. 그녀에게 주신 하나님의 축복은 보아스와의 '영원토록 행복한' 삶을 훨씬 뛰어 넘습니다. 마태복음은 룻이 이스라엘의 위대한 왕인 다윗의 증조할머니임을 알려주고 있습니다. 그러므로 다윗의 아들 예수는 이방인 룻의 자손이 됩니다.

"살몬은 라합에게서 보아스를 낳고 보아스는 룻에게서 오벳을 낳고 오벳은 이새를 낳고 이새는 다윗 왕을 낳으니라 다윗은 우리야의 아내에게서 솔로몬을 낳고"(마 1:5-6)

비록 룻은 선택된 이스라엘 백성들 사이에서 태어나지는 않았지만 그럼에도 불구하고 하나님의 날개 아래 있기를 원했습니다. 그곳에서 그녀는 보호와 안식 그리고 축복을 발견했습니다. 룻과 마찬가지로 이방인으로 태어난 우리 역시 예수 그리스도께 마음과 몸을 온전히 맡길 때 축복의 역사가 일어납니다. 아주 작은 선택이지만 그 결과는 엄청난 축복이 됩니다. 그것은 은혜라는 말밖에는 표현할 수 없습니다. 그러므로 예배를 통해 우리는 하나님의 은혜로운 보호하심에 감사를 드리며 신실하심을 찬양해야 합니다.

룻기에는 예배를 위한 어떤 형식적인 모임과 같은 언급이 없습니다. 그리고 설교나 형식적 기도로 이야기가 이어지거나 중단되는 부분도 없습니다. 마치 소설과 같은 이 이야기에는 성직자가 등장하지 않으며 예배의 여러 예식 절차조차 없습니다. 단지 오래 전부터 내려온 뿌리 깊은 풍속이자 문화인 결혼이라는 의식 하나만 언급됩니다. 그럼에도 불구하고 룻기는 우리의 예배에 매우 도움이 됩니다. 룻기의 주제는 우리를 보호하시고 인도하시는 그리고 우리에게 힘주시고 약속을 지키시는 신실하신 하나님입니다. 이는 오늘날 예배에서 하나님이 하신 구원의 사역에 감사하고 기억하며 기념하는 것과 동일합니다. 그러므로 룻기는 예배의 모범적인 모형을 보여주며, 예배의 명확한 주제를 나타냅니다.

룻과 나오미는 삶의 불행이라는 자신들이 처한 상황을 하나님의 손길에 맡겼습니다. 이는 선택의 기로에서 어정쩡한 모습이 아닌 하나님께 전적으로 맡기고 인도하심을 구하는 올바른 예배자의 귀감이 됩니다. 그들은 하나님을 향한 신실함을 지켰으며 이후 보아스가 룻과 결혼해 오벳이 태어났을 때 그들의 신실함은 커다란 축복과 보상으로 돌아왔습니다. 그로 인해 룻뿐 아니라 룻의 가정 모두가 하나님의 축복을 받았으며, 믿음의 멋진 가문으로 자자손손 감사와 찬양을 돌리게 됩니다. 룻과 나오미의 하나님을 향한 분명한 선언과 신실함은 그들뿐 아니라 하나님의 가문으로 새롭게 세워지는 축복을 받았습니다.

우리 역시 룻과 나오미와 같이 우리를 무너뜨리고 영혼을 힘들게 하는 시간과 환경들을 무수히 경험합니다. 중요한 것은 하나님을 향한 우리의 분명한 선택과 선언입니다. 룻과 나오미처럼 모든 역경과 고난 속에서 하나님께 예배함으로 반응할 때 하나님께서 우리를 돌보신다는 사실을 기억해야할 것입니다. 하나님은 가장 어려운 상황을 통해서 놀라운 일들을 만들어 가십니다. 지금도 하나님은 어떤 상황 속에서도 흔들림 없이 하나님을 확고하게 선택하는 예배자들을 찾으시고 축복하십니다. 참된 예배자는 언제나 하나님의 음성에 따라 세상의 유혹에 흔들리지 않고 오직 하나님 한 분만을 나의 구세주로 선언하고 따라가는 사람입니다.

1. 룻의 선택이 이 시대를 살아가는 예배자에게 주는 의미는 무엇인가요?
2. 룻기를 통해 왜 고난이 우리 예배자들에게 유익이 되나요?
3. 룻의 삶을 통해 우리에게 역사적인 중요한 선택에서 필요한 것은 무엇인가요?

제 7 일

하나님은 순종하는 예배자를 찾으십니다.
사무엘상, 사무엘하

우리가 잘 아는 포드 자동차 회사를 만든 기업가였던 헨리 포드(Henry Ford, 1863-1947)는 "역사는 엉터리다(History is bunk)"라고 말했습니다. 오늘날 많은 사람들이 여전히 이에 동의합니다. 이들은 현재나 미래에 더 집중해야 하기 때문에 역사를 시간 낭비로 여깁니다. 하지만 우리 그리스도인들은 이러한 태도를 가질 수 없습니다. 우리는 지나온 과거를 통해 하나님께서 어떻게 세상을 창조하셨고, 우리를 예배자로 만드셨는지를 기억하면서 역사 속에서 항상 함께 하시는 하나님께 감사함으로 예배할 수 있기 때문입니다. 또한 지금 우리가 드리는 공예배를 포함한 모든 예배는 하나님이 하신 일들을 기억하고 재현하는 것입니다.

사무엘서는 사무엘과 사울 그리고 다윗을 통한 예배자의 자세를 보여줍니다. 예배의 본질이자 기초인 '순종'입니다. 하나님의 부르심에 나아가는 것이 예배의 첫 단추라면 '순종'은 하나님의 부르심에 '예'라고 반응하는 것과 상통합니다.

"사무엘이 이르되 여호와께서 번제와 다른 제사를 그의 목소리를 청종하는 것을 좋아하심 같이 좋아하시겠나이까 순종이 제사보다 낫고 듣는 것이 숫양의 기름보다 나으니"(삼상 15:22)

우리는 사무엘서에서 이들의 삶을 통해 하나님께 대한 순종의 축복과 불순종의 결과를 보게 됩니다. 이들의 예배가 순종이었을 때에는 축복이 따랐지만, 속임수와 탐욕 그리고 거짓된 동기로 변질되었을 때는 패배가 뒤따랐습니다. 그러므로 참된 예배자의 반응은 참된 순종입니다(삼상 2:12-17).

오래전 이발소에 가면 볼 수 있었던 그림 중 하나가 어린 사무엘이 두 손 모아 기도하는 모습이었습니다. 이 그림 하나로 하나님께 순종하는 사무엘의 삶을 명쾌하게 보여줍니다. 사무엘은 어릴 때 엘리 선지자를 섬기기 위해 성전으로 가게 되었습니다. 엘리의 부패한 아들들은 제사장직 명예를 손상시켰지만 사무엘은 하나님을 진정으로 따랐고 이스라엘의 지도자로 성장하게 되었습니다. 우리는 사무엘의 엄마였던 한나의 이야기를 통해 그녀가 기도에 신실한 예배자로 하나님 앞에 자신을 서원했던 것을 기억합니다. 한나는 여성이 아이를 갖는 것이 중요한 시절에 살았던 아이가 없는 여인이었습니다. 그녀의 수치와 좌절은 남편인 엘가나의 또 다른 아내인 브닌나의 도발에 의해 더 심해졌습니다(삼상 1:6). 한나는 남편에게 아들을 낳아주지 못했다는 실패감에 마음 아파했을 수 있었습니다. 그러나 그렇게 하는 대신 하나님을 바라보며 자신의 고통을 돌아봐 주시고 아들을 주시기를 간절하게 탄원 드렸습니다(삼상 1:10-11).

결국 한나의 영은 엘리의 축복을 통해 상달되었습니다(삼상 1:17-18). 그녀는 하나님께서 자신의 기도를 들으시고 자신의 간청을 승낙하셨음을 믿을 수 있었습니다. 우리는 한나를 통해 간절한 예배자의 마음을 배울 수 있습니다. 정직한 영으로 간절히 하나님께 나아가는 것이 예배자의 기본적인 자세입니다. 한나처럼 우리의 필요를 채워주실 것을 믿으며 하나님 앞에 간구할 수 있어야 합니다.

"네 길을 여호와께 맡기라 그를 의지하면 그가 이루시고 네 의를 빛 같이 나타내시며 네 공의를 정오의 빛 같이 하시리로다"(시 37:5-6)

이스라엘 백성들은 매년 율법에 따라 세 차례 예루살렘에서 열리는 집회에 모여 하나님께 예배 드렸는데, 이 여정이 '순례 축제'입니다. 한나는 매년 이 축제에 참석해 예배 드림으로써 하나님을 향한 그녀의 신실함을 보여주었습니다. 또한 예배를 통해 신실한 겸손과 하나님의 임재에 들어가기 위한 올바른 태도를 보여주었습니다.

"서원하여 이르되 만군의 여호와여 만일 주의 여종의 고통을 돌보시고 나를 기억하사 주의 여종을 잊지 아니하시고 주의 여종에게 아들을 주시면 내가 그의 평생에 그를 여호와께 드리고 삭도를 그의 머리에 대지 아니하겠나이다"(삼상 1:11)

예수님은 제자들에게 걱정하지 말 것을 말씀하셨습니다. 대신 모든 염려를 하나님 아버지께 기도로 아뢰길 원하셨습니다.

"그런즉 너희는 먼저 그의 나라와 그의 의를 구하라 그리하면 이 모든 것을 너희에게 더하시리라 그러므로 내일 일을 위하여 염려하지 말라 내일 일은 내일이 염려할 것이요 한 날의 괴로움은 그 날로 족하니라"(마 6:33-34)

한나는 그녀가 가진 염려를 하나님께 기도하며 내려놓았습니다. 우리 역시 한나처럼 우리의 문제를 하나님 앞에 내려놓고 기쁨을 경험해야 합니다.

이스라엘의 영적 지도력은 나이 든 엘리에서 어린 사무엘로 옮겨졌습니다. 사무엘은 백성들이 왕을 요구하기 전까지 이스라엘의 예언자이자 성직자 그리고 사사로 섬겼습니다. 하지만 사무엘의 기름 부음을 받은 사울은 이스라엘의 첫 왕으로 불순종이라는 어리석은 실수를 반복했습니다. 비록 사울은 유능하고 능숙한 전사였지만 영적인 분별력이 부족했습니다. 그는 사무엘이 도착해 희생 제사를 기다리다가 인내심을 잃고 희생 제사를 직접 드렸습니다(삼상 13:8-14). 또한 주님께 적합한 예물이 될 것이라고 생각하고 하나님의 계명에 반하여 전쟁 전리품을 남기기도 했습니다(삼상 15:13-15). 사울의 지속적인 불순종으로 인해 결국 사무엘은 하나님으로부터 사울을 거부하는 통보를 받게 되었습니다(삼상 15:23). 불순종, 의심, 실패로 인한 사울의 퇴락은 그가 무당을 찾아가 조언을 구할 때 최악의 상황이 되었습니다. 이는 율법에서 엄격히 금하고 있는 일이기 전에 하나님에 대한 모독이었습니다(신 18:10-11). 사울의 삶은 우리가 자신의 이익을 구하고 하나님의 뜻이 아닌 우리의 생각과 의지대로 행하며 하나님을 따르지 않을 때 무슨 일이 생기는지 명확히 보여줍니다.

사울의 삶은 하나님께 우리가 어떻게 예배해야 하는지를 잘 보여줍니다. 사울왕은 이스라엘 왕위에 올랐으며 사무엘 선지자가 하나님의 이름으로 기름 부어주었습니다. 처음 통치 기간은 외부 적들로부터 승리를 거두었고 백성들에게 인정도 받았습니다. 하지만 곧 계명을 어겨 하나님으로부터 멀어졌으며 극심한 죄악은 그를 실패로 이끌었습니다. 사울의 실패는 시간이 갈수록 하나님께 불성실했던 예배 태도로 알 수 있습니다. 우리는 사울이 하나님께 드린 예배의 태도를 통해 살아있는 예배와 거짓 예배를 구별할 수 있습니다.

우선 사울이 하나님께 드린 살아있는 예배의 태도를 보겠습니다. 첫째, 사무엘은 사울에게 기름 부은 후 주님의 영을 받으라고 말했습니다(삼상 10:1-8). 이에 사울은 순종했고 하나님은 그의 마음을 바꿔 주셨으며, 예언의 은사를 받게 되었습니다(삼상 10:9-12). 둘째, 야베스 사람의 말을 들었을 때 하나님의 영이 사울에게 임했습니다(삼상 11:6). 이에 사울은 이스라엘 군대를 동원하여 큰 전투에 승리를 거두었으며, 이스라엘을 구원하신 주님을 신뢰했습니다(삼상 11:13). 셋째, 사울은 길갈에서 왕으로 확정되었습니다. 이에 사울과 이스라엘 백성들은 즐거워하고 주님께 예물을 드렸습니다(삼상 11:15).

한편 사울은 다음의 행위들을 통해 거짓 예배의 태도와 결과를 볼 수 있습니다. 첫째, 사울은 사무엘이 늦어지는 것을 인내하지 못했으며 하나님께 희생 제사를 잘못된 방법으로 드렸습니다. 그리고 자신의 행동에 핑계를 댔습니다(삼상 14:24). 이에 사무엘은 사울을 질책하고 왕위를 잃게 될 것을 예언했습니다(삼상 13:13-14). 둘째, 사울은 복수에 불타 바보 같은 맹세를 했습니다. 그 결과 사울의 아들 요나단은 금식하라는 사울의 명령에 불순종했으며 거의 죽을 뻔했습니다(삼상 14:24-45). 셋째, 사울은 아말렉인을 없애는데 실패함으로 하나님 말씀에 불순종했으며 갈멜에서 자신의 영광을 위한 기념비를 세웠습니다(삼상 15:9-12). 그 결과 사무엘은 사울이 왕위를 잃게 될 것이라는 것을 다시 한번 알렸습니다(삼상 15:26-28). 넷째, 사울은 분노를 이기지 못했습니다(삼상 22:6-8). 이에 사울은 다윗과 함께 공모한 놉의 제사장들을 비웃었습니다(삼상 22:16-18). 다섯째, 사울은 신접한 여인을 만났습니다(삼상 28:7-14). 사울의 영적 간음으로 사무엘은 다시 한번 그가 왕위를 잃고 블레셋에게 죽임을 당할 것을 말해주었습니다. 이 모든 일이 다음 날 이뤄졌습니다(삼상 28:15, 31:1-13).

하나님은 사무엘에게 사울을 대신할 왕으로 다윗에게 기름 부음을 지시하셨습니다. 왕이 되기 전에 다윗은 하나님께 신뢰하는 모습을 보여주었으며 사울의 모습과 대조가 되었습니다. 그의 첫 번째 도전은 다윗이 주님의 이름으로 승리를 거두었던 골리앗과의 전투였습니다. 이를 통해 다윗은 하나님을 더욱 신뢰하며 헌신하게 되었습니다.

"다윗이 블레셋 사람에게 이르되 너는 칼과 창과 단창으로 내게 나아 오거니와 나는 만군의 여호와의 이름 곧 네가 모욕하는 이스라엘 군대의 하나님의 이름으로 네게 나아가노라"(삼상 17:45)

한편 사무엘하는 하나님께 마음에 합한 자로 인정받은 다윗의 이야기입니다.

"여호와께서 그의 마음에 맞는 사람을 구하여 여호와께서 그를 그의 백성의 지도자로 삼으셨느니라 하고"(삼상 13:14)

하나님을 너무나 사랑하고 헌신한 다윗의 통치는 이스라엘을 통합함으로 블레셋을 무찔렀으며 언약궤를 예루살렘으로 되찾아왔습니다. 하지만 곧 다윗 왕국에도 어둠이 닥쳤습니다. 그는 권력의 유혹에 굴복했으며 탐욕스런 독재자처럼 행동했습니다. 그는 밧세바를 향한 욕망에 사로잡혀 결국 간통했으며 살인했습니다. 그리고 결국 이러한 죄가 자신에게로 돌아와 그의 가족을 괴롭혔습니다. 하지만 다윗은 사울과 달리 계속해서 왕으로서 하나님을 섬겼으며, 그의 죄를 통해 멸망하지 않고 조롱받지 않았습니다. 무엇보다도 다윗은 이 모든 상황에서도 온 마음을 다해 따르겠다고 주장했던 전능하신 하나님과 회복할 수 있었습니다. 그것은 이 모든 절망스런 상황에도 다윗은 하나님에 대한 믿음과 소망을 저버리지 않았기 때문입니다.

밧세바와 죄를 지은 후 나단 선지자와 마주했을 때 다윗은 즉시 깊이 반성하고 주님의 용서하심을 구했습니다. 그가 탐욕스런 마음으로 인구조사를 하고 주님을 화나게 했을 때에도 다윗은 즉시 회개하고 희생 제사를 위한 제단을 쌓았습니다. 다윗은 하나님의 자비하심이 크다는 것과 용서받을 수 있다는 것을 알았습니다(삼하 24:14). 다윗은 참된 예배자였기에 하나님의 자비하심과 사랑을 잘 알고 있었습니다. 그리고 다시 하나님께 진심으로 예배할 때 용서하시고 회복해주실 것을 믿었습니다. 그의 침상을 적시는 회개의 기도는 우리 역시 죄악의 사슬에게 벗어나는 유일한 길은 하나님께 눈물로 회개하고 엎드리는 것임을 명확하게 보여줍니다. 다윗은 용서받은 죄인으로서 진솔한 고백과 진정한 회개의 필요성을 일깨워줍니다. 참된 예배에는 기쁨이 넘치는 찬양뿐만 아니라 우리의 죄에 대한 명백한 인정과 회개의 고백도 포함됩니다.

다윗이 세속의 유혹과 실수로 하나님을 아프시게 했음에도 불구하고 그가 하나님께 마음에 합한 자라고 인정받았던 가장 큰 이유는 어떤 상황에서도 하나님의 살아계심을 인정하고 사랑했기 때문입니다. 시편의 수많은 고백은 그가 얼마나 하나님을 신뢰하고 사랑했던 사람인지 잘 보여줍니다. 다윗은 하나님을 힘과 보호의 원천으로 인정한 참된 예배자였습니다.

"여호와는 나의 반석이시요 나의 요새시요 나를 건지시는 자시요 나의 하나님이시요 나의 피할 바위시요 나의 방패시요 나의 구원의 뿔이시요"(삼하 22:2-3)

하나님과 항상 교제하는 참된 예배자들은 어려움과 역경 속에도 하나님께 다시 돌아오게 된다는 것을 다윗을 통해 깨닫게 됩니다. 그는 죄에 직면할 때에도 즉시 마음을 다해 회개하고 하나님을 의지했습니다. 다윗의 탁월함은 도덕적 완전함이 아니라 하나님을 찾는 정직하고 신실한 헌신에 있음을 보여줍니다. 다윗은 왕으로 오신 예수님의 모형이 되며 이스라엘과 온 땅을 다스리기 위한 메시아를 가리킵니다. 우리는 더 겸손한 순종으로 왕이신 예수님을 전심으로 예배해야 할 것입니다.

1. 다윗이 '하나님 마음에 합한 자'라고 일컬어지는 이유는 무엇인가요?
2. 예배자로서 사울과 다윗을 비교해보고 차이점을 말해보세요.
3. 한나의 기도를 통해 배울 수 있는 점은 무엇인가요?

제 8 일

예배의 시작은 하나님의 주권을 인정하는 것입니다.

열왕기상, 열왕기하, 역대상, 역대하

　　TV 드라마의 단골 소재 중 하나는 과거 왕들에 대한 이야기입니다. 조선시대나 고려시대를 비롯해 삼국시대 혹은 그 이전의 역사들을 다루기도 합니다. 우리는 이 드라마들을 보지 않아도 대충 내용을 알 수 있는데, 선악과 질투, 배신 그리고 사랑과 자비에 대한 극적 결말들입니다. 열왕기와 역대기의 주제는 여러 왕들과 이스라엘의 역사입니다. 이 역사서에는 훌륭한 왕들과 패역한 왕들이 계속 등장하는데 그 기준은 하나님에 대한 충성입니다. 왕들이 하나님을 잘 섬기면 백성들의 행복과 축복이 있었으며, 반대로 하나님께 불충한 왕들이 저주를 받고 죽임을 당했습니다. 이를 통해 우리 자신은 물론 가정과 나라의 안위와 평안은 하나님 안에 존재하며 하나님을 향한 예배의 태도가 중요한 축복의 기준임을 깨닫습니다.

　　열왕기는 이스라엘이 가장 부강했던 솔로몬 왕 때로부터 4세기 후 유다가 바벨론에 정복당할 때까지 하나님의 백성들에게 일어난 이야기입니다. 하나님의 선택받은 백성이 나라와 성전을 왜 잃어버리게 되었는지를 살펴보면서 우리 모두는 오직 하나님의 주권 안에 있음을 깨닫습니다. 열왕기상은 솔로몬이 왕으로 임명되는 것부터 아합의 아들 아사와 여호사밧의 통치까지의 이스라엘 이야기입니다. 다윗의 통치가 아들 솔로몬에게 이어지며 하나님의 축복으로 나라는 부강해졌습니다(왕상 1-4장, 9:15-28). 솔로몬은 왕이 되자 하나님이 그의 백성과 함께 계심을 나타내는 성전 건축의 거룩한 임무를 완수했으며, 이스라엘은 하나님께서 오래전 약속하신 약속의 땅에 완전히 정착되었습니다(왕상 5-10장). 이 거대한 건축물은 이전에 본 적도 없는 크고 아름다운 건축물로 하나님을 향한 이스라엘 백성들의 진정한 갈망의 완성이었습니다. 또한 솔로몬이 드린 헌신의 기도도 마찬가지였습니다.

그러나 하나님의 임재는 무조건 축복만을 의미하는 것은 아니었습니다. 솔로몬과 그의 아들들이 계속해서 하나님을 신실하게 섬겼다면 하나님은 그들을 축복하셨을 것입니다. 하지만 그들이 다른 이방신에게 돌아서면서 이스라엘은 약속의 땅에서 끊어지게 되었으며, 솔로몬조차 하나님을 무시하고 다른 신을 섬기는 것을 막지 못했습니다(왕상 9:1-19). 솔로몬의 권력과 부유함이 커질수록 이방 종교와 방종한 삶으로 천천히 빠져들었습니다. 그는 많은 이방 아내들이 이방신과 우상을 섬기도록 내버려 두었습니다. 우상숭배를 철저히 배격하지 못한 솔로몬의 태도는 그의 뒤를 이은 많은 다음 세대들을 오염시켰습니다. 우리는 하나님의 세대들을 위해 아름다운 성전을 건축한 나라가 어떻게 우상을 섬길 수 있는지 이해하기 어렵습니다.

우리는 열왕기상으로부터 확실한 교훈을 얻습니다. 우상숭배와 악함은 쾌락과 즐거움으로 우리를 부드럽게 유혹하지만 영적으로는 죽은 것들입니다. 참된 예배는 실천하고 유지하는데 대가가 크지만 결국 우리에게 생명을 줍니다. 영성학자였던 마르바 던(Marva J. Dawn, 1948 - 2021)은 이를 '거룩한 낭비'라고 표현했습니다. 예배자는 생명을 선택한 하나님의 사람들입니다.

아이작 뉴턴(Isaac Newton, 1643-1726)은 '작용과 반작용' 이론을 확립한 수학자이자 물리학자입니다. 이 법칙은 이스라엘과 유다 왕국의 분열 시기에 하나님과의 관계를 적절하게 설명해줍니다. 하나님은 이스라엘 민족과 언약을 세우셨을 때 순종하는 자에게는 상을 주시고 불순종하는 자들에게는 벌을 주시겠다고 약속하셨습니다. 그래서 그들이 좋든 나쁘든 어떠한 행동을 했을 때 결국 그에 맞는 결과들이 따라왔으며, 열왕기하에서는 이러한 원칙이 적용됩니다.

열왕기하는 이스라엘 아합의 죽음(BC 850)에서 예루살렘이 바벨론으로 인해 파멸(BC 587)될 때까지의 이스라엘과 유다의 역사입니다. 열왕기상과 같이 불신의 상황 속에서도 하나님께 충성스러웠던 위대한 선지자들을 보여줍니다. 유다의 일부 지도자들은 이스라엘과 달리 예배의 회복을 위한 노력을 하며 영적으로 더 신실하기도 했지만 불가피한 심판을 막기에는 너무 늦었습니다(왕하 24:1-4). 결국 이스라엘과 유다의 타락은 하나님과의 언약을 지키지 않고 선지자들의 경고에 주의를 기울이지 않았던 백성들에 대한 하나님의 심판으로 이어졌습니다(왕하 17:7-23).

솔로몬의 죽음 이후 북쪽 이스라엘 지파들은 다윗의 계보인 유다 지파로부터 이탈했습니다. 이스라엘 왕국은 자신들만의 왕을 세웠는데 이는 매우 심각한 결과를 낳았으며 하나님이 보시기에 악한 일을 행했습니다(왕상 15:26). 이스라엘 왕들은 이방 신들을 좇았기 때문에 하나님의 약속된 징계를 받았으며 결국 BC 722년 앗수르에 멸망 당했습니다. 남왕국 유다는 북왕국 이스라엘에 비해 덜 타락했는데, 히스기야(왕하 18-20장)와 요시야(왕하 22:1-23:30)를 비롯한 일부가 신실하게 하나님을 섬겼기 때문입니다. 그러나 대부분의 왕들은 하나님께 불충했으며 결국 BC 586년에 바벨론에 멸망 당했습니다. 하나님의 백성에게 닥친 이 최후와 함께 열왕기서는 암울한 끝을 맞이합니다. 하나님의 백성들은 전심으로 예배하지를 못했기 때문에 축복과 번영을 잃었습니다. 사도 바울은 갈라디아서 교인들에게 열왕기하와 같은 사람들로 여겨질 수 있음을 경고했습니다. "스스로 속이지 말라 하나님은 업신여김을 받지 아니하시나니 사람이 무엇으로 심든지 그대로 거두리라"(갈 6:7). 우리는 하나님을 온전히 예배하도록 지음 받은 예배자임을 잊지 말아야 합니다.

열왕기서는 우리에게 영적 간음의 무시무시한 결과를 경고해줍니다. 우리 역시 바알과 같은 세속 문화의 신들에 쉽게 유혹됩니다. 그러나 요시야 왕이 율법서 말씀을 따름으로써 하나님을 높였듯이 우리도 하나님의 말씀인 성경을 가까이하고 그 말씀대로 순종함으로써 하나님을 예배하며 축복의 삶을 누릴 수 있습니다. 또한 하나님의 계명에 순종하지 않는 백성들에게 관심을 가지시는 하나님의 은혜를 깨닫습니다. 그리고 대부분 왕들에게 초점을 맞추었지만, 이스라엘을 하나님께로 다시 돌아오도록 애쓰는 선지자들도 보여줍니다. 우리가 비록 하나님을 떠나 방황할 때에도 선하신 하나님은 언제나 우리를 다시 돌아오도록 부르십니다. 하나님은 사랑하는 독생자 예수 그리스도를 이 땅에 보내시고 십자가에 달려 죽기까지 우리를 향한 사랑을 보여주셨습니다. 우리는 이 은혜에 대한 감사와 경외, 순종으로 우리를 절대 놓지 않으시는 하나님의 사랑과 자비를 예배해야만 합니다.

좋은 영화는 몇 번을 보아도 우리에게 감동을 줍니다. 역대기는 사무엘서와 열왕기의 이야기를 다시 우리에게 들려줍니다. 그러나 역대기는 이스라엘의 역사를 다른 각도에서 말하고 있습니다. 역대기는 이스라엘의 신실함이나 선지자의 증언 또는 업적만을 말하지 않습니다. 대신 유다 왕국을 깊게 이야기하며, 특히 번성하고 쇠퇴하고 사라지다가 마침내 예루살렘에 돌아오게 된 예배에 집중합니다. 역대기는 사무엘과 열왕기와 다른 오래된 자료를 통해 바벨론 유수에서 돌아온 유대인들을 격려하기 위한 것이 목적입니다. 왜 그들이 지배받는 민족이 되었는지, 어떻게 미래에 완전히 회복될 것이라는 희망 안에 의롭게 살아갈 수 있는지를 알기 위해 하나님이 세우신 거룩한 역사를 되돌아보고 있습니다.

역대상의 처음 부분은 기나긴 이스라엘의 족보를 설명하는데. 하나님께서 늘 함께하신다고 약속하신 이스라엘 백성의 계보와 역사가 느껴집니다(대상 1-9장). 아담으로 시작해 다윗의 통치시대 제사장과 지도자들까지 계속된 가족 계보의 목록과 이름으로 시작되며, 나머지 대부분의 내용은 이스라엘과 하나님 백성의 믿음과 예배를 크게 변화시켰던 다윗의 죽음까지의 역사를 다시 언급하고 있습니다. 하나님이 임재하시는 언약궤는 예루살렘으로 옮겨져 본래의 장막에 위치했으며, 제사장들은 법궤 앞에서 노래와 악기로 찬양하며 예배하도록 정해졌습니다. 또한 다윗은 미래의 성전 부지에 사용될 오르난의 타작마당을 가져왔으며, 여호와를 위한 예배에 여러 임무들을 부여하기 위해 레위 지파의 제사장과 음악가들을 준비했습니다.

역대기는 다윗과 솔로몬의 군사적 성취에 대해서는 약간의 관심만을 보이고 예루살렘에서의 성전 예배에 초점을 맞춥니다. 역대상 13장부터 29장과 역대하 3장부터 7장까지를 읽어보면 이스라엘에 거하시는 하나님을 바라보게 됩니다. 이러한 노력은 성전의 봉헌에서 극대화되었는데, 성전은 두 번이나 주님의 영광으로 가득 찼습니다(대하 5:13-14, 7:1-3). 봉헌 기도에서 솔로몬은 이 땅의 어떠한 구조물도 감히 하나님을 담을 수 없다고 고백합니다(대하 6:18). 한편 다윗은 마지막 연설에서 아들 솔로몬이 짓게 될 성전을 건축하기 위한 기금을 내겠다는 약속을 했으며 헌신할 지도자들을 촉구했습니다. 그의 연설은 하나님께 감명 깊은 고백과 찬양으로 마무리되었는데, 이는 신약성경에 나온 주기도문의 마지막 부분들과 유사합니다.

"여호와여 위대하심과 권능과 영광과 승리와 위엄이 다 주께 속하였사오니 천지에 있는 것이 다 주의 것이로소이다 여호와여 주권도 주께 속하였사오니 주는 높으사 만물의 머리이심이니이다"(대상 29:11)

여러분은 공공기관이나 오래된 회사에 벽면에 걸린 이전 지도자의 초상화를 본적이 있을 것입니다. 벽에 걸린 그들의 모습은 마치 얼음처럼 굳어 있습니다. 그림 아래 명판에는 보통 이름과 임무 기간이 명시되어 있는데, 어떤 사람은 어쩌면 기관을 어렵게 했거나 압박을 받아 사임을 해야 했던 나쁜 관리자였을지도 모릅니다. 그러나 여전히 그 초상화는 더 성공하고 존경받는 지도자로 그려져서 벽면 한쪽에 걸려있습니다.

역대하는 벽면 한쪽에 걸려있는 유다 왕들의 초상화들을 떠오르게 합니다. 역대하는 솔로몬의 통치 기간을 묘사한 후 유다를 다스린 이십 명의 왕에 대해 기록하고 있습니다. 대부분의 왕들은 완전히 실패했고 하나님께 예배하지 못했습니다. 그러나 열왕기와는 달리 역대하는 왕들의 단점에 상대적으로 적은 분량을 할애했습니다. 마치 아주 좋은 초상화처럼, 역대하는 나쁜 지도자라 할지라도 가장 좋은 모습만 보여줍니다. 심지어 우상숭배, 사술, 요술, 이방신 바알 제단을 쌓았던 므낫세조차도 하나님이 여호와이심을 깨달았을 때 회개했음을 보여줍니다 (대하 33:13).

역대기에 나타난 성전의 모습은 예수 그리스도를 나타냅니다. 성전이 이스라엘에서 하나님의 임재를 상징하듯이 예수님도 하나님의 말씀이 육신이 되신 분입니다. 하나님의 영광이 솔로몬의 성전을 가득 채웠듯이 예수님께서도 유일한 방법으로 영광을 드러내십니다.

"말씀이 육신이 되어 우리 가운데 거하시매 우리가 그의 영광을 보니 아버지의 독생자의 영광이요 은혜와 진리가 충만하더라"(요 1:14)

제사장들이 백성을 대신해 성전 안으로 들어가듯 예수님도 우리를 위해서 하나님의 임재 그 한가운데로 들어가신 우리의 위대한 대제사장이십니다(히 4:14, 9:24-25). 성전에서의 제사가 하나님과 이스라엘의 화해를 상징하듯, 단번에 드리신 예수님의 희생은 우리를 완전히 하나님과 화해시키십니다(히 9:26).

역대하는 유다의 예배 개혁을 극찬했습니다. 르호보암이 주님 앞에서 스스로 겸비했으며, 아사가 백성들을 언약으로 다시 인도했으며, 여호사밧이 제사장 찬양대원을 군대 앞에 보냄으로 전투에서 승리했습니다. 또한 요아스와 히스기야 그리고 요시아가 성전을 보수했습니다. 솔로몬 시대의 예배는 성전 건물이 중심이었습니다. 하지만 예수 그리스도 이후 지금 우리가 살고 있는 시대의 하나님께 드리는 예배는 그 진정한 중심을 예수 그리스도에게서만 찾습니다. 역대기는 비록 악이 유다를 지배했지만, 그럼에도 불구하고 유다에 여전히 희망이 있음을 분명하게 선언합니다. 페르시아 왕 고레스의 명으로 이스라엘 사람들은 바벨론으로부터 자유로워졌으며 돌아가서 예루살렘에 성전을 다시 지을 수 있게 되었습니다.

"바사 왕 고레스가 이같이 말하노니 하늘의 신 여호와께서 세상 만국을 내게 주셨고 나에게 명령하여 유다 예루살렘에 성전을 건축하라 하셨나니 너희 중에 그의 백성된 자는 다 올라갈지어다 너희 하나님 여호와께서 함께 하시기를 원하노라 하였더라"(대하 36:23)

1. 솔로몬 시대의 성전 예배와 예수님의 영과 진리의 예배를 비교해보세요.
2. 하나님께서 찬양을 전담하는 레위 지파를 선별한 이유와 그 사역에 대해 말해보세요.
3. 이스라엘과 유다의 각 왕의 특징을 말해보세요. 하나님께 순종한 왕과 우상을 섬긴 왕은 누구인가요?

제 9 일

참된 예배자는 하나님의 말씀을 따르는 자입니다.

에스라, 느헤미야

    예배의 중요한 네 가지 중요한 기둥은 만남과 말씀, 성찬과 파송입니다. 그리고 성경적 예배의 본질은 하나님께서 우리를 부르시고 우리에게 말씀하시며, 결단 후 사명을 받아 세상으로 나아가는 것입니다. 성경의 모든 예배자들은 이 같은 패턴을 가지고 있으며, 이 성경적 구조가 지금 우리가 하나님께 드리는 예배의 근간입니다.

    하나님께서 우리를 예배의 자리에 초청하시면 우리는 찬양과 경배를 통해 하나님께 나아갑니다. 하나님께 나아가면 하나님은 말씀하시는데 이것이 선포이자 설교입니다. 설교가 끝나면 주신 말씀에 결단과 헌신을 고백하며 예물과 정성을 드리는 봉헌의 시간을 갖습니다. 그리고 우리의 결단 후 세상으로 나아가 빛과 소금의 역할을 감당하는 준비의 시간이 파송의 시간입니다. 파송은 예배가 끝나는 것이 아닌 월요일부터 시작되는 삶의 예배로의 진짜 예배가 시작되는 것이며, 영적 전쟁을 앞둔 진군가와 같은 것입니다.

둘째, 하나님은 우리의 삶을 인도하십니다.

말씀은 기독교 예배의 가장 중요한 예전입니다. 종교개혁 이후 말씀은 예배의 가장 중요한 시간이자 순서로 자리 잡았습니다. 에스라서와 느헤미야서는 바로 말씀의 소중함과 중요성에 대해 이야기하고 있습니다. 원래 하나의 글인 에스라서와 느헤미야서는 바벨론의 포로로 잡혀간 이후의 이스라엘 회복의 내용입니다. 페르시아가 바벨론을 무너뜨린 후 고레스 왕은 유대인들이 예루살렘으로 돌아가 성전을 재건해도 된다는 칙령을 내렸습니다(스 1:1-4).

좋은 지도자는 모두가 어디로 향해 가는지를 알아내고, 백성들을 잘 이끄는 것이 중요하다고 주장합니다. 하지만 성경은 이런 유형의 지도자를 지지하지 않습니다. 느헤미야서에 등장하는 유다의 성직자이자 하나님의 율법을 가르치는 에스라와 느헤미야의 지도력은 절대 그런 유형의 지도자가 아니었습니다. 이 두 사람에게 지도력이란 하나님께 신실하고 백성들이 체계적으로 돕고 동기를 부여하는 것이었습니다.

에스라는 역대기 마지막 부분에서부터 오십 년이 넘는 망명 생활 이후 많은 유대인들이 고향으로 돌아올 때까지 지속된 이스라엘 예배의 역사입니다. 많은 유대인들은 바벨론에서 상대적으로 번영을 이루며 살았기 때문에 황폐하고 적막한 땅으로 돌아오기 위해서는 그들의 부와 안전을 포기해야만 하는 어려운 결정을 해야만 했을 것입니다. 그러나 그들은 하나님과의 언약을 생각하며 예루살렘으로 돌아왔으며 이스라엘 백성들의 예배는 그 땅에서 다시 한번 세워지기 시작했습니다.

성전이 파괴되었기 때문에 망명기간 동안 성전에서 예배 드린 사람은 없었습니다. 그러다 보니 성전을 재건하는 것에 대해 그 지역의 많은 권위자들은 강력하게 반대했으며 성전 건축에 대한 많은 문제점들을 제기했습니다. 그러나 유대인들은 재건하기로 선택했고, 새로운 성전의 기초가 놓였을 때 사람들은 크게 찬양하며 악기들을 연주하여 그들의 기쁨을 표현했습니다. 에스라는 현지 관리들이 성전의 완공을 방해하여 많은 어려운 날들을 보냈습니다. 그러나 다리오 왕의 명령으로 성전 건축을 진행할 수 있었고 성전은 곧 완공되어 하나님께 드려졌습니다. 또 다른 어려움은 에스라가 이교도 여인과 결혼한 유대인 남자에게 유대교가 아닌 아내와 이혼하지 않으면 하나님의 율법을 손상시키고 순결한 예배가 부패된다고 맞서면서 시작됐습니다. 에스라의 이 말은 일부 유대인 지도자들을 화나게 했으며 이들은 자신들의 아내와 이혼하기를 거절했습니다. 그러나 대부분의 사람들은 하나님의 계명을 따르기로 했으며 에스라의 말에 따라 이교도 아내들과 이혼했습니다.

유다의 이웃한 족속들의 반대에도 불구하고, 성전을 재건하는 회복 사업은 마침내 성공적으로 끝났습니다(스 3-6장). 그리고 수십 년 만에 처음으로 하나님의 집에서 감격적인 제사가 드려졌습니다. 오랜 기간 얼마나 기다렸던 시간일까요? 우리가 하나님을 온전히 섬기는 예배자라면 주일에 드리는 예배도 이러한 가슴 벅찬 감동과 기다림이 있어야 할 것입니다. 하나님이 이스라엘의 회복을 '성전'으로 시작하셨다는 사실은 예배의 중요성을 말해줍니다. 성전이 완성된 후 약 50여 년 동안 에스라와 느헤미야의 지도력은 하나님의 언약 백성의 회복에 있어서 중요한 역할을 했습니다(스 7-10장, 느 1-13장).

제사장이자 율법 교사인 에스라는 하나님의 계명을 가르치고 실천함으로써 유다의 영적 회복을 촉구했습니다. 페르시아 왕 정부의 관리였던 느헤미야는 예루살렘 성벽을 재건하도록 사람들을 격려했으며 총

독의 직분으로 유다의 회복을 도울 수 있었습니다. 에스라와 같이 느헤미야도 하나님에 대한 열정적인 마음을 가진 기도의 사람이었습니다(느 1장). 느헤미야는 예루살렘 성전이 무너졌다는 소식을 들었을 때 금식을 하며 간절하게 하나님께 간구했습니다.

"내가 이 말을 듣고 앉아서 울고 수일 동안 슬퍼하며 하늘의 하나님 앞에 금식하며 기도하여"(느 1:4)

느헤미야의 기도의 자세를 통해 우리는 두 가지 중요한 점을 기억해야 합니다. 첫째는 어떤 기도이든 먼저 하나님의 위대하심과 영원하심, 존귀하심을 찬양하는 것입니다. 그것은 하나님의 살아계심을 인정하는 것이며, 우리가 간구하는 기도의 목적과 방향, 응답, 우리의 믿음을 보여드리는 것입니다.

"이르되 하늘의 하나님 여호와 크고 두려우신 하나님이여 주를 사랑하고 주의 계명을 지키는 자에게 언약을 지키시며 긍휼을 베푸시는 주여 간구하나이다"(느 1:5)

둘째는 회개입니다. 어떤 일을 당할 때 그것이 절망이든 역경이든 어떤 어려움이든 우리의 잘못을 찾아 겸손하게 고백하는 자세가 필요합니다.

"이제 종이 주의 종들인 이스라엘 자손을 위하여 주야로 기도하오며 우

리 이스라엘 자손이 주께 범죄한 죄들을 자복하오니 주는 귀를 기울이시
며 눈을 여시사 종의 기도를 들으시옵소서 나와 내 아버지의 집이 범죄하
여 주를 향하여 크게 악을 행하여 주께서 주의 종 모세에게 명령하신 계명
과 율례와 규례를 지키지 아니하였나이다"(느 1:6-7)

느헤미야서는 느헤미야가 바벨론 포로로부터 그의 선조들의 땅인 유다를 향해 떠나면서 시작합니다. 예루살렘에 도착한 후 느헤미야는 가장 먼저 성벽을 재건하고자 했습니다. 하지만 그 지역의 일부 이방인 관리자들은 그 계획에 반대하며 갈등을 일으키려 했습니다. 하지만 느헤미야는 성공적으로 준비했고, 예루살렘 성벽 재건을 완성하기 위해 유대인들에게 동기를 부여했습니다. 느헤미야는 제사장 에스라가 진행하던 주님과의 언약을 새롭게 하는 일을 이어갔습니다. 사람들이 예루살렘의 수문 앞에 모였을 때 에스라와 그의 동료들은 율법책을 낭독했으며 사람들로 하여금 하나님의 말씀을 이해할 수 있도록 했습니다. 이는 사람들로 하여금 죄를 자백하게 했으며 지도자들은 하나님의 율법에 복종하겠다고 다짐했습니다.

하나님의 말씀을 읽는 일은 그리스도인들에게 매우 중요한 영적 일상이 되어야 합니다. 하나님의 말씀을 늘 기억하는 것은 점점 분주해지는 우리 삶의 여정에서 쉽지 않습니다. 주일에 예배 드리며 하나님을 기억하고 감사하고 찬양하는 모습이 우리의 일상에서 지속되지 않는 한, 우리가 드리는 예배는 하나의 예식이 될 뿐입니다. 하나님께서 우리를 창조하신 가장 중요한 목적인 예배는 우리의 삶에 언제나 이루어져야 합니다. 그러므로 말씀을 읽는 것은 우리의 영적 양식이며 예배자

들에게 늘 건강을 유지 시켜주는 영적 운동과 같습니다.

에스라와 느헤미야의 회복의 최고 정점은 성전과 성벽이 재건된 후에 왔습니다. 에스라와 느헤미야는 힘을 합해 갱신하며 민족을 이끌었습니다. 부흥은 에스라가 하나님의 율법을 사람들에게 읽어주면서 시작되었습니다. 그들의 첫 번째 반응은 죄에 대한 비탄으로 인해 우는 것이었습니다(스 10:1, 느 1:4). 그러나 회개와 애통함이 당연함에도 에스라와 느헤미야는 사람들에게 먼저 기뻐하라고 합니다. 여호와를 기뻐하는 것이 우리를 새롭게 하는 힘이기 때문입니다.

"이 날은 우리 주의 성일이니 근심하지 말라 여호와로 인하여 기뻐하는 것이 너희의 힘이니라 하고"(느 8:10)

초막절 축제를 기쁘게 보낸 후에, 이스라엘의 자녀들은 다시 모여 그들 전체의 죄를 하나님께 고백했습니다(느 9:1-38). 고백 후 그들은 율법을 지키기 위해 성전 제사에 관한 구체적인 약속들을 함으로써 하나님과의 언약을 새롭게 했습니다(느 10:1-39).

에스라서와 느헤미야서에서 하나님은 선택한 백성들을 불러 모으시고 신실하게 축복하시는 오직 한 분뿐이시며 영광스럽고 거룩한 주로 나타납니다. 하지만 백성들의 계속되는 불성실에 하나님은 이방인들을 통해 심판하셨습니다(느 9:30). 그러나 그때조차도 하나님의 은혜와 자비하심을 기대하며 찬양합니다.

"주의 크신 긍휼로 그들을 아주 멸하지 아니하시며 버리지도 아니하셨사오니 주는 은혜로우시고 불쌍히 여기시는 하나님이심이니이다"(느 9:31)

우리의 하나님은 심판의 하나님이시면서 사랑의 하나님, 공의의 하나님이시면서 자비의 하나님이십니다. 하나님은 회복시키시는 하나님이시며 영적인 마른 뼈에 새 생명을 주시는 분이십니다. 이스라엘 백성들처럼 우리도 하나님의 말씀을 듣고 날마다 새로워져야 하며, 구원의 말씀으로 기뻐해야 합니다. 그리고 우리의 죄를 자백하고 그리스도의 새 언약 안에서 매일 예배자로 살아가며 하나님을 예배하도록 우리 자신을 헌신해야 합니다.

느헤미야서 마지막 장은 율법을 더 보강하기 위한 개혁을 기록하고 있습니다. 느헤미야는 현지 지도자들을 임명하였고 성전 예배를 전담할 레위인들을 조직했으며 주님께 찬양과 감사를 드릴 음악가들을 지정했습니다. 그는 성스러운 용도로만 사용하기 위해 성전의 방들을 순결하게 했으며, 레위인들을 지원하기 위해 십일조를 회복했습니다. 그리고 예배의 거룩성을 위해 이방 사람들과의 결혼을 금지했습니다. 좋은 지도자였던 느헤미야는 자신의 능력을 강화시키기 위해 명예와 권력을 사용하지 않았으며 오직 백성들의 예배의 기초를 굳건히 세우기 위해서 사용했습니다. 느헤미야의 마지막 요구는 하나님의 기억과 축복이었습니다.

"내 하나님이여 나를 기억하사 복을 주옵소서"(느 13:31)

예배자들에게 가장 중요한 질문중 하나는 '하나님께서 나를 어떻게 인정하시는가?'일 것입니다. 하나님께 인정받는 것만큼 우리 피조물들에게 가장 큰 축복은 없을 것입니다. 평생 앞을 보지 못하는 시각 장애인으로 살면서 '예수를 나의 구주 삼고' '오 놀라운 구세주 예수 내주' '나의 갈 길 다가도록' 등의 주옥같은 찬송을 10,000여 편 작사한 찬송가의 여왕 패니 크로스비(Fanny J. Crosby, 1820-1915)의 코네티컷 주 브리지포트 묘비에는 다음의 한 줄이 쓰여 있습니다.

"She hath done what she could"(그녀는 자신에게 주어진 일을 잘 감당했다.)

패니 크로스비의 이 묘비명은 마가복음 14장에 나오는 말씀으로 예수님께서 베다니 나병환자 시몬에 집에 식사하실 때 한 여자가 매우 값진 향유 곧 순전한 나드 한 옥합을 가지고 와서 그 옥합을 깨뜨려 예수님의 머리에 부었던 말씀입니다. 옥합을 깨뜨릴 때 어떤 사람들이 화를 내어 향유를 허비했다고 말하며 그 여자를 책망했을 때 예수님께서 이들에게 하신 말씀이 패니 크로스비의 묘비의 글입니다.

"그는 힘을 다하여 내 몸에 향유를 부어 내 장례를 미리 준비하였느니라"(막 14:8)

에스라와 느헤미야에게 맡겨진 일은 허물어진 성전을 재건하는 일이었습니다. 이들은 높은 지위에 있었기에 바벨론에서 편하게 살 수 있었고 행복을 누릴 수 있었지만, 하나님이 이들에게 주신 사명을 최고 우선순위에 두었습니다. 말씀으로 백성들을 깨우치고 무너진 성전을 다시 건축하며 백성들을 새롭게 세우라는 임무를 세상의 평안과 행복보다 더 소중히 여겼습니다.

당신은 이 땅 위에서 어떤 사명이 있습니까? 만일 하나님이 우리 각자에게 주신 사명을 잃어버리고 세상의 편안함과 욕망, 즐거움을 가까이했다면 에스라서와 느헤미야서는 우리에게 이렇게 말씀해줍니다.

"사명을 감당하는 것이 이 땅 위에서 예배자들에게 주신 하나님의 가장 큰 명령입니다."

1. 에스라와 느헤미야 선지자의 성전 재건이 의미하는 것은 무엇인가요?
2. 에스라가 강조한 하나님 말씀 읽기의 중요성에 대해 말해보세요.
3. 느헤미야의 기도에 대한 중요성과 우리가 배워야 할 점은 무엇인가요?

제 10 일

하나님은 그의 백성들을 언제나 보호하십니다.

에스더

어린 시절 집 책꽂이에 있어 우연히 읽었던 책이 안이숙 사모님의 일제시대 신앙의 절개와 모범을 다룬 『죽으면 죽으리라』입니다. 후에 이 책의 제목이 에스더가 왕에게 나아갈 때 죽음을 각오하고 선언한 에스더서의 극적인 내용임을 알고 감동된 적이 있습니다. 옛 스코틀랜드 속담에 "우연이란 하나님이 자신을 밝히지 않기로 하신 작은 기적이다"라는 말이 있습니다. 우리가 비록 보이지 않고 알지 못하더라도, 하나님은 항상 우리의 삶에서 일하고 계시다는 것을 에스더서는 말해줍니다. 하나님께서는 겉보기에 평범한 일을 사용해서 비범한 일들로 만드실 수 있는 분입니다.

에스더 2장 7절에 나오는 '에스더'의 원래 이름은 '하닷사(Hadassah)'입니다. '하닷사'는 히브리어로 '은매화'를 뜻합니다. 에스더가 자신의 히브리 고유의 이름을 사용하지 않고 '별'을 의미하는 페르시아 이름 '에스더'로 바꾼 것은 '별'이 고대 페르시아에서 우상이었던 점을 고려했을 때, 그녀가 페르시아 문화에 적응하고 동화되기 위해 얼마나 노력했는지 잘 보여줍니다. 이는 에스더가 유대 백성들이 이방 나라에서 어려움을 이기고 승리하는 중요한 역할이었음을 암시합니다. 하나님은 이 모든 것을 주관하시고 우리의 생각과 지혜를 감찰하시는 분이십니다.

"여호와의 눈은 어디서든지 악인과 선인을 감찰하시느니라"(잠 15:3)

에스더서의 배경인 바벨론 포로 기간은 역사적으로 유대인에게 커다란 사건이었습니다. 유대 역사는 사라졌고 유대인은 더 이상 국가가 아니었습니다. 성경에는 포로 시기나 포로 후에 대해 역사적으로 크게 다루지 않고 있는데, 일부 그 시대의 정신이 다니엘서와 에스더서를 통해 남아 있을 뿐입니다. 에스더서는 오래전부터 이스라엘의 5대 절기 때마다 모든 회당에서 읽힌 다섯 두루마리 중의 하나입니다. 매년 반복되는 낭독은 에스더서가 성경에 포함된 원인 중 하나이며, 소설적인 특성과 종교적 색채가 적어서 가장 늦게 성경에 포함되었습니다. 다섯 두루마리의 순서는 솔로몬의 아가, 룻기, 예레미야애가, 전도서, 에스더인데, 에스더서가 다섯 번째에 오는 이유는 다섯 번째 절기인 부림절(에 3:7, 9:26)에 읽히기 때문입니다. 부림절은 유대인이 그들의 적들로부터 승리한 일을 기념하는 유대인의 중요한 축제입니다.

한편 에스더서는 예배와는 관련이 적은 것처럼 보입니다. 하나님의 이름이 등장하거나 언급되지 않은 유일한 성경으로 희생과 제물에 관한 율법의 내용이나 제사장의 내용을 포함하고 있지 않으며, 기도 모습이나 찬미의 노래가 불리지도 않습니다. 또한 하나님의 심판과 언약을 선포하는 선지자들이 등장하지 않으며 주님이 구원하시는 역사가 직접적으로 언급되어 있지도 않습니다. 에스더서 9장의 부림절 축제만 하더라도 유대인의 구원에 대해 하나님께 영광을 돌리지 않습니다. 하지만 유대인을 제거하려는 적으로부터 승리를 거두는 숨 가쁜 줄거리는 우리의 마음을 사로잡습니다. 이야기는 페르시아를 배경으로 하고 있는데, 이곳은 망명한 이후에 많은 유대인들이 남아 있던 곳입니다. 에스더서는 긴장감과 흥미로운 이야기로 왕의 여인들이 생활하는 곳 하렘과 호화로운 연회, 기만적인 신하, 암살 음모, 처형 등을 비롯해 '선한 사람들'이 반드시 이긴다는 결말을 가지고 있습니다. 그리고 하나님의 백성이 그들의 적으로부터 결국 승리를 거둔다는 사실을 말해 줍니다.

우리는 에스더서의 '우연들' 뒤에 있는 하나님의 숨겨진 손길을 쉽게 볼 수 있습니다. 모르드개가 에스더에게 "네가 왕후의 자리를 얻은 것이 이 때를 위함이 아닌지 누가 알겠는가"라고 질문할 때, 우리는 하나님이 에스더뿐만이 아니라 페르시아 제국을 지휘하고 계셨음을 이해할 수 있습니다. 우리는 하나님의 전능하심과 모든 역사를 주관하시는 하나님을 믿는 예배자들입니다. 그러므로 하나님을 예배한다는 것은 믿음의 눈을 들어 하나님의 살아계심을 인정하는 것으로부터 시작합니다.

"믿음이 없이는 하나님을 기쁘시게 하지 못하나니 하나님께 나아가는 자는 반드시 그가 계신 것과 또한 그가 자기를 찾는 자들에게 상 주시는 이심을

믿어야 할지니라"(히 11:6)

　에스더서는 하나님의 임재가 느껴지지 않더라도 예배해야 한다는 도전을 줍니다. 우리는 하나님의 살아계심을 분명히 알고 있으며, 성령님을 통해 하나님의 음성을 듣기도 합니다. 하지만 때로는 그렇지 않을 때가 있으며, 자주 우리 삶에 하나님이 계심을 잊기도 합니다. 특별히 어려운 일을 당하거나 역경이 닥치면 오히려 하나님을 원망하기도 합니다. 하지만 우리가 하나님을 느끼든 그렇지 않든 우리의 어떤 상황에서도 항상 일하고 계신다는 사실을 기억해야 합니다. 우리는 지금 하나님을 직접적으로 경험할 때뿐 아니라 과거 하나님이 역사 속에서 하신 일들과 나의 삶 속에서 이루신 은혜와 감사로 인해 하나님을 예배합니다. 비록 고통의 장막으로 우리가 하나님의 임재를 느끼지 못할 때라도, 우리는 하나님이 예배 받기 합당하신 분이시기 때문에 예배해야 합니다. 우리는 하나님이 창조하신 피조물이므로 "하나님을 영화롭게 하고 그분을 영원히 즐거워하는" 사명을 수행할 때 가장 기쁜 일이기 때문입니다. 에스더서는 눈에 보이진 않지만 믿음의 눈을 들어 우리의 삶에서 운행하시는 하나님의 살아계심을 느끼라고 예배자들에게 권면합니다.

　에스더서는 매력적인 인물들과 긴장감 넘치는 흥미로운 이야기를 크게 네 부분으로 나눌 수 있습니다. 첫 번째 에스더 1-2장은 사촌 모르드개의 보살핌을 받는 에스더라는 젊은 유대 여인을 소개하는데, 후에 페르시아 왕 아하수에로의 부인이 됩니다. 두 번째 에스더 3-4장은 기회주의자이자 유대인에 반감을 품고 있는 인물 하만에 초점을 맞춥니다.

다. 그는 유대인을 위협하고 그들에 대한 왕실의 보호를 없애려고 합니다. 하만은 모르드개가 자신을 왕궁의 귀족으로 높여주지 않는 것을 보고, 모르드개를 반역자로 고발하며 페르시아 제국에 있는 모든 유대인들을 죽이고자 하는 음모를 꾸밉니다.

세 번째 에스더 5-8장에서 에스더는 왕이 자신의 청원을 호의적으로 들을 수 있게 분위기를 만들고 그녀의 백성들을 위해 움직입니다. 그 와중에 하만은 모르드개를 처형할 준비를 합니다. 긴장감 넘치는 이야기는 마지막 부분인 에스더 9-10장에서 절정에 달하는데, 여기서 에스더가 아하수에로 왕에게 하만의 음모를 폭로합니다. 유대인들이 왕을 배신하지 않았음을 알게 되고, 모르드개가 아닌 하만이 진정한 반역자임이 밝혀집니다. 아이러니하게도 하만은 모르드개를 위해 만든 교수대에 자신이 매달리게 되며 유대인들은 왕의 보호를 받게 됩니다.

대부분의 그리스도인들이 자신들에게 적이 있다는 것을 알지 못하지만 성경은 우리에게 적이 있음을 분명히 알려줍니다. 다윗이 시편을 통해 얼마나 자주 적들과 싸우고 하나님의 구원하심을 호소했는지 잘 압니다. 하나님을 예배하는 예배자들은 반대자들에게 늘 어려움을 당합니다. 신약성경 여러 곳에 우리의 진짜 적은 영적인 세력인 사단의 군대임을 알려줍니다. 바울 역시 이를 '십자가의 원수'라고 했습니다.

"내가 여러 번 너희에게 말하였거니와 이제도 눈물을 흘리며 말하노니 여러 사람들이 그리스도의 십자가의 원수로 행하느니라"(빌 3:18)

그리고 요한은 그리스도인 공동체의 일부였으나 현재는 대적하고 있는 '적그리스도'라고 했습니다.

"아이들아 지금은 마지막 때라 적그리스도가 오리라는 말을 너희가 들은 것과 같이 지금도 많은 적그리스도가 일어났으니 그러므로 우리가 마지막 때인 줄 아노라"(요일 2:18)

그러므로 에스더서의 수많은 계략과 함정을 가진 적들을 물리친 승리는 예배의 승리라 할 수 있습니다. 예배는 어두운 사단의 세력에 대항하여 전쟁을 벌이고 하나님의 승리하심을 선포합니다. 이는 하나님께서 언제나 모든 것을 완벽히 통제하시고 그분의 길에 대항하는 자들의 패배를 선언하신다는 것입니다. 에스더서는 하나님을 단지 우리가 인식하지 못할 뿐, 항상 그분의 선한 뜻을 이루시기 위해 배후에서 일하시며 역사를 통치하고 계시다는 것을 말해줍니다. 하나님은 마치 인생이라는 연극에서 주인공인 우리들을 감독하고 연출해내시는 분과 같습니다. 그리고 하나님의 존재나 능력을 부정하는 사람들조차 사용하셔서 개인이나 교회 그리고 세상을 향한 그분의 목적을 이루시기 위해 여전히 일하고 계십니다. 그러므로 우리는 하나님의 전능하심을 인정하고 삶에서 일어나는 모든 사건들을 주관하시는 하나님의 신실하심과 자비하심을 찬양해야 할 것입니다.

에스더서는 하나님께서 침묵하는 것처럼 보이지만 사실은 눈에 보이지 않는 하나님의 기적적인 개입을 발견하게 만듭니다. 이는 비록 우리에게 일어나는 모든 일에서 혹 하나님의 뜻을 이해하지 못한다고 해서 하나님의 관심에서 벗어나는 것은 아니라는 사실을 말해줍니다. 그러므로 우리는 어떠한 상황 속에서도 하나님의 주권적인 섭리를 믿고 그 분을 의지해야 합니다. 우리의 삶을 자세히 들여다보면 우연히 발생되는 사건들 역시 모두 하나님의 손에 달려있음을 알게 됩니다. 그리고 에스더서는 하나님께서 보이지 않는 곳에서 철저히 자기 백성들을 위해 움직이고 계심을 증명해줍니다.

또한 에스더서는 하나님의 백성들을 말살하려는 악의 세력이 존재하고 그 곳에는 언제나 거룩한 영적 전쟁이 존재한다는 사실을 가르쳐줍니다. 하만이 모르드개를 공개처형하고 더 나아가서 유대인 전체를 말살하려는 이유는 그가 아말렉 족속의 왕인 아각의 후손이기 때문입니다(에 3:1). 아말렉 족속은 출애굽한 이스라엘에 대항한 첫 번째 민족이었습니다(출 17장, 민 24:20). 이후 사울이 첫 번째 왕이 되었을 때 하나님은 아말렉을 치라고 하셨는데, 바로 아말렉의 왕이 아각입니다(삼상 15장). 따라서 유대 기스의 후손인 모르드개가 아말렉 후손인 아각에게 절하지 않았던 것입니다. 이 때 하만은 모르드개가 유대인임을 알자 전 유대인의 진멸 계획을 세웁니다(에 3:5-6). 아말렉의 자손인 하만은 그 당시에 있어서 하나님의 통치를 반대하는 세상의 전체 세력을 대표합니다. 따라서 에스더서는 하나님의 길을 따르려는 하나님의 백성과 하나님 나라를 대항하는 세력과의 치열한 영적 전쟁과 같습니다.

한편 에스더서는 하나님의 섭리와 함께 우리의 결단을 강조합니다. 에스더가 페르시아에 살고 있는 유대인들의 멸절의 위기로부터 인도하시는 하나님의 은혜로운 섭리를 강조하고 있지만, 적극적인 지혜와 결단, 간절한 기도의 태도가 필요함을 알려줍니다. 우리는 어떤 역경을 당할 때 아무것도 하지 않는 것보다는 하나님께 적극적인 기도가 필요하며 어려움을 이겨내려는 용기와 결심이 필요합니다. 에스더가 아하수에로 왕 앞에 나아가기로 스스로 결정한 것은 하나님의 계획 속에 에스더의 용기 있는 결단에서 나온 것입니다.

하나님은 항상 우리와 함께 하시는 임마누엘의 하나님이십니다(마 1:23). 하나님은 우리와 함께 일하기를 원하시고 우리의 손과 발을 통해 하나님의 뜻을 이루기 원하십니다. 하나님의 시간에 주권적 섭리로 하나님의 일을 이루어가시며 그의 백성들을 보호하고 인도하십니다. 이것이 은혜이며, 변하지 않는 본질을 붙잡는 것이 참된 예배자입니다.

하나님은 우리를 예배자로 창조하셨습니다. 하나님은 언제 어디서나 우리를 통해 예배 받으시기 원하십니다. 우리가 당한 어려움과 역경조차도 '하나님의 때(카이로스)'에 따라 선함으로 인도하십니다.

> "우리가 알거니와 하나님을 사랑하는 자 곧 그의 뜻대로 부르심을 입은 자들에게는 모든 것이 합력하여 선을 이루느니라"(롬 8:28)

에스더서는 하나님의 사람은 언제나 하나님께서 보호하시고 함께 하신다는 사실을 다시 한번 깨닫게 합니다. 점점 우리의 삶이 분주해져 하나님의 살아계심을 깨닫지 못하고 예배의 삶을 살기 어려워지는 이 때에 에스더서는 하나님을 우리의 삶에서 느끼라고 말합니다. 그리고 사단의 장중에 놓여있는 세속의 물결이 우리를 쓰러뜨리려는 지금 이 시대에 에스더서는 우리에게 명확한 결단과 영적 선언을 촉구합니다.

"죽으면 죽으리이다"(에 4:16)

 1. 에스더의 "죽으면 죽으리라"고 말한 의미를 말해보세요.
2. 에스더서에 나타난 하나님의 섭리와 에스더의 믿음을 말해보세요.
3. 예배자에게 왜 믿음이 중요한지 히브리서 11장을 참조해서 말해보세요.

둘째, 하나님은 우리의 삶을 인도하십니다.

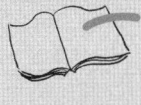

셋째,
하나님은 우리와 늘 함께 계십니다.

제 11일 하나님은 우리가 늘 영적으로 성장하기 원하십니다. 욥기
제 12일 예배자는 항상 하나님을 높이고 찬양해야 합니다. 시편
제 13일 우리는 날마다 인도하시는 주님을 찬양해야 합니다. 잠언, 전도서
제 14일 참된 예배자는 하나님을 날마다 사랑하는 사람입니다. 아가

제 11 일

하나님은 우리가 늘 영적으로 성장하기 원하십니다.

욥기

"왜 좋은 사람들에게 나쁜 일들이 생기는 것일까?" '하나님이 살아 계시고 좋은 분이라면 비극이나 자연재해, 비참한 가난, 허약한 지병, 전쟁 등 의미 없는 죽음을 허락하시겠는가?' 또한 '왜 하나님은 착한 사람들이 고통 받게 하시는가?' 오랜 세월 동안 하나님의 백성들은 이 질문에 대한 답을 구하기 위해 그리고 개인적인 고난의 시기에 용기를 얻기 위해 욥기를 찾습니다.

욥기는 아무 잘못 없지만 고난을 받는 것에 대한 결백함과 그가 겪은 끔찍한 손실에 대해 말하며 시작합니다. 욥은 아이들과 재산 그리고 건강까지 잃었습니다. 이어서 욥과 그의 친구들 사이에 욥의 고난의 이유에 관한 대화가 이어졌습니다. 세 명의 친구는 동일한 기본 명제를 제시했습니다. 욥이 하나님께 무언가를 잘못했을 것이고 그러므로 그는 이 고난을 끝내기 위해서 반드시 죄를 고백해야 한다는 것입니다. 그러나 욥은 자신의 결백을 변호하며 잘못된 고통을 겪고 있다고 불평합니다. 그의 불평은 고통에 관한 것이라기보다는 자신이 고통 받는 이유에 대해 하나님이 설명하기를 거부하신다는 것이었습니다. 욥은 그의 정당함과 전능자께서 대답해주시기를 호소하며 긴 이야기를 시작합니다 (욥 31:25).

전체 토론 가운데 마지막은 하나님이 말씀하셨으며 질문에 답할 것을 욥에게 경고하셨습니다. 욥은 자연의 섭리에 대한 긴 질문들에 대답을 하지 못한 채, 전능하신 주님 앞에 자신의 오만함을 깨닫게 되었습니다. 결국 유한한 사람인 욥은 전 우주의 창조주께 답을 요구할 수 없음을 깨달았습니다. 욥은 자신의 무모한 질문을 버리고 회개했습니다. 결국 하나님은 욥이 잃은 것보다 더 많은 것을 허락하시고 회복시키셨습니다. 우리는 상식을 포함해 많이 알고 있는 지식으로 자주 하나님께 항변을 합니다. 더 나아가 내 생각과 내 의지가 하나님의 계획보다 더 옳다고 착각하는 경우도 많습니다. 하지만 만왕의 왕이신 전능자 하나님이 우리의 최고 지혜보다 결코 나음을 잊어서는 안 됩니다.

욥기를 통해 우리는 하나님과의 의사소통에 있어 진실이 중요함을 말해줍니다. 때로는 하나님께서 우리가 가진 분노나 불만을 다루지 못하실 것처럼 행동합니다. 그러나 욥은 하나님께서 가장 기뻐하시는 것은 우리의 솔직함이라고 가르쳐줍니다. 십자가 위의 예수님처럼 "나의 하나님, 나의 하나님, 어찌하여 나를 버리셨나이까?"(막 15:34)라는 고백이 우리의 고백이 될 수 있습니다. 그리스도의 십자가는 고통의 문제에 대한 하나님의 최종 해결책을 제시합니다. 예수님은 우리의 고통을 대신해 직접 짊어지셨습니다. 의로운 분이신 예수님께서 자신이 받지 않아도 될 십자가의 고통을 감수하셨기에 의롭지 않은 우리가 구원의 은혜를 받을 수 있었습니다. 우리가 예배하는 하나님은 우리의 모든 질문에 답하시지는 않지만, 하나님의 사랑과 구원을 통해 변함없이 우리의 가장 깊은 필요를 채우십니다.

욥기는 예배와 관련이 없는 것처럼 보입니다. 하지만 욥을 통해 우리가 왜 그런 상황이 되어야 하는지 이해할 수 없을지라도 하나님께 반응하는 바른 방법이 예배라는 것을 깨닫게 해줍니다. 욥은 하나님의 신실한 예배자로 시작했고 의로운 삶을 살았으며 가족을 위해 희생 제사를 드렸습니다. 고난이 시작된 후 욥은 이를 정중하게 받아들이며 '우리가 하나님의 손에서 좋은 것만 받아야 하고 나쁜 것은 어떠한 것도 받을 수 없는가?'라고 말했음을 기억해야 합니다(욥 2:10). 한편 욥은 그의 친구들과 논쟁하기 시작하자 상당히 조급해졌습니다. 그러나 결국 성숙해진 욥이 하나님을 예배하고 창조주의 놀라우신 위엄 앞에 잠잠했음을 보게 됩니다. 욥의 경험을 통해 우리는 진실한 예배란 습관이나 전통 또는 정답을 꼭 얻어야 하는 것이 아니라 하나님에 대한 우리의 올바른 시선이 중요함을 알게 됩니다.

우리는 욥기를 통해 몇 가지 예배의 통찰을 배울 수 있습니다. 첫째, 하나님은 모든 만물을 지으셨으므로 우리 앞에 일어나는 모든 일은 하나님의 통치 아래 있다는 것입니다.

"여호와께서 사탄에게 이르시되 내가 그의 소유물을 다 네 손에 맡기노라 다만 그의 몸에는 네 손을 대지 말지니라 사탄이 곧 여호와 앞에서 물러가니라"(욥 1:12)

그러므로 우리의 예배는 무엇보다도 전능하신 하나님을 찬양하는 것으로부터 시작되어야 합니다.

"주께서는 못 하실 일이 없사오며 무슨 계획이든지 못 이루실 것이 없는 줄 아오니"(욥 42:2)

둘째, 진정한 예배는 하나님을 바르게 이해하는 데서 시작됩니다.

"욥이 일어나 겉옷을 찢고 머리털을 밀고 땅에 엎드려 예배하며 이르되 내가 모태에서 알몸으로 나왔사온즉 또한 알몸이 그리로 돌아가올지라 주신 이도 여호와시요 거두신 이도 여호와시오니 여호와의 이름이 찬송을 받으실지니이다 하고"(욥 1:20-21)

예배는 하나님이 어떤 분이신지를 올바르게 아는 본질로부터 시작해야 합니다. 우리가 드리는 예배의 대상이 누구이신지, 그리고 그분은 어떤 분이시며, 왜 우리가 예배해야 하는지에 대한 명확한 질문과 답이 우선되어야 합니다. 이것이 예배의 기초이며 여기서부터 참된 예배가 시작됩니다.

셋째, 우리를 위협하는 고난을 통해 하나님의 영원한 생명에 대한 약속을 붙잡을 수 있습니다. 우리의 생명이 하나님으로부터 시작되고 하나님께 돌아간다는 사실을 인정하는 것만으로도 예배의 시작이 됩니다. 세상의 많은 일들이 결국은 하나님께 달려있다는 사실을 믿는 것이 예배이기 때문입니다.

"실로 하나님이 사람에게 이 모든 일을 재삼 행하심은 그들의 영혼을 구덩이에서 이끌어 생명의 빛을 그들에게 비추려 하심이니라"(욥 33:29-30)

세계적인 기독교 변증가였던 C. S. 루이스(Clive Staples Lewis, 1898-1963)는 1940년 '고통의 문제(The Problem of Pain)'라는 책을 출간했습니다. 그는 이 책에서 고통과 고난은 '인류가 에덴동산을 나온 이후부터 계속된 문제였다.'고 말했습니다. 그리고 사람들이 그 첫날부터 반복해서 '왜 우리가 고난을 견뎌야만 하는지'를 질문해왔다고 알려줍니다.

욥기는 고난이 우리의 잘못이나 행동을 벌하시기 위해 하나님께서 주신 것인지에 대한 끝없는 질문에 대해 고민하게 만듭니다. 비록 비난할 것이 없고 하나님을 사랑하며 악을 피한 욥이었지만 갑작스럽게도 당한 끔찍한 고난과 고통으로 괴로워합니다. 욥은 고통당해야 하는 이유를 몰랐기 때문에 여러 어두운 날을 힘겨워하며 하나님의 성품과 고통의 원인에 대해 친구들과 논쟁했습니다. 그러나 결국 욥의 생각은 원초적인 질문으로 돌아갔습니다. "당신은 그분이 잘해주셔서 예배하나요?"

욥은 정의롭고 완전히 진실한 사람이었습니다(욥 1:1). 또한 욥의 행동 습관 의로웠으며, 매일 하나님을 예배했고 그의 대가족에게 제사장 같은 일을 했습니다.

"그들이 차례대로 잔치를 끝내면 욥이 그들을 불러다가 성결하게 하되 아침에 일어나서 그들의 명수대로 번제를 드렸으니 이는 욥이 말하기를 혹시 내 아들들이 죄를 범하여 마음으로 하나님을 욕되게 하였을까 함이라 욥

의 행위가 항상 이러하였더라"(욥 1:5)

욥은 신실한 예배를 통해 하나님의 성품을 이해하기 시작했고, 예배의 삶은 그가 힘든 시련을 겪을 때 힘이 되었습니다. 그러나 욥의 시각은 여전히 제한적이었고 하나님을 자신과 동일선상에 두고 하나님의 지혜와 의로움을 의심했습니다. 결국 욥은 자신의 실수를 깨닫고 회개했습니다. 우리가 하나님께서 하신 약속을 기억할 때, 지금 경험하고 있는 상황에 머물러 있기보다는 영원한 미래의 소망을 얻게 됩니다.

"내가 알기에는 나의 대속자가 살아 계시니 마침내 그가 땅 위에 서실 것이라"(욥 19:25)

예배자는 비록 지금 고통 가운데 있더라도 언젠가 하나님과 영원히 함께 있을 것이라는 확신을 갖고 있어야 합니다. 우리의 예배가 많은 부분 예식적인 면을 중요하게 생각할지라도, 예배의 핵심은 하나님을 아는 것과 영광 돌리는데 있습니다. 욥은 이 사실에 대해 '내가 주께 대하여 귀로 듣기만 하였사오나 이제는 눈으로 주를 뵈옵나이다'라고 선언했습니다(욥 42:5).

욥기는 예배에 대한 개념과 우리가 섬기는 하나님에 대한 피상적인 생각을 새롭게 재정립해줍니다. 예배는 하나님의 성품을 가르쳐주는데 우리가 위기와 고난, 의심의 시간을 보내고 나서야 비로소 이러한 사실들을 이해할 수 있습니다. 예배는 또한 우리가 하나님과 그분의 방법에 대해 단지 일부분만을 알고 있음을 알려줍니다. 우리가 하나님을 진심으로 예배했다는 이유만으로 하나님이 우리의 요구들을 허락하실 의무가 있는 것은 아닙니다. 대신 우리는 욥과 같이 하나님이 우리에게 너무나도 놀랍도록 위엄 있으시고, 능력 많으시며 지혜 있으신 전능하신 분임을 깨닫고 감사해야 합니다.

"무지한 말로 이치를 가리는 자가 누구니이까 나는 깨닫지도 못한 일을 말하였고 스스로 알 수도 없고 헤아리기도 어려운 일을 말하였나이다"(욥 42:3)

목회자이자 작가인 유진 피터슨(Eugene Hoiland Peterson, 1932-2018)은 그의 '메시지 성경(The Massage)'에서 욥기를 이렇게 소개했습니다.

"고통의 가장 큰 신비는 아마도 어떻게 그 고통이 한 사람을 놀라움과 사랑, 찬양으로 가득한 예배 가운데서 하나님의 임재로 나아오게 하느냐이다. 고통이 틀림없이 그런 작용을 하는 것은 아니지만, 우리가 생각하는 것보다 훨씬 자주 일어나는 일이다."

고통의 시간이 언제나 사람들을 하나님께로 끌고 가는 것은 아닙니다. 때로 그런 상황은 사람들의 반대 방향으로 몰아갑니다. 우리는 어떠한 비극적 상황에 부딪힐 때마다 선택하게 됩니다. 그 일로 인해 자신을 하나님으로부터 멀어지게 밀쳐낼 수도 있고, 아니면 하나님께 더 가까이 갈 수도 있습니다. 우리는 그 사건이 우리를 주님으로부터 달아나게 할 것인지, 그에게 달려가게 할 것인지 선택해야 합니다. 그리고, 명심할 것은 그 선택은 순전히 우리의 몫이라는 것입니다. 고난의 한 가운데에서 여전히 하나님을 쫓아갈지 아니면 하나님의 마음을 닫을지 결정은 우리의 몫입니다.

욥기의 마지막 부분에 이르러 욥은 "내가 원기 왕성하던 날과 같이 지내기를 원하노라 그 때에는 하나님이 내 장막에 기름을 발라 주셨도다"(욥 29:4)라고 추억합니다. 욥은 주님과 친밀한 관계로 지내던 시절을 기억하고 있습니다. 그것이 욥이 모든 것을 빼앗긴 뒤에도 예배를 드릴 수 있었던 중요한 이유였습니다. 새번역 성경에서는 '하나님과의 친밀한 사귐'을 알았다고 표현했습니다.

"내가 그처럼 잘 살던 그 시절로 다시 돌아가서 살 수 있으면 좋으련만! 내 집에서 하나님과 친밀하게 사귀던 그 시절로 되돌아갈 수 있으면 좋으련만!"(욥 29:4, 새번역)

욥이 비극의 가운데서도 예배를 드릴 수 있었던 이유는 하나님과의 친밀한 교제였습니다. 우리가 하나님이 기뻐하시는 참된 예배자라면 어려움 가운데에서도 하나님을 예배할 수 있는 사람이 되어야 합니다. 중요한 열쇠 중 하나는 아버지 하나님과의 관계를 지금 쌓아가는 것입니다. 시련에 둘러싸일 때까지 기다리면 너무 늦습니다. 관계는 하루아침에 이루어지지 않기 때문입니다.

하나님은 우리와 항상 교제하기를 원하십니다. 분주하고 바쁘다는 이유로 하나님을 잊지 말고 매일 매 순간 동행하는 방법을 찾아야 합니다. 말씀을 읽고 기도하는 것이 하나님과의 관계를 더 깊게 만들어가는 지름길입니다. 욥기는 우리에게 어떤 상황에서나 하나님을 항상 예배하고 교제하며, 그분을 전적으로 신뢰하라고 말해줍니다.

1. 욥의 고난이 닥친다면 당신은 어떨지 구체적으로 말해보세요.
2. 하나님은 우리에게 왜 고난을 허락하시는지 예배의 관점에서 말해보세요.
3. 당신은 하나님과 어떻게 교제하고 있나요, 교제하기 어려운 점은 무엇인가요?

제 12 일

예배자는 항상 하나님을 높이고 찬양해야 합니다.

시편

시편은 예배의 책입니다. 시편에 있는 시들은 각 저자들의 하나님에 대한 반응이자 예배입니다. 다윗과 아삽을 비롯한 여러 저자들의 시에서 예식의 예배를 넘어서 생동감이 넘치는 찬양과 흘러넘치는 감사와 삶의 예배를 찾을 수 있습니다. 이들은 오직 하나님을 사모하고, 높이며, 영화롭게 합니다.

시편의 히브리어 제목은 '찬양(Praises)'이며, 아름다운 표현들로 가득한 시와 찬양이 일목요연하게 정리되어 있습니다. 시편의 시들은 하나님을 왕으로 높이고 경배와 헌신을 통해 우리의 신실함을 높이는데 도움을 줍니다. 시편은 하나님의 백성들을 위한 다양한 예배를 다루고 있습니다. 여호와의 승리하심에 대한 환희, 진리에 대한 확고한 믿음, 그의 도우심에 대한 간절한 청원, 죄에 대한 진정한 회개 그리고 하나님 나라에 대한 경건한 관심을 기울이는 것 등입니다. 한편 시편의 저자들은 탄식을 하나님께 쏟아 놓습니다. 두려움, 상심, 실망 등의 감정

셋째, 하나님은 우리와 늘 함께 계십니다.

과 절박할 때의 간절함 그리고 구원의 확실함을 고백하면서 하나님께 도움을 부르짖어 요청하기도 합니다.

이러한 이유로 시편은 오랫동안 교회의 '첫 번째 찬송가집'이라고 불려왔습니다. 시편 22:1 "내 하나님이여 내 하나님이여 어찌 나를 버리셨나이까 어찌 나를 멀리 하여 돕지 아니하시오며 내 신음 소리를 듣지 아니하시나이까" 말씀은 십자가상에서의 예수님의 괴로운 외침에서 찾아볼 수 있습니다.

"제구시에 예수께서 크게 소리 지르시되 엘리 엘리 라마 사박다니 하시니 이를 번역하면 나의 하나님, 나의 하나님 어찌하여 나를 버리셨나이까 하는 뜻이라"(막 15:34)

또한 시편 86:9 "주여 주께서 지으신 모든 민족이 와서 주의 앞에 경배하며 주의 이름에 영광을 돌리리이다" 말씀은 요한계시록의 기쁨에 찬 찬양에서 역시 찾아볼 수 있습니다.

"주여 누가 주의 이름을 두려워하지 아니하며 영화롭게 하지 아니하오리이까 오직 주만 거룩하시니이다 주의 의로우신 일이 나타났으매 만국이 와서 주께 경배하리이다 하더라"(계 15:4)

오늘날, 많은 위대한 찬송가와 예배 곡들이 시편의 보물창고에서 영감을 얻습니다. 무엇보다 우리에게 어떻게 하나님을 찬양하고 예배할지를 많이 가르쳐줍니다. 각각의 시는 단지 저자의 마음뿐 아니라 그

시를 짓도록 영감을 주신 성령님의 마음을 표현하고 있습니다. 우리가 시편을 더 많이 읽고, 공부하고, 묵상하고, 노래하고 기도할수록, 더욱 더 진실함과 열정으로 하나님을 예배하게 될 것입니다. 시편은 우리를 이전에 갔던 어떤 곳보다 더욱 깊은 곳으로 하나님과 함께 가도록 안내해주며, 하나님에 대한 감사의 마음을 넓게 합니다.

시편들은 예루살렘의 성전 성소에서 희생제물이 드려질 때 노래의 제물로 함께 드려졌습니다. 회당이 각 지역에서 예배를 드리기 위해 모이는 장소가 되었듯이, 시편은 율법과 선지자들의 암송에 일찍이 포함되었습니다. 예수님과 그의 제자들도 시편으로 예배를 드렸습니다. 교회 역사에서 볼 때 시편은 전통적 성가부터 찬송가, 현대 찬양에 이르기까지 모든 예배에서 많이 사용되고 있습니다. 시편에 있는 대부분의 시들은 '탄원'과 '기념'이라는 두 개의 큰 기둥의 주제로 나뉘는데 모두 하나님의 언약에 근본을 둡니다. '탄원' 시는 하나님에 대한 우리의 약속을 기억하고 도와주시도록 간청하는 것입니다. 그분의 신실하심으로 인해 하나님은 우리의 요구를 들으시고 허락하십니다. '기념' 시는 공동체가 모여서 모든 세상을 다스리는 위대한 왕이신 여호와 하나님의 이름을 높이며 그분의 구원하시는 역사를 찬양합니다 (시 47:2).

시편은 '나와 우리' 모두를 경험할 수 있습니다. 하나님께 나아온 모든 자들에게 예배를 경험케 하면서 또한 하나님의 '위대한 성도들'의 구성원이자 예배자로서 하나님께 나아갈 수 있습니다. 시편은 다섯 율법서와 유사하게 다섯 권의 책으로 나뉩니다. 각 책은 송영으로 마무리

되며 마지막 시편은 전체의 송영으로 마무리됩니다. 시편의 절반은 다윗이 작성했으며 나머지 반은 다른 저자들이 썼습니다. 우리가 모든 시편의 환경을 다 알지 못하지만, 어떻게 예배자들이 시련과 승리 가운데 하나님께 응답하고 예배했는지 실마리를 찾을 수 있습니다. 시편을 읽을 때 우리는 충분히 느낄 수 있습니다. 그리고 무엇보다도 시편은 예배가 오직 하나님께 올려드리는 가장 중요한 우리의 목적임을 가르쳐 줍니다. 비록 우리가 예배를 드리며 하나님께서 주시는 복과 은혜도 받지만, 예배의 가장 중요한 목적은 우리의 유익이 아니라 하나님의 영광을 위한 것임을 분명히 알려줍니다.

"여호와여 내가 만민 중에서 주께 감사하고 뭇 나라 중에서 주를 찬양하오리니 주의 인자하심이 하늘보다 높으시며 주의 진실은 궁창에까지 이르나이다 하나님이여 주는 하늘 위에 높이 들리시며 주의 영광이 온 땅에서 높임 받으시기를 원하나이다"(시 108:3-5)

시편은 또한 우리에게 예배의 본질을 알게 해줍니다. 히브리 원어로 '예배'의 문자적 의미는 '무릎 꿇다' 또는 '엎드리다'입니다. 깊이 들여다보면, 예배는 높은 권위자에게 자신을 겸손하게 낮추는 자세입니다. 시편은 우리에게 오라 우리가 굽혀 경배하며 우리를 지으신 여호와 앞에 무릎을 꿇자고 권면합니다(시 95:6). 그리고 여호와께 노래하며 그의 이름을 송축하라고 우리를 부릅니다(시 96:2).

음악은 예배에서 항상 중요한 부분이었습니다. 시편 자체가 '성가'지만 예배자들을 '새 노래'로 찬양하도록 합니다. 하나님께서 주신 아름다운 목소리와 함께 트럼펫, 수금, 심벌즈 그리고 여러 악기들이 시편을 통해 울려 퍼지며 신체적인 여러 자세와 움직임을 보여줍니다. 손을 들어 올리는 것은 기도의 자세이기도 하지만 하나님을 향한 절대적 충성심을 나타내며, 맹세할 때 역시 손을 듭니다. 시편 134편 2절은 "성소를 향하여 너희 손을 들고 여호와를 송축하라"고 권고합니다. 이 자세는 또한 감사함을 나타냅니다. 손뼉을 치는 것은 기념하는 행동이며, 기념 축제에서 성소를 향해가는 예배자의 행진도 의미가 있습니다(시 68:24-25). 그리고 어떤 예배자들은 주님의 임재하심을 소고 치며 춤추며 기뻐했습니다.

"소고 치며 춤 추어 찬양하며 현악과 퉁소로 찬양할지어다"(시 150:4)

시편은 하나님을 찬양할 때 모두 함께 하나 되어 화음으로 영광 돌리는 찬양대의 아름다운 모습의 모범을 보여줍니다. 그것은 내 목소리와 악기가 드러나는 것이 아닌 하나님께 예배하는 것에 초점이 맞춰진 예배자의 모습입니다. 하나님께서는 우리에게 아름다운 목소리와 여러 악기를 통해 영광 돌릴 수 있는 은혜를 주셨습니다. 감사하게도 우리는 창조주 하나님을 음악이라는 선물을 통해 찬양할 수 있으며, 성경은 음악이 예배에 중요한 부분이라고 말해줍니다. 언약궤를 예루살렘으로 되찾아왔을 때, 다윗왕은 레위인들이 즐거운 노래를 부르도록 합창단을 임명했습니다. 이 노래들은 악기들과 함께 사용되었으며 합창단의 음악가들 중에는 심벌도 연주했습니다.

"노래하는 자 헤만과 아삽과 에단은 놋제금을 크게 치는 자요"(대상 15:19)

그리고 몇 편의 시를 쓴(시 50편, 73-83편) 베레갸의 아들 아삽(Asaph)도 있었습니다(대상 6:39, 16:5). 고라의 자손들은 지금의 예배 인도자와 같은 역할을 담당한 또 다른 중요한 집단이며 열두 개의 시편을 지었습니다(시편 42-49편, 84-85편, 87-88편). 성전에서 노래하는 자들이나 음악인들은 예배의 영을 일으키고 이스라엘 백성들이 함께 하나님을 찬양하도록 도왔습니다. 성전 음악인들은 자신의 임무를 가볍게 받아들이지 않았습니다. 그들은 일평생 음악으로 하나님을 섬기기로 헌신했으며, 그들의 음악 기술을 한 세대에서 다음 세대로 전수해주었습니다. 다윗 왕의 통치 후 몇 세기 동안 128명의 아삽 자손들이 바벨론 포로에서 돌아왔으며, 성전과 예배를 재건하기 위해 참여했습니다. 그 성전 음악인 가족의 혈통은 매우 힘든 상황 속에서도 약 오백 년을 생존했습니다.

아삽과 그의 동료 레위인들은 예배에서의 질서와 보이는 형식 또한 매우 중요시했습니다. 음악인들은 각자의 임무가 주어졌으며, 각자 독특하고 필수적인 부분들을 연주했습니다. 레위인들은 하나님께 예를 갖추어 겉으로 보이는 것으로도 예배했는데 그들은 순결함을 상징하는 세마포 예복을 입었습니다(대상 15:27). 분명한 것은 그들이 모든 면에서 주님이 기뻐하시는 예배를 드리길 원했다는 것입니다. 이스라엘 역사에서 언약궤를 예루살렘으로 옮긴 일, 성전 봉헌식, 히스기야의 성전 정화, 성전 기초의 재건축과 같은 중요하고 위대한 순간에 악기와 노래를 사용하여 하나님을 기념하고 예배했습니다.

오늘날에도 레위 지파와 같이 예배와 찬양을 담당하는 전문 사역자들이 늘어나고 있습니다. 영적 능력과 음악적 기술을 겸비한 훈련받은 찬양 인도자들이 많아져서 하나님이 기뻐하시는 예배를 잘 드리는 교회와 공동체가 많아져야 할 것입니다. 이를 위해 예배에서 중요한 역할을 담당하는 찬양 인도자들과 악기 연주자들, 영상과 음향 스태프들이 사역에 집중할 수 있는 토대와 지원을 아끼지 말아야 할 것입니다.

토마스 제퍼슨(Thomas Jefferson, 1743-1826)은 미국의 독립선언문을 작성하고 미국의 대통령으로 두 번의 임기를 지냈으며 유용한 기구들을 발명하고, 여러 주제의 탁월한 논문과 기사를 작성했습니다. 그러나 그의 무덤에 이름을 새길 때, '버지니아 대학의 창립자'로서 기억되기를 가장 원했다고 합니다. 이새의 아들 다윗은 블레셋의 거인 골리앗을 죽인 용감한 10대로서, 이스라엘 역사의 위대한 왕으로서, 가장 지혜로운 자였던 솔로몬의 아버지로서가 아닌 열정적인 하나님의 예배자로 기억되길 원했습니다. 우리는 하나님께 영광 돌리는 피조물로 지음 받았습니다(사 43:21). 그러므로 우리의 가장 최우선 삶의 목적은 하나님께 예배드리는 예배자입니다. 다윗은 인생의 분명한 우선순위를 잘 알았던 사람이었고 하나님은 그런 다윗을 마음에 들어 하셨습니다. 우리 역시 예배자로서의 삶이 무엇보다 가장 중요한 인생의 우선순위임을 잊지 말아야 할 것입니다.

사무엘하 6장에서 다윗 왕은 언약궤가 오벧에돔의 집에서 예루살렘 도시로 되돌아오기를 기다렸습니다. 그것은 즐거운 행사였고 큰 규모의 음악과 이스라엘 사람들의 열광적인 환영이 넘쳤습니다. 그러나 그 중 가장 눈에 띄는 것은 왕의 행동이었습니다. 다윗은 왕을 상징하는 예복을 벗고 행렬을 인도하고 뛰며 하나님 앞에서 힘을 다해 춤을 추었습니다.

"다윗이 여호와 앞에서 힘을 다하여 춤을 추는데 그 때에 다윗이 베 에봇을 입었더라"(삼하 6:14)

부끄러움을 모르는 그의 행동은 이미지를 생각하고 명예를 지키려고 노력해야만 하는 왕에게는 하기 힘든 행동이었습니다. 하지만 다윗은 하나님을 사랑하는 자로서 순수하고 열정적인 마음을 드러낸 것이었습니다. 하나님이 가장 기뻐하시는 예배는 다윗과 같이 있는 그대로의 진심을 담은 순수하고 열정적인 예배자의 모습임을 기억해야 합니다.

시편의 시와 찬양들은 승리할 때나 슬플 때, 혼란스러울 때, 억압될 때, 만족할 때나 놀랄 때, 하나님의 사랑과 자비하심을 기념하기 위한 것입니다. 이것은 우리의 상황과 관계없이 언제나 하나님께 경배와 찬양으로 나아가야 함을 말해줍니다. 시편은 하나님은 전능 왕으로 통치하시며 우리는 그분을 신뢰하며 예배해야 한다는 가장 중요한 예배의 본질을 보여줍니다. 열정적인 예배자로서 '하나님 마음에 맞는 사람'(삼상 13:14)이라고 불리게 된 이유를 다윗의 고백에서 찾을 수 있습니다.

"여호와여 주의 도를 내게 가르치소서 내가 주의 진리에 행하오리니 일심으로 주의 이름을 경외하게 하소서 주 나의 하나님이여 내가 전심으로 주를 찬송하고 영원토록 주의 이름에 영광을 돌리오리니"(시 86:11-12)

시편은 갈수록 영적 능력이 약화 되고, 하나님을 향한 사랑과 열정이 식어지는 이 시대에 하나님께 감사함으로 찬양하는 것이 얼마나 아름답고 소중한지를 알려줍니다. 다윗과 같이 하나님이 기뻐하시는 예배자로서 우리 평생을 온전하게 하나님을 사랑하고 모든 상황에서도 하나님을 찬양하는 삶이 되어야 할 것입니다.

1. '다윗의 장막'의 특징을 '모세의 장막'과 비교해서 말해보세요.
2. 시편에 시 가운데 당신이 가장 좋아하는 시는 무엇이며, 이유를 말해보세요.
3. 하나님이 다윗을 좋아하신 이유를 무엇이라 생각하나요?

제 13 일

우리는 날마다 인도하시는 주님을 찬양해야 합니다.

잠언, 전도서

"여호와를 경외하는 것이 지혜의 근본이요, 거룩하신 자를 아는 것이 명철이니라"(잠 9:10) 우리가 잘 아는 이 말씀은 지혜롭기 원한다면 하나님을 찾아야 함을 알려줍니다. 그리고 올바른 판단력이 자라나길 원한다면 우리의 마음이 하나님을 공경해야 한다고 가르쳐줍니다. 잠언은 우리에게 삶의 방향에 대한 올바른 조언과 함께 하나님 나라의 영원한 지혜를 깨닫게 해주며 훌륭한 사명과 비전을 말해줍니다.

잠언은 솔로몬 왕과 여러 지혜자들의 말을 담고 있으며, 세 개의 주요 부분으로 나뉩니다. 첫 번째 부분(잠언 1-9장)은 지혜의 가치에 대해 말하고 있으며, 지혜는 그에게서 배울 학생을 찾는 선생으로 의인화되어있습니다. 두 번째 부분(잠언 10:1-22:16)은 솔로몬의 잠언이 기록되어 있으며, 마지막 부분(잠언 22:17-31:31)은 여러 다른 지혜자들이 남긴 말들로 이루어져 있습니다.

이스라엘의 세 번째 왕이자 다윗의 아들인 솔로몬은 이스라엘의 황

금기에 나라를 다스렸습니다. 그는 경제적으로, 정치적으로 그리고 종교적으로 이스라엘 왕국을 통일시켰습니다(왕상 4-9장). 솔로몬은 잠언을 모으고 노래를 만들고, 식물과 동물을 분류한 것으로 유명합니다. 그중에서도 가장 위대한 업적은 진정한 예배 장소인 예루살렘 성전을 만든 것입니다. 예루살렘 성전은 이스라엘에서 하나님이 임재하시는 곳, 즉 하나님을 만날 수 있는 장소의 상징이 되었습니다. 봉헌식 당일 이 성전은 과거 성막을 세운 날처럼 하나님의 임재를 나타내는 구름으로 가득 찼습니다. 이 성전에 하나님이 임재하셨다는 것은 곧 이스라엘에 미래가 있으며 그들이 하나님과 맺은 언약의 관계가 온전히 지속되고 있음을 의미합니다.

잠언이란 도덕적 진리에 관한 짧은 서술입니다. 비록 많은 잠언들이 현실에 적용할 수 있지만, 잠언서의 목적은 단순히 조언을 주고자 함이 아닙니다. 이 책의 보다 깊은 의도는 하나님의 지혜를 통해 경건한 인격을 형성하는 데 있습니다. 잠언서 뒤에는 모든 진정한 지혜의 근본이신 오직 한 분 지혜로우신 하나님이 계십니다. 현명한 자는 그분의 지혜로 인해 찬양하며 매일의 삶에서 길잡이가 되어 주시는 그분의 계명을 감사하면서 하나님을 예배합니다. 어리석은 자는 반대로 지혜의 가르침을 무시하고 하나님을 예배하지 않습니다. 잠언서는 실천적인 예배를 강조합니다.

"악인의 제사는 여호와께서 미워하셔도 정직한 자의 기도는 그가 기뻐하시느니라"(잠 15:8)

우리는 삶에서 그분의 지혜를 찾고, 그분의 말씀에 따라 살면서 하나님을 예배합니다.

"공의와 정의를 행하는 것은 제사 드리는 것보다 여호와께서 기쁘게 여기시느니라"(잠 21:3)

고대의 전통적인 지혜들과 달리 성경의 지혜는 여호와께 예배 드리는 것과 관계있습니다. 참된 지혜는 일반적인 상식이 아닙니다. 하나님을 아는 지식과 그분의 방법 그리고 우리의 경배 혹은 하나님을 경외함에 근거합니다. 예배하는 삶은 생명의 주인 되신 하나님께 우리의 주의를 집중하고 지혜로운 걸음을 준비하게 합니다. 그리고 그분이 우리에게 주신 지혜를 따라 행동하며 하나님께 순종으로 반응해야 합니다. 한 가지 기억해야 할 것은 잠언이 예배 예식과 예배 실천에 대해 매우 직접적으로 언급하고 있지 않다는 것입니다. 이는 왕이 제사장이나 선지자의 의무를 수행하지 않았던 것을 고려할 때 어느 정도 이해할 수 있습니다. 이러한 이유로 솔로몬의 잠언은 공식적인 예배 예식보다는 다양한 주제를 가집니다. 그러나 분명한 것은 지혜로운 자는 하나님을 예배하는 자이며, 이는 지혜의 근본이 됩니다.

예배의 환경이 다양해지고 지역도 넓어졌지만, 오늘날 예배하는 예배자들 역시 솔로몬이 했던 것과 비슷한 방식으로 하나님의 보좌 앞에 나아갑니다. 우리가 예배하는 장소는 하나님과 그 백성들이 서로 만나기 위한 곳입니다. 하나님의 공동체와 왕국은 이 장소들에 국한되지 않으나 성소가 있다는 것은 우리 삶에 대한 하나님의 통치를 가시적으로 보여준다는 점에서 도움이 됩니다. 예배할 때마다 우리는 하나님이 우리에게 언약을 주셨고 솔로몬에서 보이셨던 바로 그 신실함으로 그 언약을 지켜주고 계심을 기억하게 됩니다.

비록 그리스도인들이 잠언서의 실제적 지혜로부터 분명 유익을 얻을 수 있지만, 우리는 또한 하나님의 지혜에서 그리스도의 모형을 봅니다. '지혜'가 가르치기 위해 사람을 불러 모으듯이 예수님께서도 말씀하셨습니다.

"수고하고 무거운 짐 진 자들아 다 내게로 오라 내가 너희를 쉬게 하리라 나는 마음이 온유하고 겸손하니 나의 멍에를 메고 내게 배우라 그리하면 너희 마음이 쉼을 얻으리니 이는 내 멍에는 쉽고 내 짐은 가벼움이라 하시니라"(마 11:28-30)

예수님께서는 하나님의 말씀과 지혜가 육신이 되어 오신 분입니다. 우리가 지혜로써 하나님을 찬양할 때, 우리는 예수 그리스도를 두고 찬양하는 것이 됩니다. 우리가 놀라운 하나님의 지혜를 더욱 구할 때 우리는 그리스도를 더욱 구하게 됩니다. 행동에는 결과가 있습니다. 하나님이 지으신 이 세상에는 우리가 한 행동이, 나 자신과 다른 사람들에게 영향을 미칩니다. 바울 사도는 하나님을 업신여기고 살아갈 수 없다는 것을 기억하고 항상 심은 대로 거둘 것이라고 말합니다.

"스스로 속이지 말라 하나님은 업신여김을 받지 아니하시나니 사람이 무엇으로 심든지 그대로 거두리라"(갈 6:7)

잠언은 현숙한 아내를 칭찬하며 마무리됩니다(잠 31:10-31). 이 말씀을 보면 그녀는 성실하게 일하며 쉬지 않는 것처럼 보입니다. 가족을 위해 음식을 준비하고 예쁜 옷을 만들며, 사업에도 소질이 있어서 농장을 사고 자신의 소지품을 팝니다. 가족들에게 친절하며 필요한 자들에게 자비를 베풉니다. 그녀의 가족은 그녀를 칭찬하고 축복합니다. 참으로 이 여인은 하나님을 경외하는 아내이자 엄마의 참된 모델입니다. 그러나 동시에 성경 말씀은 진실을 한 번에 말하기도 하지만 여러 단계를 거쳐 말하기도 합니다. 잠언은 젊은 남자에게 문란하고 규율이 없는 창녀를 피하라는 경고로 첫 장을 시작합니다. 마지막 장은 첫 장과 반대되는 특징을 가진 선하고 현숙한 여인을 칭찬합니다. 즉, 두 번째 여인의 초상화는 이전 장의 지혜의 가르침들을 요약하고 있는 것입니다. 첫 장의 타락한 여인의 모습이 잠언의 지혜 말씀들을 통해 현숙한 여인이자 참된 예배자의 모습으로 변화될 수 있음을 저자는 기대하고 있는 것입니다. 그러므로 진실 되고 하나님을 경외하며 지혜를 행하고 있는 현숙한 여인이자 참된 예배자의 삶을 하나님의 모든 예배자들은 본받아야 합니다. 예배자는 지혜를 추구해야 하며 지혜롭다는 것은 곧 하나님을 예배하는 것입니다.

전도서는 깊은 뜻을 이해하지 못하면 마치 허무주의를 연상시킵니다. 전도서의 저자는 여러 곳에서 "헛되고 헛되다"라고 이야기합니다.

"헛되고 헛되니 모든 것이 헛되다"(전 1:2)

어떻게 이런 냉소적인 표현이 성경에 속해 있을까요? 또한 전도서는 많은 이들이 앞만 보고 달리며 성취한 후 느끼는 진정한 허무와 환멸을 말해줍니다.

"그 후에 내가 생각해 본즉 내 손으로 한 모든 일과 내가 수고한 모든 것이 다 헛되어 바람을 잡는 것이며 해 아래에서 무익한 것이로다"(전 2:11)

전도서의 저자는 전통과 글에서 솔로몬 왕과 연관 짓기도 하지만, 오직 '교사'(히브리어 '코헬렛')라고만 알려져 있습니다. 이 책은 긴 연설(전 1:12-12:8)과 그에 앞서는 짧은 서문(전도서 1:1-11) 그리고 에필로그(전도서 12:8-14)로 이루어져 있습니다. 전도서의 메시지는 인생에서 의미를 찾으려는 그의 노력에 대한 시원스런 고백입니다. 세상에 대한 관점은 냉소적이며 싫증 나 있습니다. 그리고 우리에게 충격적으로 보이지만 하나님을 거스르지 않습니다. 하나님께서는 우리가 그분께 잘 보이기 위해 하는 매끄러운 말보다는 거칠더라도 우리 마음속에 들어 있는 솔직한 것에 더 관심이 많으십니다. 그 모든 냉소에도 불구하고 저자는 그와 하나님의 관계에 의문을 표하거나 하나님의 선하심을 의심하지 않습니다.

전도서는 또한 하나님 앞에서 겸손함을 키워야 함을 알려줍니다. 예수 그리스도를 통해 그리고 성경을 통해 하나님이 우리의 작은 개념의 틀보다 얼마나 더 크신지를 잊지 말아야 합니다. 우리는 이 세상을 지으시고 홀로 다스리시는 하나님을 예배할 때 교만하지 않도록 경계해야 합니다. 전도서는 예배에서의 미사여구와 진부한 말, 반복되는 수다와 같은 독에 대한 해독제입니다(전 5:1-2).

전도자의 메시지는 진실하고 영원한 의미의 유일한 근본이신 그리스도의 오심에 대해 우리를 준비시킵니다. 신학자 딜라드(Raymond B. Dillard, 1944-1993)와 롱맨(Tremper Longman, 1953-)은 함께 쓴 책에서 이렇게 말했습니다.

"우리는 신약으로 가면서, 예수 그리스도께서 우리를 전도자가 고통스레 경험했던 공허함과 헛됨에서 구원하실 분임을 본다. 예수님은 하나님의 아들이시지만 그럼에도 불구하고 우리를 그것에서 풀어주시기 위해 세상의 공허함을 경험하셨다."(An Introduction to the Old Testament. 1994, 255p)

하나님은 그리스도로 오셔서 삶에서 무엇이 중요한지 보여주시고 우리를 깊은 구덩이에서 건져주셨습니다. 이 사실 하나만으로도 우리는 하나님께 감사와 영광으로 예배해야 합니다. 하나님께서 우리 인생의 세세한 부분에 역사하셔서 항상 좋은 일만 일어나게 하시기 때문에 예배하는 것은 아닙니다. 또한 공의로 심판하시고 우리의 선한 일에 축복과 상을 내리시기 때문에 우리가 하나님을 찬양하는 것도 아닙니다.

전도서의 전도자는 하나님이 예배 받아야 하는 이유는 단지 그분이 하나님이시기 때문이라고 말합니다. 인간 존재의 환경과 여건은 그것이 좋든 나쁘든 예배 받아야 하는 하나님의 가치에 아무런 영향을 끼치지 않습니다. 인생이 아무리 불의와 불확실함, 고통으로 가득 차 있다 해도 하나님은 여전히 예배 받기에 합당한 분이시고 따라서 우리는 하나님을 경외하고 그의 명령들을 지킬 것인지 말지를 결정해야 하는 것뿐입니다.

"일의 결국을 다 들었으니 하나님을 경외하고 그의 명령들을 지킬지어다 이것이 모든 사람의 본분이니라"(전 12:13)

하나님을 알아야 만사를 올바로 이해할 수 있습니다. 성경은 다른 무엇보다도 하나님이 어떤 분이신지에 대한 말씀입니다. 하나님을 분명히 알면 알수록 우리는 올바른 예배를 드릴 수 있기 때문입니다. 우리는 그분을 떠나서 인생을 즐길 수 없습니다(전 2:24-25). 그리고 수고함으로 낙을 누리는 것 역시 하나님의 선물입니다(전 3:13). 또한 우리의 행위 모두가 하나님의 손안에 있음을 알려줍니다(전 9:1). 전도서의 전도자는 자신의 뛰어난 지혜로도 인생의 신비를 풀 수 없다는 것을 알았습니다. 그리고 시간이 흐른 후 불의와 고통이라는 주제를 두고 고민한 또 한 명의 전도자가 있었습니다. 이 사람은 생각으로만 하지 않고 몸으로도 고민했습니다.

"나의 하나님, 나의 하나님 어찌하여 나를 버리셨나이까"(막 15:34)

인생은 여전히 의문과 모순으로 가득 차 있지만 우리는 예수 그리스도가 그것들을 이미 극복하심으로써 우리에게 희망을 주셨다는 것을 충분히 인식해야만 그 문제들을 마주할 수 있습니다. 우리 역시 전도서의 전도자처럼 어떤 상황 가운데서도 "하나님은 예배 받기에 합당하신 분이다"라고 확실히 선언할 수 있어야 합니다.

전도서는 우리에게 때가 있다고 말해줍니다. "범사에 기한이 있고 천하 만사가 다 때가 있나니" 전도자는 이 구절로 시작하는 한 편의 대조시를 소개합니다(전 3:1-8). 날 때가 있고 죽을 때가 있으며, 헐 때가 있고 세울 때가 있으며, 울 때가 있고 웃을 때가 있습니다. 전도자의 마음속에는 '때', 곧 '시간'이라는 것이 큰 부분을 차지하고 있으며, 이 시의 각 구절과 각 행위들의 사이를 채우고 있습니다. 하나님은 시간을 초월하시지만 우리는 그렇지 않습니다. 하나님이 행하시는 모든 것은 영원하지만 우리의 행위는 그렇지 않습니다(전 3:14). 하나님께서 우리에게 영원을 사모하는 마음을 주신 것은 아마도 우리가 사라질지라도 그분은 그렇지 않고 영원하시다는 것을 알려주시기 위함입니다(전 3:11). 전도자는 우리에게 주어진 이 짧은 시간 동안 무엇을 해야 할지를 알려줍니다.

"너는 청년의 때에 너의 창조주를 기억하라 곧 곤고한 날이 이르기 전에,
나는 아무 낙이 없다고 할 해들이 가깝기 전에"(전 12:1)

우리가 하나님을 기억하는 것, 곧 그분의 말씀을 전하고 그분의 신실하심을 찬양하며 그분에 대한 헌신의 마음을 날마다 새롭게 하는 것은 우리 예배자의 삶을 가치 있게 만들어 줄 것입니다.

1. 솔로몬이 잠언에서 말한 '참된 지혜'가 무엇인가요?
2. 잠언의 말씀 "현숙한 여인"이 뜻하는 의미는 무엇인가요?
3. 전도서의 말씀 "헛되고 헛되도다"의 의미는 무엇인가요?

제 14 일

참된 예배자는 하나님을 날마다 사랑하는 사람입니다.

아가

아가서는 '노래 중의 노래(Song of Songs)'라는 뜻으로 '아름다운 노래'를 의미입니다. 아가서의 또 다른 이름은 '찬송(Canticles)' 혹은 '솔로몬의 노래(Song of Solomon)'이며, 로맨틱한 가사들로 왕과 그의 신부의 정열적인 사랑을 기리는 '시' 모음집입니다. 아가서의 저자는 1005편의 노래를 지어 문학적 재능이 뛰어났던(왕상 4:32) 솔로몬으로 알려져 있으며, 본문에 처음 '솔로몬'이 언급된 이후 여섯 차례나 등장합니다(아 1:5, 3:7, 9, 11, 8:11, 12) 유대교에서는 아가서가 이스라엘 민족에 대한 하나님의 사랑을 비유적으로 서술했다고 믿기 때문에, 아가서의 구절들은 이스라엘 민족에 대한 하나님의 사랑을 나타내는 출애굽 사건의 기념일인 유월절 기간 안식일에 낭송해왔습니다.

오랜 세월 동안 그리스도인들은 아가서를 자주 하나님과 그의 신실한 예배자들 간의 사랑을 상징하는 은유로 이해했습니다. 예를 들어, 이 사랑 노래의 일부분은 예배자들이 사랑의 마음으로 하나님께 나아가는 모습을 보여줍니다. 찰스 웨슬리(Charles Wesley, 1707□1788)의 "Jesus, Lover of My Soul(비바람이 칠 때와)"(찬송가 388장)와 클레르보의 베르나드(Bernard of Clairvaux, 1090-1153)의 "Jesus, the Very Thought of Thee(구주를 생각만 해도)"(찬송가 385장)에도 잘 나타나 있습니다. 아가서는 남자와 여자 사이의 낭만적 사랑의 열정을 찬양하고 있습니다. 풍부한 이미지와 부끄러움 없는 관능으로 연인들은 서로의 육체적 매력을 찬양하고 육체적으로 가까워지고자 하는 열망을 나눕니다.

"내게 입맞추기를 원하니 네 사랑이 포도주보다 나음이로구나" (아 1:2)

일정한 규칙을 갖추거나 역사석으로 선개되는 이야기는 없지만, 아가서는 연인들이 그들의 욕망의 정점을 향해 나아가면서 쌓이는 극적인 긴장감을 잘 보여줍니다. 많은 사람들은 수 세기 동안 이 사랑의 시들이 무슨 관계가 있을까 궁금해 왔습니다. 유대교와 기독교의 역사에서 인간의 성을 공개적으로 다루기 불편해하는 사람들은 아가서의 생동감 넘치고 때로는 외설적이기도 한 언어에 말문이 막히곤 했습니다. 그들은 자신의 백성을 향한 하나님의 사랑, 또는 그리스도의 교회에 대한 사랑의 은유로 해석함으로써 논란을 피했습니다. 다른 성경 말씀에도 이와 같은 해석을 뒷받침하는 구절들이 있습니다(겔 16장, 23장, 호 2장).

수 세기 동안 성경학자들은 아가서를 해석하는 데 다양했습니다. 초대교회 시기 유대인 지도자들 사이에서도 이 책이 성경 말씀으로 포함되어야 할지에 대한 논쟁이 있었습니다. 유대교 교사인 랍비들은 젊은 남자가 그 내용을 읽지 못하도록 금지하기도 했습니다. 그러나 유명한 랍비였던 아키바(Akiba)는 "아가서는 그 모든 것 중에 가장 성(聖)스럽다"라고 말하면서 성경에 넣어야 할 것을 주장했습니다. 아가서는 사랑의 표현을 솔직히 담고 있어 외설적으로 보이지만, 역설적으로 하나님과 신부된 우리 사이의 관계를 매우 가깝게 느껴지게 합니다. 아가서의 남녀 사이의 사랑은 우리를 위한 하나님의 신실하신 사랑을 반영합니다.

역사적으로 초대교회 시대의 기독교 해석자들은 교회를 향한 그리스도의 사랑의 상징으로 아가서를 자연스럽게 해석했습니다. 그리고 중세 기독교 신비주의자들에게 아가서는 하나님과 각 그리스도인 예배자 사이의 사랑의 상징으로 여겨졌습니다. 최근 일부 학자들은 이 책이 근동 문화권에서 여러 날 이어지는 결혼 축제 기간 동안에 낭송된 '사랑 시' 모음이라고 주장하기도 했습니다. 일부 유대교 전통 결혼에서는 신랑이 "왕"으로 신부를 "아가씨"로 묘사하며 아가서에 서술된 솔로몬 연인을 신부로 설정하기도 합니다.

신약성경에는 아가서가 인용되지 않았으며, 기독교 시대 이전 유대인 공동체에서 이를 어떻게 이해했는지에 관한 기록도 남아있지 않습니다. 이후 유대교 전통과 기독교 모두 아가서를 하나님과 우리 사이의 사랑을 상징적으로 해석했습니다. 신약성경 일부에서는 교회를 그리스도의 신부로 언급합니다.

"아내들이여 자기 남편에게 복종하기를 주께 하듯 하라 이는 남편이 아내

의 머리 됨이 그리스도께서 교회의 머리 됨과 같음이니 그가 바로 몸의 구주시니라"(엡 5:22-23)

그리고 요한계시록 여러 곳에서 남녀 간의 관계를 어린양의 신부로서 표현했습니다.

"어린 양의 혼인 기약이 이르렀고 그의 아내가 자신을 준비하였으므로"
(계 19:7)

"거룩한 성 새 예루살렘이 하나님께로부터 하늘에서 내려오니 그 준비한 것이 신부가 남편을 위하여 단장한 것 같더라"(계 21:2)

"이리 오라 내가 신부 곧 어린 양의 아내를 네게 보이리라 하고"(계 21:9)

"성령과 신부가 말씀하시기를 오라 하시는도다"(계 22:17)

대부분의 그리스도인들은 영화, 텔레비전, 그 외 다른 매체들이 성적인 쇼나 영화를 버젓이 상영하는 것에 우려를 가지고 있습니다. 그러한 오락물들은 낭만적인 사랑을 저급하게 만들고 상업적 이익을 위해 성을 이용합니다. 아가서는 부분적으로 성적 매력에 대해 상당히 분명하게 언급하고 있으나, 하나님께서 이를 성경 말씀에 포함한 것은 분명한 목적이 있습니다.

아가서는 사랑의 비유뿐 아니라 로맨틱한 사랑에 대한 묘사로서도 가치가 있습니다. 많은 문화에서 결혼은 가족을 통해 크게는 사회계층과 유산을 통해서 성사됩니다. 성경은 교제, 친밀감, 영적인 연합과 같은 말씀의 중요성을 말씀하고 있습니다. 또한 성경 말씀의 시작 부분은 사람을 하나님의 모습으로 남자와 여자를 만드셨다고 선언합니다.

"하나님이 자기 형상 곧 하나님의 형상대로 사람을 창조하시되 남자와 여자를 창조하시고"(창 1:27)

그리고 아담이 그의 삶의 동반자를 발견하였을 때의 기쁨을 기록했습니다.

"아담이 가로되 이는 내 뼈 중의 뼈요 살 중의 살이라"(창 2:23)

그러므로 성경이 '결혼'이라는 친밀한 연합에 대한 책을 최소 한 권 포함한 것은 이상한 일이 아닙니다. 우리는 아가서를 낭만적 사랑을 찬양하는 시의 모음으로서 있는 그대로 받아들일 필요가 있습니다. 결혼을 통해 성적 친밀함으로 완성되는 남녀 간의 사랑은 하나님의 가장 큰 선물 중 하나이며, 이 선물로 인해 하나님은 우리의 감사와 찬양을 받으시기에 마땅한 것입니다. 사도 바울에게 결혼이란 자기희생, 예수님의 신성 그리고 그분께 감사하며 순종하는 교회 간의 사랑의 모습이었습니다.

"그러므로 사람이 부모를 떠나 그의 아내와 합하여 그 둘이 한 육체가 될지니 이 비밀이 크도다 나는 그리스도와 교회에 대하여 말하노라 그러나 너희도 각각 자기의 아내 사랑하기를 자신 같이 하고 아내도 자기 남편을 존경하라"(엡 5:31-33)

또한 이스라엘 선지자는 하나님과 그의 백성들 간의 언약을 결혼에 비교했습니다. 주님과의 언약, 즉 우리 하나님이 되어 주시고 그분의 백성으로 보호하신다는 변함없는 약속은 우리가 그분 앞에 나아와 예배드리고 기념하는 근간이 됩니다(출 6:7).

신학적 비유 혹은 사랑과 결혼 등 어느 것이든지 아가서는 우리에게 하나님의 신실한 예배자이자 영적의 연인으로서 마땅히 행해야 할 바를 말해주며, 우리를 하나님과의 더 깊은 친밀함으로 이끌어줍니다. 저자의 의도이든 아니든, 여전히 사람들의 사랑은 하나님과 인간의 관계에 있어 적합한 은유입니다. 우리는 그리스도의 신부이며 교회를 향한 그리스도의 사랑은 남편이 아내에게 가지는 사랑과 같은 것입니다.

"남편들아 아내 사랑하기를 그리스도께서 교회를 사랑하시고 그 교회를 위하여 자신을 주심 같이 하라"(엡 5:25)

아가서의 열정적인 사랑은 그리스도께서 우리와 그분의 신부인 교회를 얼마나 열정적으로 사랑하시는지를 보여줍니다. 아가서의 남자가 "나의 사랑, 내 어여쁜 자야 일어나서 함께 가자"고 부를 때에, 우리는 연인의 부름뿐 아니라 또한 우리를 향해 "나에게로 오라"고 손짓하시는 예수님의 사랑의 음성을 듣게 됩니다.

"수고하고 무거운 짐 진 자들아 다 내게로 오라 내가 너희를 쉬게 하리라"(마 11:28)

그러므로 아가서의 원래 의미를 축소하지 않고도 이 성경의 말씀들이 우리를 향한 하나님의 친밀한 사랑의 표현임을 알 수 있습니다. 우리의 예배는 사랑하는 연인들과 같이 하나님께 받은 온전한 사랑을 열정을 다해 하나님께 경배와 찬양으로 돌려드려야 합니다. 더 나아가 우리 예배자들은 하나님을 전심으로 사랑할 뿐 아니라 이웃을 사랑하는 데까지 나아가야 합니다.

"예수께서 이르시되 네 마음을 다하고 목숨을 다하고 뜻을 다하여 주 너의 하나님을 사랑하라 하셨으니 이것이 크고 첫째 되는 계명이요 둘째도 그와 같으니 네 이웃을 네 자신 같이 사랑하라 하셨으니"(마 22:37-39)

한편 아가서는 공식적 결혼예식은 하나님의 축복 속에서 연합함에 대한 행복을 나누는 자리로 공동체를 초대하는 것임을 보여줍니다.

"시온의 딸들아 나와서 솔로몬 왕을 보라 혼인날 마음이 기쁠 때에 그의 어머니가 씌운 왕관이 그 머리에 있구나"(아 3:11)

더 나아가 사랑은 죽음만큼 강력하지만, 그리스도 안에서 우리를 위한 하나님의 사랑은 죽음을 이기셨음을 선언합니다.

"너는 나를 도장 같이 마음에 품고 도장 같이 팔에 두라 사랑은 죽음 같이 강하고 질투는 스올 같이 잔인하며 불길 같이 일어나니 그 기세가 여호와의 불과 같으니라"(아 8:6)

셋째, 하나님은 우리와 늘 함께 계십니다.

아가서는 우리에게 그분의 형상을 따라 남자와 여자를 지으신 피조물임을 알게 해줍니다.

"나는 사론의 수선화요 골짜기의 백합화로다 여자들 중에 내 사랑은 가시나무 가운데 백합화 같도다 남자들 중에 나의 사랑하는 자는 수풀 가운데 사과나무 같구나 내가 그 그늘에 앉아서 심히 기뻐하였고 그 열매는 내 입에 달았도다 그가 나를 인도하여 잔칫집에 들어갔으니 그 사랑은 내 위에 깃발이로구나"(아 2:1-4)

무엇보다도 아가서는 그분의 백성을 향하신 친밀하고 따뜻한 사랑이 주제입니다.

"나의 사랑하는 자가 내게 말하여 이르기를 나의 사랑, 내 어여쁜 자야 일어나서 함께 가자 겨울도 지나고 비도 그쳤고 지면에는 꽃이 피고 새가 노래할 때가 이르렀는데 비둘기의 소리가 우리 땅에 들리는구나"(아 2:10-12)

이 아름다운 시를 읽노라면 하나님께서 우리를 얼마나 사랑하시는지를 느낄 수 있습니다. 아가서는 사랑을 깊이 느낄 수 있게 하시고, 사랑으로 하나된 하나님과의 관계 속에서 부드러움을 경험하게 하십니다(아 4:1-15) 그리고 아담과 하와를 지으시고 아름답다고 하신 말씀에 이어 사랑하는 남녀가 하나가 된 결혼의 즐거움을 말해줍니다(아 7:1-8:3)

아가서는 하나님과 우리 사이의 핵심인 사랑을 여러 감각을 통해 잘 표현해줍니다. 하나님께서 우리를 사랑하셔서 아들이신 예수 그리스도를 통해 우리를 구원하시기까지 사랑하셨다는 진리 위에 이 사랑의 본질적 관계를 남녀간의 사랑의 표현을 통해 구체적이면서 실제적으로 느끼게 해줍니다. 예배 또한 마찬가지입니다. 하나님께서 우리를 예배자로 창조하셨다는 이 진리가 단지 피상적인 말씀이 아니라 나의 삶에 명확하게 인식되기 위해서는 우리 삶 자체가 예배가 되어야 합니다. 그것은 주일예배와 같은 예식을 넘어선 하나님과 우리 피조물인 예배자들의 구체적 관계의 증거입니다. 일어나서 하나님의 살아계심을 인정하고 우리의 일상에서 하나님이 성령님을 통해 말씀하시는 음성에 귀를 기울이며, 하루를 감사와 은혜로 마무리하는 각 예배자들의 일상예배를 훈련해야 합니다.

매일 매 순간 하나님의 사랑을 느끼는 것은 성경을 읽고, 기도를 하고, 찬양을 드리는 것을 넘어서는 본질적인 관계입니다. 아가서는 하나님과 우리 사이의 관계가 원인과 결과를 통한 기승전결이 아니라 영원히 끊을 수 없는 필요충분조건임을 알려줍니다.

1. 아가서에 기록된 "신부"의 의미는 무엇인가요?
2. 하나님과 우리 사이의 관계에서 볼 때 아가서는 어떤 의미를 갖나요?
3. 아가서의 '사랑'과 비교해 우리는 하나님을 어떻게 사랑해야 한다고 생각하나요?

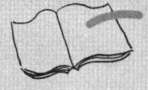

넷째,
하나님은 우리에게 귀를 기울이고 계십니다.

제 15일 예배는 하나님의 임재 가운데 거하는 것입니다. 이사야

제 16일 예배자는 하나님 말씀대로 사는 사람입니다. 예레미야, 예레미야애가

제 17일 예배자는 하나님과 항상 친밀한 관계를 유지합니다. 에스겔

제 18일 하나님은 신실한 예배자를 원하십니다. 다니엘

제 19일 하나님은 우리가 순결하고 거룩하기를 원하십니다. 호세아

제 20일 하나님은 당신을 찾는 예배자를 기뻐하십니다. 요엘, 아모스, 오바댜

제 21일 예배는 하나님의 음성을 듣는 것부터 시작합니다. 요나

제 22일 예배는 매일의 삶에서 하나님을 증거하는 것입니다. 미가, 나훔

제 23일 예배는 하나님의 영광을 인정하는 것입니다. 하박국

제 24일 예배는 하나님을 가장 우선순위에 두는 것입니다. 스바냐, 학개, 스가랴

제 25일 예배는 하나님을 전적으로 신뢰하는 것입니다. 말라기

제 15 일

예배는 하나님의 임재 가운데 거하는 것입니다.

이사야

가끔 신문이나 방송에서 가장 인기 있는 직업과 인기 없는 직업을 알아보는 설문조사를 합니다. 보통 선호하는 직업으로는 의사와 법조인, 기업가, 교사, 과학자나 IT 직업 등이 상위권에 위치하며, 정치인이나 순수예술가 등은 선호하지 않는 경향이 있습니다. 이런 설문조사가 고대 이스라엘에서 시행되었다면, 선지자의 직업 순위는 아마 꼴찌로 나왔을 것입니다. 그 이유 중 하나는 마음이 굳은 백성들에게 힘든 말을 전해야 하는 어려움이 있기 때문일 것입니다. 이사야는 이 어렵고 인기 없는 직업의 임무를 선택받았습니다.

이사야서는 기원전 8세기 유다의 선지자였던 이사야의 사역 이야기입니다. 이사야는 아모스, 호세아, 미가 선지자, 그리고 유다의 왕 히스기야와 앗수르의 왕 산헤립과 동시대를 살았습니다. 그는 백성들을 가르치고 위로하며 사십 년 동안 신실하게 전도하면서 하나님 말씀을 전했습니다. 그러나 이스라엘 백성들은 오히려 이사야를 몰아냈습니다.

그리고 더 이상 하나님을 깊이 알려고 하거나 예배하지 않았습니다. 희생 제사나 성회는 엉터리였고, 하나님을 멀리하고 불의를 감추고 용납했습니다(사 1-5장). 백성들은 심판과 정죄의 말씀을 전하는 이사야의 말을 듣고 싶지 않았겠지만, 사실 그의 말에는 굉장한 위로와 희망의 말이 포함되어 있습니다.

이사야 6장에서는 우리의 예배 대상이신 하나님의 놀라우신 모습을 볼 수 있습니다. 왕의 보좌에서 흘러나오는 주님의 영광스러운 임재하심에 이사야는 두려웠습니다. 그러나 천사가 그에게 다가가 하나님께 말할 수 있도록 허락했습니다. 이사야의 환상은 부르심과 말씀, 응답과 결단, 파송의 네 가지 예배의 기초위에 하나님의 임재를 경험하도록 우리를 부르신 예배의 모습을 보여줍니다. 이사야는 우리가 하나님께 예배를 드려야 하는 몇 가지 이유를 알려줍니다.

> "여호와여 주는 나의 하나님이시라 내가 주를 높이고 주의 이름을 찬송하오리니 주는 기사를 옛적에 정하신 뜻대로 성실함과 진실함으로 행하셨음이라"(사 25:1)

예배의 가장 중요한 목적은 하나님이 하신 일들을 기억하여 감사함으로 찬양하며 경배하는 것입니다. 이사야는 순결한 예배에 관심이 많았습니다. 그는 오직 하나님 한 분에게만 예배하며 온전히 영광을 돌릴 것을 백성들에게 경고했습니다.

"나는 여호와이니 이는 내 이름이라 나는 내 영광을 다른 자에게, 내 찬송을 우상에게 주지 아니하리라"(사 42:8)

하나님이 가장 기뻐하시는 예배는 우리의 온전하고 순전한 예배임을 깨닫게 합니다. 이사야서를 한마디로 줄이면 '하나님을 진심으로 사랑하며 섬기는 것이 우리를 부르신 가장 큰 이유'입니다. 이사야서는 이 주제에 모든 초점을 맞춥니다. 이사야는 거대한 제국이 하나님의 손으로 세워졌다가 완전히 멸망 당하는 것과 구원의 날들을 예언했습니다. 그리고 이스라엘 백성들이 열망하는 메시아의 오심이 성취되는 것을 보게 됩니다. 하나님을 향한 열망과 헌신이 사라지면 모든 진리는 건조해지며 피상적이 됩니다. 우리의 마음이 하나님으로부터 멀리 떨어져 있으면서도, 입술로는 하나님을 영화롭게 한다는 덫에 걸리고 맙니다.

"주께서 이르시되 이 백성이 입으로는 나를 가까이 하며 입술로는 나를 공경하나 그들의 마음은 내게서 멀리 떠났나니 그들이 나를 경외함은 사람의 계명으로 가르침을 받았을 뿐이라"(사 29:13)

하지만 우리가 깨닫고 돌아선다면, 하나님께서는 잠자고 있는 우리를 깨우시고 진정한 예배로 이끄실 것입니다. 하나님을 예배하는 것이 어떤 의미인지 알고 싶다면, 이사야와 선지자들의 말씀에 귀를 기울여야 합니다. 예언서에는 하나님께서 가장 원하시는 예배의 모습과 예배자의 자세에 대해 잘 보여줍니다. 그리고 영과 진리의 균형을 갖춘 더 헌신된 예배자가 되기 위해 우리는 영의 눈을 뜨게 해달라고 하나님께 간구해야 합니다. 이스라엘 백성들의 죄로 인해 고통스러울 때, 이사야는 예배 처소에서 환상을 통해 하나님의 영광스러운 비전을 보게 됩니다(사 6:1-8). 이 말씀은 예배의 구조를 보여주는 중요한 말씀입니다. 하나님께서 부르시면 그 부르심에 '거룩하다 거룩하다 거룩하다'로 반응하며, 하나님께서 말씀하시면 우리의 결단은 '나를 보내소서'입니다.

"웃시야 왕이 죽던 해에 내가 본즉 주께서 높이 들린 보좌에 앉으셨는데 그의 옷자락은 성전에 가득하였고 스랍들이 모시고 섰는데 각기 여섯 날개가 있어 그 둘로는 자기의 얼굴을 가리었고 그 둘로는 자기의 발을 가리었고 그 둘로는 날며 서로 불러 이르되 거룩하다 거룩하다 거룩하다 만군의 여호와여 그의 영광이 온 땅에 충만하도다 하더라"(사 6:1-3)

예배는 우리의 반응이며 하나님의 말씀에 순종하여 행동하는 것입니다.

"주께서 이르시되 내가 누구를 보내며 누가 우리를 위하여 갈꼬 하시니 그 때에 내가 이르되 내가 여기 있나이다 나를 보내소서 하였더니"(사 6:8)

그것은 '거룩한 낭비'라고 일컬어지는 하나님께만 온전히 드려지는 우리의 행위입니다. 다른 성경보다 이사야서는 하나님을 '이스라엘의 거룩하신 분'으로 강조합니다. 예배가 하나님 앞에서 죄를 고백하고 겸손하게 엎드려 절하며 우리의 삶을 순종의 섬김으로 드리게 되는 것임을 말해줍니다. 이사야서는 거룩하신 하나님께 두 무릎을 꿇고 예배를 드리는 겸손의 자세를 보여줍니다.

"내가 나를 두고 맹세하기를 내 입에서 공의로운 말이 나갔은즉 돌아오지 아니하나니 내게 모든 무릎이 꿇겠고 모든 혀가 맹세하리라 하였노라"(사 45:23)

거룩하신 하나님은 이스라엘의 구원자이십니다(사 43:3). 그리고 그의 백성들은 구원의 믿음과 기쁨으로 응답했습니다(사 12:2-3). 그러나 구원의 은혜와 기쁨은 이스라엘 백성에게만 국한된 것이 아닙니다. 이사야는 마지막 때에, 모든 열방이 하나님을 예배하러 몰려올 것을 예언했습니다.

"여호와께서 열방의 목전에서 그의 거룩한 팔을 나타내셨으므로 땅 끝까지도 모두 우리 하나님의 구원을 보았도다"(사 52:10)

하나님의 영광은 한 민족에게만 거하실 수 없고, 그분의 영광이 나타나는 기쁨의 예배 역시 한 민족에게만 국한될 수 없습니다.

"서로 불러 이르되 거룩하다 거룩하다 거룩하다 만군의 여호와여 그의 영광이 온 땅에 충만하도다 하더라"(사 6:3)

이사야서에는 이방인이라 할지라도 그들의 번제와 희생제물을 하나님께서 받으신다고 말씀합니다(사 56:6-7). 그리고 단순히 종교적 행위를 지키는 것은 순종의 삶을 떠나서는 가치가 없음을 계속해서 강조합니다(사 1:1-17). 더 나아가 하나님께 드리는 노래와 기도는 그것이 마음에서 흘러나오지 않으면 아무 의미가 없는 것이라고 말합니다.

> "주께서 이르시되 이 백성이 입으로는 나를 가까이 하며 입술로는 나를 공경하나 그들의 마음은 내게서 멀리 떠났나니 그들이 나를 경외함은 사람의 계명으로 가르침을 받았을 뿐이라"(사 29:13)

이사야는 우리를 하나님의 종, 우리의 구원자, 예수 그리스도께 언제나 예배해야 함을 알려줍니다. 이사야는 하나님의 선택받은 자이며 열방에 정의를 가져올 그 종을 소개하고 있습니다(사 40-53장). 비록 그 종이 이스라엘 민족을 향해 말씀을 선포하지만, 구원의 역사는 모든 민족에게 영향을 미칠 것입니다.

> "그가 이르시되 네가 나의 종이 되어 야곱의 지파들을 일으키며 이스라엘 중에 보전된 자를 돌아오게 할 것은 매우 쉬운 일이라 내가 또 너를 이방의 빛으로 삼아 나의 구원을 베풀어서 땅 끝까지 이르게 하리라"(사 49:6)

이 종은 많은 이들의 죄를 대신해 고난을 받음으로써 구원을 성취하실 것입니다(사 52-53장). 이스라엘의 거룩하신 분은 모든 백성을 심판하실 것이지만, 또한 우리가 영원한 평강과 치유를 경험할 수 있는 방법도 마련해주실 것입니다.

"그가 찔림은 우리의 허물 때문이요 그가 상함은 우리의 죄악 때문이라 그가 징계를 받으므로 우리는 평화를 누리고 그가 채찍에 맞으므로 우리는 나음을 받았도다"(사 53:5)

이사야는 하나님의 종 예수님을 통해 하나님과 구원의 역사를 찬양하며 기쁘게 노래하라고 우리를 초청합니다.

"하늘이여 노래하라 땅이여 기뻐하라 산들이여 즐거이 노래하라. 여호와께서 그의 백성을 위로하셨은즉 그의 고난 당한 자를 긍휼히 여기실 것임이라"(사 49:13)

우리 자신이나 모든 삶에서 하나님을 예배하는 것이 가장 우선순위가 되어야 합니다. 그의 백성 가운데 임재 하시는 전능하신 하나님은 고통받는 자를 위로하실 수 있으며 교만한 자를 벌하실 수도 있습니다. 그러므로 우리는 왕 되신 하나님 말씀에 항상 민감해야 하며, 우리 삶에 언제나 함께하심을 믿고 성령님의 음성에 귀를 기울여야 합니다.

이사야는 일평생 예언 사역을 하며 정치적 예언가로서 왕과 장관에게 국가적 정책을 조언했습니다. 전쟁 중에라도 여호와를 향한 믿음을 가지는 것이 유일하고 신뢰할 수 있는 방어책임을 권면했습니다(사 26:4). 이사야는 하나님을 믿지 않는 나라와 백성에게 심판이 있을 것을 알았습니다. 그리고 한 세기 반 이후에 일어날 유다의 바벨론 멸망을 예언했습니다(사 39:5-7). 그러나 자비로우신 하나님은 백성들이 새롭게 시작할 수 있도록 남아있는 자들을 보호하실 것입니다(사

35:10). 이사야 40-66장은 이스라엘이 바벨론에 의해 추방된 이후 재건에 관한 예언들이 기록되었습니다. 이 예언은 하나님의 변하지 않는 말씀의 능력을 강조하며 시작합니다.

"풀은 마르고 꽃은 시드나 우리 하나님의 말씀은 영원히 서리라 하라" (사 40:8)

그리고 주님의 영광이 예루살렘 위에 비추고 모든 나라들을 그 빛으로 인도하는 모습입니다.

"일어나라 빛을 발하라 이는 네 빛이 이르렀고 여호와의 영광이 네 위에 임하였음이니라"(사 60:1)

이사야는 회복과 재건의 환상 속에서 예배 받으시기 합당하시고 존귀하신 하나님을 찬양했습니다. 시작부터 끝까지 이사야의 예언은 만왕의 왕이시며 강하신 하나님의 위엄을 선포합니다. 이 시대 통치자들에 대한 실망에도 불구하고 이사야는 놀라우신 위로자, 전능하신 하나님, 영원하신 아버지, 평강의 왕자라고 불리는 위대한 다윗의 후손이 오실 것을 기대했습니다.

"이는 한 아기가 우리에게 났고 한 아들을 우리에게 주신 바 되었는데 그의 어깨에는 정사를 메었고 그의 이름은 기묘자라, 모사라, 전능하신 하나님이라, 영존하시는 아버지라, 평강의 왕이라 할 것임이라"(사 9:6)

그는 성령의 힘으로 다스리시며 정의와 평화를 세우셔서 여호와를 아는 지식이 세상에 충만할 것이라고 말씀했습니다.

"내 거룩한 산 모든 곳에서 해 됨도 없고 상함도 없을 것이니 이는 물이 바다를 덮음 같이 여호와를 아는 지식이 세상에 충만할 것임이니라"(사 11:9)

이사야서는 기대와 소망으로 하나님의 영을 받으시고 '이방인의 빛'이 되어 주시며, 고통 중에 많은 자들의 죄를 담당하실 주님의 종에 대해 말씀합니다(사 49:6). 하나님은 그리스도를 통해서 가장 친밀하고 가장 영광스러운 방법으로 백성들 가운데 나타나셨습니다. 바울은 "예수 그리스도의 얼굴에 있는 하나님의 영광을 아는 빛"(고후 4:6)이라고 표현했습니다. 우리가 하나님께 나아가는 이유는 주님이 그분의 아들을 통해서 우리에게 오셨기 때문입니다. 겸손한 고백으로 스스로를 낮추고, 거룩하신 주님 앞에서 잠잠한 뒤 기쁨의 찬양으로 나아가는 것이 이사야가 가르쳐준 예배의 태도입니다. 이사야서는 하나님께 영광을 돌리는 우리의 예배 모습뿐 아니라 미래에 대한 소망을 갖게 합니다. 하나님께서는 우리를 구원해 주시고 회복시켜 주셨으며 성령님을 통해 우리의 부족한 부분들을 채워주시며 영원토록 함께 동행해주실 것입니다.

"주 여호와의 영이 내게 내리셨으니 이는 여호와께서 내게 기름을 부으사 가난한 자에게 아름다운 소식을 전하게 하려 하심이라 나를 보내사 마음이 상한 자를 고치며 포로된 자에게 자유를, 갇힌 자에게 놓임을 선포하며 여

호와의 은혜의 해와 우리 하나님의 보복의 날을 선포하여 모든 슬픈 자를 위로하되"(사 61:1-2)

그리고 우리를 다시 세워주시고, 우리를 강하게 하시며, 이 마지막 때에 그루터기와 같은 남은 자들을 통해 다음 세대를 일으키고 다시 하나님 나라와 영광을 온 세계와 열방에 보여주실 것입니다. 그것은 우리의 온전한 예배를 통해서입니다.

"그들은 오래 황폐하였던 곳을 다시 쌓을 것이며 옛부터 무너진 곳을 다시 일으킬 것이며 황폐한 성읍 곧 대대로 무너져 있던 것들을 중수할 것이며"(사 61:4)

1. 이사야 6:1-8 '이사야 환상'의 예배 형식과 구조에 대해 말해 보세요.
2. 이사야서 61장을 통해 우리는 어떤 소망을 가질 수 있을까요?
3. '예수 그리스도가 우리의 소망'임을 이사야는 어떻게 말하고 있나요?

제 16 일

예배자는 하나님 말씀대로 사는 사람입니다.

예레미야, 예레미야애가

독일의 '보니 엠(Boney M)'이라는 디스코 밴드 그룹이 불러 인기를 끌었던 "By the river of Babylon(바빌론 강가에서)"의 곡의 내용은 시편 137편이 배경입니다. 이 노래는 1978년 싱글로 녹음, 출시되어, 영국에서 5주간 1위를 차지했을 정도로 당시 매우 인기를 얻었습니다.

By the river of Babylon
There We sat down
Ye-eah We wept
When We remember Zion

바빌론 강가에 앉아 우리는 슬퍼하네
시온을 기억하며
바빌론 강가에 앉아 우리는 슬퍼하네

한국에서는 이 노래를 개사해서 이렇게 부르기도 했습니다.

흘러가는 강 물결을 바라봅니다
나뭇잎 하나 살며시 띄워봅니다
물결 따라 정처 없이 흘러갑니다
이제는 다시 볼 수도 없을 겁니다

이 노래의 모티브인 시편 137편은 이렇게 시작합니다.

"우리가 바벨론의 여러 강변 거기에 앉아서 시온을 기억하며 울었도다"
(시 137:1)

이 노래를 듣고 있노라면 BC 6세기경 바벨론 포로로 끌려간 남유다 백성들이 예루살렘에서 드린 예배를 기억하면서 불렀던 모습이 떠오릅니다. 슬픔의 상황을 빠르고 경쾌한 디스코 풍으로 불러 더 슬퍼지게 만듭니다.

"우리가 이방 땅에서 어찌 여호와의 노래를 부를까"(시 137:4)

시편 기자는 기원전 6세기 유다의 '바벨론 유수(BC 597-538)' 동안 이렇게 부르짖었습니다. 비록 우리의 상황과는 다를 수 있지만, 이 질문에서 우리는 깊은 슬픔과 혼란함을 느낄 수 있습니다. 하나님이 멀리 계시는 것처럼 보이는데 어떻게 우리가 하나님께 찬양을 드릴 수 있을까? 우리 마음에서 희망이 사라졌는데 어떻게 하나님 안에서 소망을 가질 수 있을까?

예레미야는 베냐민 아나돗의 선지자로 '정치적인 외톨이'였습니다. 그에게는 예루살렘의 지도자들을 향해 바벨론에게 복종한 죄에 대한 회개를 요구하는 어려운 사명이 주어졌습니다. 예레미야가 "당신을 대신하여 말할 수 없습니다. 나는 너무 어립니다"라고 말하며 이 일을 하지 않게 해달라고 빌었던 것은 어쩌면 당연합니다.

"내가 이르되 슬프도소이다 주 여호와여 보소서 나는 아이라 말할 줄을 알지 못하나이다 하니"(렘 1:6)

예레미야는 왕과 선지자들에게 마음이 없는 예배나 기짓된 믿음을 회개하라고 외쳤습니다. 그리고 하나님의 백성들에게 언약을 지키는 것은 단순히 의식을 지키는 것 이상인 신실한 마음이 있어야 한다고 끊임없이 일깨웠습니다. 하나님은 유다 백성들이 기원전 586년에 일어난 바벨론의 점령과 포로 생활을 이해할 수 있도록 선지자 예레미야를 보내셨습니다. 예레미야는 계속해서 백성들에게 회개할 것을 촉구했지만, 점차 그는 아무것도 바벨론의 침략으로부터 유다를 구할 수 없으리라는 것을 알았습니다. 백성들의 죄가 너무나 깊었기 때문입니다.

"여호와께서 이와 같이 말씀하시니라 네 상처는 고칠 수 없고 네 부상은 중하도다"(렘 30:12)

예레미야는 사람들이 회개하지 않으면 예루살렘에 재앙이 올 것이라 예언했고 그대로 되었습니다. 바벨론은 예루살렘을 파괴했으며 예레미야는 '예레미야 애가'를 통해 황폐해진 도시를 보며 슬퍼했습니다. 그럼에도 그는 여호와의 인자하심과 자비하심을 말했습니다. 하나님의 분노에는 한계가 있지만, 그의 사랑과 인자하심은 한계가 없음을 믿고 있었습니다. 하나님은 신실하지 못한 백성을 벌하기 위해 느부갓네살 왕을 사용하셨습니다(렘 25:9). 하나님은 단지 한 민족의 신이 아니라 열방의 왕이시며 그분의 아래 모든 백성들이 낮추어집니다. 이방의 우상과는 다르게 하나님은 만왕의 왕이시며 참 하나님이시기 때문입니다. 그는 살아계신 하나님이시며. 영원한 왕이시며, 그가 진노하실 때 땅이 진동합니다. 우리는 예레미야를 읽을 때마다 전능하시고 두려우시며 비교할 수 없이 거룩하신 하나님을 만납니다.

"오직 여호와는 참 하나님이시요 살아 계신 하나님이시요 영원한 왕이시라 그 진노하심에 땅이 진동하며 그 분노하심을 이방이 능히 당하지 못하느니라"(렘 10:10)

예레미야는 때로 우리 삶에서 하나님이 계시지 않는 것 같은 때에는 우리 죄를 돌아보라고 말합니다. 그리고 하나님의 뜻에 더욱 열정적으로 순종하며 예배 드리기를 권고합니다. 그러므로 우리의 마음이 너무나 무거워 기쁨으로 찬양 드릴 수 없을 때에도 우리는 하나님의 뜻을 묵묵히 행함으로써 여전히 그분을 예배할 수 있습니다.
한편 예레미야는 인간의 노력으로는 하나님을 알 수 없는 우리의 무능력을 드러냅니다. 하나님만이 우리에게 그분을 아는 마음을 주십니다.

"내가 여호와인 줄 아는 마음을 그들에게 주어서 그들이 전심으로 내게 돌아오게 하리니 그들은 내 백성이 되겠고 나는 그들의 하나님이 되리라"(렘 24:7)

그리고 하나님만이 우리의 고칠 수 없는 상처를 치유하십니다.

"여호와께서 이와 같이 말씀하시니라 네 상처는 고칠 수 없고 네 부상은 중하도다 …… 여호와의 말씀이니라 그들이 쫓겨난 자라 하매 시온을 찾는 자가 없은즉 내가 너의 상처로부터 새 살이 돋아나게 하여 너를 고쳐 주리라"(렘 30:12-17)

우리가 얼마나 하나님의 자비가 필요한지 깨달을 때, 그분께 나아가 간절히 간구하기만 하면 하나님은 우리를 회복시키겠다고 약속하셨습니다.

"너희가 온 마음으로 나를 구하면 나를 찾을 것이요 나를 만나리라 이것은 여호와의 말씀이니라"(렘 29:13)

우리는 죄와 죽음의 속박에서 우리를 구원해 주신 하나님께 감사와 찬양을 드려야 합니다. 하나님은 그의 백성과 새 언약을 맺을 것을 약속하시며, 그 언약은 율법을 사람의 마음에 새겨 우리가 그분을 알게 할 것이라고 말씀하셨습니다(렘 31:31-34). 그리스도인으로서 우리는 이 약속이 성취된 것을 경험합니다. 예수 그리스도와 그의 죽음을 통해 우리는 하나님과의 새로운 언약인 은혜와 용서의 언약을 이루었습니다. 우리는 바벨론이 아니라 죄의 묶임으로부터 구원되었습니다. 우리가 예수 그리스도의 십자가를 통해 하나님을 예배할 때, 우리는 한때 유대 포로들에게 주어졌던 그 약속의 말씀이 성취되었음을 믿습니다. 하나님께서 예수 그리스도를 통해 하신 구원의 사역을 통해 우리는 고난의 때에조차 여전히 하나님께 찬양의 노래를 부를 수 있습니다. 새 언약의 백성으로서 우리는 시온의 높은 곳에서 찬송하고 하나님의 축복 안에서 기뻐할 수 있습니다. 하나님께서 우리의 슬픔을 기쁨으로 바꾸셨기 때문입니다(렘 31:12-13).

예레미야는 하나님의 말씀을 듣지 않는 유다 백성들을 보며, 곧 닥칠 백성들의 죄와 피할 수 없는 나라의 운명으로 인해 눈물을 흘렸습니다. 하나님과 친밀하게 예배하게 될 때 우리 역시 하나님에 대한 사람들의 무관심이 슬퍼집니다. 하지만 예레미야의 우울함은 하나님께서 유다가 바벨론의 속박에서 벗어날 수 있는 길을 마련해 주실 것을 알게 되면서 회복되었습니다. 하나님께서는 그분의 백성들과 약속하신 새로운 언약을 통해 구원해주실 것을 예언해주셨습니다. 그분은 다윗의 한 의로운 가지로 하나님의 백성들을 새롭게 하실 것이라고 했습니다(렘 33:14-18). 눈물의 선지자인 예레미야는 새로운 언약의 선지자였습니다. 이전 언약은 하나님에 대한 유다의 불충성으로 인해 깨졌으며 재앙을 초래했습니다(렘 11:1-12). 그러나 하나님은 그분의 백성들과 새로운 언약을 만드실 것을 약속하셨습니다(렘 31:33).

하나님은 그분의 백성들과 함께 계시기 위해 오셨으므로 과거의 언약은 새롭게 변화될 것입니다. 하나님은 백성들의 죄를 용서해주심으로 새로운 시작이 가능하게 해 주셨습니다. 새로운 언약은 다윗의 자손이자 "이 잔은 내 흘린 피로 세운 하나님과 너희 사이의 새로운 언약이니"(고전 11:25)라고 말씀하신 예수님의 오심으로 이루어졌습니다. 우리 그리스도인들이 주님의 식탁을 기념하기 위해 모이는 것은 하나님과의 언약을 새롭게 하는 것입니다. 이는 그분의 아들을 통해 우리 가운데 찾아오셔서 성령님으로 우리와 계속 함께 사시는 하나님과의 연합이며 또한 사도 요한에게 주신 환상의 성취입니다(계 21:3).

예레미야를 통한 하나님의 선포는 무시되었고 예루살렘은 멸망했습니다. 그러나 이것은 예레미야 사역의 마지막이 아니었습니다. 그는 백성을 회복시키기 위한 하나님의 계획을 말하기 시작했습니다. 무엇보다 예레미야는 만족에 안주하는 환경 속에서 예배가 성장할 수 없음을 일깨웠습니다. 오늘날 우리는 과거 하나님의 백성들처럼 종교적인 예식이나 관습을 중요시하고 마음을 뺏기지 않도록 주의해야 합니다. 진실한 예배자가 아닌, 겉으로 드러난 행위를 보고 하나님이 영광 받으실 것이라고 믿는 사람들은 자신을 속이는 것이며 실패와 실망으로 가는 것입니다. 예레미야는 예배자들이 하나님의 말씀을 듣고 성령님을 따라 사는 삶을 예언했습니다. 오늘날 하나님의 법은 성령님을 통해 우리 마음속에 새겨졌습니다. 예레미야는 예배가 단지 예식에 대한 반응을 넘어서서 매일의 삶 속에서 하나님을 경험하고 교제하는 것이 중요함을 알려주었습니다.

율법주의는 진정한 예배를 억압합니다. 이는 단순한 습관으로 예배하는 것, 하나님이 아닌 사람을 기쁘게 하는 예배, 죄책감을 피하기 위한 의무, 예배를 하나님의 말씀에 순종하는 것과 다르게 생각하는 것입니다. 어떠한 형태이든지 율법주의는 좋은 대안이 아니며 그것은 잘못된 예배입니다. 그럼에도 우리가 죄에서 돌아서려는 뜻이 있다면 하나님도 용서해주실 뜻을 가지고 계신다는 사실을 알 필요가 있습니다(렘 51:5).

우리는 사랑하는 사람이 죽을병에 걸렸다는 것을 미리 알았다고 해도 죽음의 순간이 다가오면 여전히 두렵습니다. 예레미야는 그의 백성들에게 닥칠 운명을 알고 있었으나, 예루살렘에 파멸이 닥치자 눈물을 흘렸습니다. 그는 자신의 슬픔을 히브리어로 '어떻게?'의 의미가 있는 단어를 사용했으며 예레미야 애가의 제목이 되었습니다. 어떻게 이스라엘 백성들이 여호와로부터 이렇게까지 멀어졌을까요? 예레미야는 이스라엘이 왜 멸망해야 하는지 궁금해하지 않았습니다. 여러 해 동안 우상숭배와 부정한 것을 회개하지 않으면 예루살렘을 멸망하게 할 것이라고 예언했기 때문입니다. 예레미야가 폐허가 된 도시를 보면서 '어떻게?'라고 외친 것은 예루살렘이 회복하고 일어설 것에 대한 소망을 붙잡고 있었기 때문입니다. 예루살렘의 몰락은 단순히 전쟁의 문제가 아니었습니다.

"그의 죄가 많으므로 여호와께서 그를 곤고하게 하셨음이라"(애 1:5)

의로우시고 신실하신 하나님은 그의 백성들의 반복적인 죄를 벌하셨습니다. 예루살렘이 화염에 휩싸이고 성전이 파괴되었으며 살아남은 자들은 바벨론으로 포로가 되어 끌려갔으며 하나님의 심판은 엄중하고 고통스럽게 내려졌습니다. 예레미야는 하나님에 대한 불평과 함께 자비를 구하고 있습니다. 하나님의 의로우심을 인정하면서도 슬픔과 낙담을 쏟아내고 있습니다. 예레미야를 통해 우리는 하나님 앞에 모든 것을 내려놓는 솔직하고 간절한 기도가 필요함을 배우게 됩니다. 예레미야는 하나님께 예배로 나아가며 그분의 변함없는 성품을 찬양하라고 말합니다.

"여호와여 주는 영원히 계시오며 주의 보좌는 대대에 이르나이다"
(애 5:19)

하나님은 우리에게서 좋은 말을 듣기보다는 오히려 친밀한 관계를 원하십니다. 그 친밀한 관계는 불과 역경을 통해 우리의 불순물들을 빼낼 때 시작된다는 사실을 예레미야는 말해줍니다. 예레미야 애가는 하나님의 주권에 대한 고백과 회복에 대한 간구로 끝을 맺습니다(애 5:19-22). 우리의 삶이 산산조각났을 때 가장 중요한 것은 하나님과의 관계를 회복하는 일입니다. 하나님과 깨진 관계를 회복하는 것만큼 더 중요한 것은 없습니다. 하나님은 자비와 사랑으로 우리를 언제나 기다리시고 새롭게 하기를 원하십니다.

"이것들이 아침마다 새로우니 주의 성실하심이 크시도소이다" (애 3:23)

1. 우리에게 닥친 고난의 때에 하나님을 예배할 수 있는 이유는 무엇인가요?
2. 하나님과의 관계가 깨지거나 좋지 않을 때 우리가 해야 할 일은 무엇인가요?
3. 주일 예배 이후, 월요일부터 토요일까지 하나님과의 관계를 잘 유지하기 위한 방법은 무엇인가요?

제 17 일

예배자는 하나님과 항상 친밀한 관계를 유지합니다.

에스겔

　에스겔은 유다 역사에서 예루살렘의 몰락과 유배 생활에 걸쳐 있습니다. 그는 혈통을 따라 하나님 백성의 제사장이 되었으며 BC 597년에는 예언자가 되었습니다. 에스겔의 메시지에는 심판과 회복이라는 두 가지 주제가 담겨 있습니다. 첫 번째 주제는 예루살렘으로 빠르게 돌아올 것이라는 잘못된 기대를 없애기 위한 것입니다. 그러나 두 번째 주제는 언젠가는 이들이 돌아갈 것이며 예루살렘은 재건될 것이라고 백성들에게 안심과 소망을 주고 있습니다. 에스겔은 이상한 환상과 낯선 행동을 하는 사람이었습니다. 이는 그가 진실에 마비된 자들을 상대하고 있었으므로 때때로 특이한 행동을 통해 하나님이 주신 메시지에 주목하도록 했기 때문입니다. 그는 자신의 메시지를 설명하기 위해 1년 이상을 옆으로 누워있기도 했습니다.

　유다 백성들이 바벨론 포로 생활에서 낙심하며 시들어갈 때 희망이 보이지 않았습니다. 대신 하나님은 포로로 잡혀있던 제사장 에스겔에게 환상을 보여주셨습니다(겔 1:1). 에스겔은 빛나고, 불타오르고, 통치하시며, 영광스러운 하나님의 모습에 얼굴을 땅에 대고 엎드렸습니다.

> "그 사방 광채의 모양은 비 오는 날 구름에 있는 무지개 같으니 이는 여호와의 영광의 형상의 모양이라 내가 보고 엎드려 말씀하시는 이의 음성을 들으니라"(겔 1:28)

그는 선지자로서 자주 땅에 엎드린 자세를 취했습니다. 에스겔서를 통해 하나님을 예배할 때 허심탄회한 마음과 친구와 같은 평안함으로 다가가기도 하지만 또한 거룩하고, 장엄하며 신비로운 하나님 앞에서 엎드림의 자세와 마음이 필요함을 깨닫게 됩니다.

에스겔의 첫 번째 주요 부분(겔 1-24장)은 예루살렘에 대한 하나님의 심판이 임박했음을 알려줍니다. 백성의 죄가 너무 컸기에 하나님은 심지어 사랑하시는 나라와 성전까지도 파괴하실 것입니다. 그러나 우리가 아는 하나님은 모든 민족을 다스리시는 분이시며 모든 백성을 그분의 거룩한 잣대로 심판하시는 분이십니다(겔 25-32장). 에스겔서는 우리가 의로우신 하나님께 순종하고 하나님의 절대적인 명령에 따라 살지 못할 때 즉시 회개할 것을 촉구합니다. 예루살렘의 멸망(겔 33장) 후에 에스겔의 예언은 놀랍게도 새로운 방향으로 바뀝니다. 그의 예언은 하나님이 포로된 백성을 구원하실 미래를 내다보고 있습니다. 하나님은 죽은 자인 마른 뼈에게 새 생명을 주실 것입니다(겔 37장). 그리고 그분의 양 떼에게 좋은 목자가 되어 주실 것입니다.

"주 여호와께서 이같이 말씀하셨느니라 나 곧 내가 내 양을 찾고 찾되 목자가 양 가운데에 있는 날에 양이 흩어졌으면 그 때를 찾는 것 같이 내가 내 양을 찾아서 흐리고 캄캄한 날에 그 흩어진 모든 곳에서 그것들을 건져낼지라"(겔 34:11-12)

공의와 심판의 거룩하신 하나님은 잃어버린 양을 찾으시는 사랑이 많으신 목자이십니다. 선한 목자이신 예수 그리스도를 통해 우리를 찾고 구원해내신 하나님의 자비로우신 은혜를 날마다 찬양해야 합니다.

에스겔은 하나님의 자비하심과 은혜를 알리기 위해 창조적인 이미지를 반복해서 사용했습니다. 그는 하나님이 깨끗한 물을 백성에게 뿌려서 그들을 깨끗하게 하실 것이라고 예언했으며(겔 36:25-27), 여호와를 자신의 양을 돌보시고 푸르른 초원으로 이끄시는 목자로 묘사했습니다(겔 34:11-16). 그리고 이스라엘을 재건하실 하나님의 능력을 표현하기 위해서 에스겔은 마른 뼈가 모이고 생명의 숨결이 주어지는 놀라운 장면을 사용했습니다.

"주 여호와께서 이 뼈들에게 이같이 말씀하시기를 내가 생기를 너희에게 들어가게 하리니 너희가 살아나리라 너희 위에 힘줄을 두고 살을 입히고 가죽으로 덮고 너희 속에 생기를 넣으리니 너희가 살아나리라 또 내가 여호와인 줄 너희가 알리라 하셨다 하라"(겔 37:5-6)

또한 오실 메시아의 사역과 힘을 나타내기 위해 만지는 모든 것마다 치유하는 능력을 성전에서 흘러나오는 강물로 묘사했습니다(겔 47:1-

12). 이와 같은 상징들은 하나님의 자비하심과 하나님의 성품을 쉽게 이해하도록 우리의 예배를 도와줍니다. 예배에서 하나님의 은혜와 감사를 경험케 하는 우리가 잘 아는 상징은 '침례(세례)'와 '주의 만찬'입니다. 물과 빵 그리고 포도주와 같은 상징적 이미지들을 통해 하나님이 그분의 백성과 맺으신 은혜의 언약을 더욱 깊게 생각하게 합니다.

하나님의 영광은 에스겔의 예언에서 가장 큰 부분을 차지합니다. 유다의 만성적인 죄는 하나님의 영광이 성전에서 떠나게 했습니다(겔 8:6, 10:1-22). 하지만 성전 재건에 대한 말씀이 시작되며 하나님이 영광스러운 새 성전에 돌아오셨을 때 영광이 가득한 임재의 절정에 이릅니다(겔 43:5). 다른 선지자들과 같이 에스겔은 지금 겪는 고난이 기쁨으로 바뀔 것이라는 말씀을 전하며 백성들을 위로했습니다. 그 기쁨은 모든 우상이 버려지고 하나님의 백성들이 다시 그분을 향하게 되는 참된 예배로부터 실현될 것입니다. 이를 통해 에스겔은 추방과 폐허의 절망 가운데서도 하나님께 진실된 예배를 드리기 위한 새로운 시작을 할 수 있었습니다.

에스겔이 환상 속에서 하나님을 만난 것은 말로 표현할 수 없을 만큼 놀라운 일이었습니다. 초대교회 교부였던 제롬(Jerom, 347-420)은 이 사건에 대한 에스겔의 묘사를 "미로와 같은 하나님의 신비"라고 불렀습니다. 에스겔의 예언들은 날개가 있는 생물, 여러 색상의 독수리 그리고 마른 뼈 군대와 같은 대단히 흥미로운 이야기로 가득했습니다. 신비롭고 놀라운 환상들은 새로운 성전의 모습을 보이며 마무리되었습니다. 이 환상을 통해 우리는 놀랍고 아름다운 하나님의 영광스러운 모습을 깨닫게 됩니다.

에스겔서의 흥미로운 환상 속에서 우리는 하나님의 진실을 전하려고 노력하는 한 사람을 볼 수 있습니다. 에스겔은 백성들이 반역의 심각성을 깨닫고 돌아서기를 간절히 바라고 있었습니다. 그의 예언은 회개에 대한 하나님의 부르심이었지만 그의 백성들은 듣지 않았습니다. 만약 그들이 마음이 하나님께로 향하기만 했더라도, 하나님은 자비로우심으로 그들이 진실된 마음으로 예배할 수 있도록 회복시켜 주셨을 것입니다.

하나님의 영광에 관한 에스겔의 환상을 통해 하나님의 영광이 성막과 성전에 내렸을 때 이스라엘 백성들이 압도되었던 것처럼, 지금도 여전히 우리를 예배 속에서 압도하신다는 사실을 깨닫게 됩니다. 우리는 사람의 언어로 온전히 표현할 수조차 없는 영광스럽고 존귀하신 하나님을 예배하고 있습니다. 하나님은 자비하심과 사랑으로 우리를 만나주기도 하시지만 에스겔의 환상과 같이 존귀하심과 경외함 속에서 압도적으로 나타나실 수 있습니다. 하나님의 관계 속에서 우리의 반응은 오직 '예배'입니다. 하나님께 경배와 찬양으로 나아갈 때 항상 진실하고 겸손한 예배자의 모습이 있어야 할 것입니다.

에스겔의 마지막 부분(겔 40-48장)은 새 예루살렘과 새 성전의 환상을 담고 있습니다. 에스겔은 하나님의 임재가 결코 그의 백성을 떠나지 않을 것임을 확신하고 있습니다. 하나님이 약속하신 그 때에 예루살렘은 '여호와께서 거기에 계시다'란 뜻인 '여호와삼마'라는 새 이름을 얻을 것입니다.

"그 사방의 합계는 만 팔천 척이라 그 날 후로는 그 성읍의 이름을 여호와 삼마라 하리라"(겔 48:35)

그런 의미에서 '하나님이 우리와 함께 계신다'는 '임마누엘'(마 1:23)의 예수님이 우리의 큰 축복이며 은혜임을 알아야 합니다.

"보라 처녀가 잉태하여 아들을 낳을 것이요 그의 이름은 임마누엘이라 하리라 하셨으니 이를 번역한즉 하나님이 우리와 함께 계시다 함이라"(마 1:23)

지금도 하나님께서는 성령님을 통해 항상 우리와 함께 계십니다. 그리고 하나님께서 에스겔을 통해 말씀하신 미래의 계시를 바라보고 있습니다(계 21장).

"또 내가 새 하늘과 새 땅을 보니 처음 하늘과 처음 땅이 없어졌고 바다도 다시 있지 않더라 또 내가 보매 거룩한 성 새 예루살렘이 하나님께로부터 하늘에서 내려오니 그 준비한 것이 신부가 남편을 위하여 단장한 것 같더라"(계 21:1-2)

예수 그리스도와 성령님을 통해 비록 불완전하지만 우리는 '지금 이미 그 미래(already not yet)'를 살고 있습니다. 따라서 우리는 아직 닿을 수 없는 하늘에 계시며 영광중에 거하시는 하나님을 예배할 뿐 아니라 우리의 마음과 우리의 교회 안에 계시는 하나님을 전심으로 예배해야 합니다. 에스겔이 바라본 하나님에 대한 환상은 거룩하고 존귀하신 하나님께 쉽게 다가가기 어려워 보입니다. 하지만 예수님을 통해 실현된 에스겔의 희망과 같이 주님은 언제나 우리 곁에서 친밀한 교제를 원하십니다.

에스겔서를 통해 우리는 몇 가지 예배의 통찰을 깨닫습니다. 첫째, 하나님과의 만남은 너무 놀라워서 사람의 언어로는 온전히 표현할 수 없다는 것입니다.

"그 사방 광채의 모양은 비 오는 날 구름에 있는 무지개 같으니 이는 여호와의 영광의 형상의 모양이라 내가 보고 엎드려 말씀하시는 이의 음성을 들으니라"(겔 1:1-28)

둘째, 진정한 예배자는 반드시 하나님의 명령에 순종해야 하며 다른 이들이 듣든 안 듣든 관계없이 다른 사람들에게 복음을 전해야 합니다.

"또 내게 이르시되 인자야 내가 네게 이를 모든 말을 너는 마음으로 받으며 귀로 듣고 사로잡힌 네 민족에게로 가서 그들이 듣든지 아니 듣든지 그들에게 고하여 이르기를 주 여호와의 말씀이 이러하시다 하라"(겔 3:10-11)

셋째, 우리는 거짓 메시지를 전하면서 하나님의 말씀이라고 하는 자들을 항상 경계해야 합니다(겔 13:1-23).

"그러므로 주 여호와께서 이같이 말씀하셨느니라 너희가 허탄한 것을 말하며 거짓된 것을 보았은즉 내가 너희를 치리라 주 여호와의 말씀이니라"(겔 13:8)

넷째, 우리가 하나님 대신 다른 것에 충성한다면 하나님은 우리의 예배를 받지 않으신다는 사실입니다(겔 20:39-41).

"주 여호와께서 이같이 말씀하셨느니라 이스라엘 족속아 너희가 내 말을 듣지 아니하려거든 가서 각각 그 우상을 섬기라 그렇게 하려거든 이 후에 다시는 너희 예물과 너희 우상들로 내 거룩한 이름을 더럽히지 말지니라"(겔 20:39)

다섯째, 진실한 예배는 우리를 회개하게 합니다.

"이스라엘 족속아 내가 너희의 악한 길과 더러운 행위대로 하지 아니하고 내 이름을 위하여 행한 후에야 내가 여호와인 줄 너희가 알리라 주 여호와의 말씀이니라"(겔 20:43-44)

그리고 여섯째, 하나님과의 마주함은 그 힘이 너무나 강하므로 우리의 유일한 반응은 오직 그분 앞에 엎드려 예배하는 것입니다.

"그 모양이 내가 본 환상 곧 전에 성읍을 멸하러 올 때에 보던 환상 같고 그발 강 가에서 보던 환상과도 같기로 내가 곧 얼굴을 땅에 대고 엎드렸더니"(겔 43:3)

에스겔의 예언은 하나님을 예배하는 것이 어느 곳에서나 가능하다는 것을 말해줍니다. 지역을 초월해 하나님은 어느 곳에나 계십니다. 에스겔은 어느 곳에서든 하나님의 백성들이 함께 모여 진실된 예배를 드릴 때, 하나님의 영과 말씀이 함께 하신다는 것을 우리에게 알려줍니다. 예배는 매우 영적인 것입니다. 예수님도 영과 진리로 예배해야 함을 말씀하셨습니다(요 4:24). 예배학자 로버트 웨버는 "참된 예배란 요한계시록 4장과 5장의 천상의 예배와 같이 하나님의 영에 우리의 영이 합치되는 것"이라고 했습니다.

에스겔은 심판과 희망을 함께 전하고 있습니다. 우리가 죄를 깨닫게 될 때, 하나님의 용서하심이라는 소망 안에서 쉴 수 있으며, 그분의 회복에 대한 약속에서 안전함을 찾을 수 있습니다. 우리는 에스겔이 43장에서 경험한 눈부신 하나님의 영광 가운데 나타난 위로의 말씀이 예배 때마다 항상 감동으로 경험되어야 합니다. 예배가 단지 의식적인 순서가 아닌 하나님의 놀라운 영광에 압도되어 살아계신 하나님을 경험하는 영과 진리의 살아있는 예배가 되어야 합니다. 그것이 하나님이 기뻐하시는 참된 예배입니다.

"영이 나를 들어 데리고 안뜰에 들어가시기로 내가 보니 여호와의 영광이 성전에 가득하더라"(겔 43:5)

1. 에스겔의 환상 속의 '영광'은 우리의 예배에서 어떤 의미인가요?
2. 예배가 영적이라는 것은 우리의 예배가 어떤 모습이어야 함을 의미하나요?
3. 에스겔이 말한 '참된 예배'의 의미는 무엇인가요?

제 18 일

하나님은 신실한 예배자를 원하십니다.
다니엘

어린 시절 교회 학교 성경 공부 시간에 들었던 가장 극적이고 흥미로운 이야기 중 하나가 다니엘의 이야기입니다. 선생님이 들려주시는 사자굴에서 다니엘을 건지시고(단 6장), 풀무불에서 사드락, 메삭, 아벳느고를 구출하신 하나님의 흥미진진한 이야기에 귀를 기울였습니다(단 3장). 그리고 이후에는 미래에 대한 다니엘의 흥미로운 환상의 해석에 몰두하기도 했습니다(단 2장, 7-12장). 다니엘서는 우리에게 긴장감 있는 모험과 환상적인 꿈을 통해 하나님을 겸손하고 신실하게 그리고 소망을 가지고 그리스도인답게 예배 드릴 수 있도록 도와줍니다.

사자굴 속의 다니엘 그리고 불타는 풀무불 속의 사드락, 메삭, 아벳느고의 이야기들은 하나님이 그분의 백성을 큰 위험 가운데서 반드시 건지실 것이라는 믿음을 갖게 만듭니다. 그러나 무엇보다도 이 책의 근본적인 주제는 어떠한 핍박과 박해에도 하나님을 신실하게 예배하는 예배자로 우리를 부르셨다는 사실입니다. 다니엘의 이야기는 그분의 첫 계명인 "너는 나 외에는 다른 신들을 네게 있게 말지니라"(출 20:3)는 말씀에 순종하는 것이 예배자에게 가장 중요한 것임을 깨닫게 해줍니다. 다니엘서는 진실된 예배의 중요성을 다루고 있는데, 그것은 하나님 한 분만을 경외하고 사랑하는 것이 예배의 시작이자 본질이기 때문입니다.

느부갓네살 왕은 자신이 선택한 유일한 종교로 왕국을 통합하면서 금상을 세우고 모든 자들에게 예배하라는 명령을 내렸습니다. 하지만 다니엘의 세 친구는 금상에 절하는 것을 거부했고 불타는 풀무불에 던져졌습니다. 그러나 그들의 생명은 안전하게 지켜졌으며 왕은 가장 높으신 하나님의 지배하심을 깨닫게 되었습니다.

우리는 주위에 있는 우상숭배를 돌아볼 필요가 있습니다. 우리는 일반적으로 우상숭배를 원시종교나 동방 종교의 관행이라고 생각합니다. 그러나 맹목적인 잘못된 충성이나 죄악 역시 우상숭배입니다. 아마도 가장 만연한 우상숭배는 '자기 자신'을 예배하는 것으로, 개인의 도덕성이나 삶의 방식을 자기 스스로 결정하는 것을 말합니다. 하나님의 원하시는 뜻이 아닌 우리가 원하는 방식을 따르기로 선택한다면, 우리 스스로를 우상의 신으로 만드는 것입니다. 다니엘서는 하나님 한 분만이 예배 받으시기 합당한 분이심을 분명하게 일깨워줍니다.

하나님의 백성들은 바벨론 그리고 더 멀리 지중해 전역까지 유배되어 흩어지면서 많은 위험을 초래했습니다. 그 위험 중 하나는 유대인이 주변 문화와 신앙에 동화되어 하나님의 선택된 백성으로서 영적 그리고 문화적인 정체성을 잃어가는 것이었습니다. 또 다른 위험은 만약 그들이 주님을 향한 신실함을 유지했다면 목숨을 잃을 수 있었다는 것입니다. 어떠한 선택이든 유대인에게는 '예배'를 드릴 수 없는 상태가 되었습니다. 이런 의미에서 다니엘서는 모든 예배자들에게 하나님을 선택하고 예배하는 결정에 중요한 본보기가 됩니다.

다니엘서의 전반부는 바벨론과 페르시아 궁정에서 일어나는 다니엘의 이야기입니다. 다니엘은 바벨론 느부갓네살 왕궁에서 일하게 된 유능한 젊은 유대인 중 한 사람이었습니다. 그는 왕의 지혜자 중 한 명으로 느부갓네살 왕의 꿈을 해석했는데, 그 꿈은 성공한 세상적인 왕국이 하나님의 영원한 왕국 앞에 멸망 당하는 것을 비유적으로 묘사했습니다. 이후 다니엘은 왕의 또 다른 꿈을 해석했는데, 그가 교만을 회개하고 가장 높으신 하나님께 통치권이 있음을 인정할 때까지 동물과 같이 될 것이라고 말했습니다.

다리오 왕 치하에서 다니엘은 세 명의 왕실 위원회 중 한 명이었습니다. 다니엘의 권력을 질투한 다른 관리자들은 다리오에게 왕 이외의 다른 신에게 기도하는 사람을 사자의 밥으로 주자고 설득했습니다. 그러나 다니엘은 하루에 세 번 예루살렘을 향해 기도하는 습관을 신실하게 지켰으며, 사자에게 던져졌으나 하나님의 천사가 그를 지켜주었습니다. 결국 다리오는 다니엘을 고발한 자들을 사자굴에 대신 던졌으며, 세상의 모든 나라에 하나님을 찬양하라는 명령을 내렸습니다. 다니엘서를 통해 하나님은 모든 땅의 권세 위에 당신의 주권을 드러내셨습니다.

"영원부터 영원까지 하나님의 이름을 찬송할 것은 지혜와 능력이 그에게 있음이로다 그는 때와 계절을 바꾸시며 왕들을 폐하시고 왕들을 세우시며"(단 2:20-21)

그리고 거만한 왕 느부갓네살조차 하나님의 권세에 놀라워하며 하나님의 탁월하심을 고백했습니다.

> "왕이 대답하여 다니엘에게 이르되 너희 하나님은 참으로 모든 신들의 신이시요 모든 왕의 주재시로다 네가 능히 이 은밀한 것을 나타내었으니 네 하나님은 또 은밀한 것을 나타내시는 이시로다"(단 2:47)

그러므로 우리는 모든 권세와 능력 위에 계시며 무엇에도 비할 수 없으신 하나님 앞에 엎드려 겸손한 마음으로 예배 드려야 합니다. 사드락, 메삭, 아벳느고가 금 신상 앞에서 절하기를 거부했을 때, 그들은 하나님의 능력이 그들을 구해주실 것이라고 확신했습니다. 그리고 이들은 왕에게 담대히 선포했습니다.

> "그렇게 하지 아니하실지라도 왕이여 우리가 왕의 신들을 섬기지도 아니하고 왕이 세우신 금 신상에게 절하지도 아니할 줄을 아옵소서"(단 3:18)

또한 다니엘이 하나님을 예배함으로써 사자의 먹이가 될 위험에 처했을 때에도 그는 계속해서 공개적으로 기도했습니다(단 6장). 이 같은 다니엘과 그의 친구들의 신앙적 자세는 그 대가가 어떠할지라도 하나님께서는 오직 예배를 받으시기에 합당하신 분임을 깨닫게 해줍니다.

다니엘은 사자에게 던져진 매우 위협적인 상황에서도 신실한 예배를 드렸습니다(단 6:1-28). 그는 하나님의 살아 계심을 굳게 믿었기에 죽음의 위기에서도 하나님께 기도하며 예배했습니다(단 6:10). 다니엘을 통해 우리 인생의 위기와 극단적인 상황에서는 오직 기도와 예배밖에 없음을 배우게 됩니다.

> "왕이 심히 기뻐서 명하여 다니엘을 굴에서 올리라 하매 그들이 다니엘을 굴에서 올린즉 그의 몸이 조금도 상하지 아니하였으니 이는 그가 자기의 하나님을 믿음이었더라"(단 6:23)

분명히 다니엘이 예배드린 하나님은 역사를 통제하시고 그의 사랑하는 백성들을 도우시기 위해 일하시는 역사의 주인이십니다. 이 분명한 사실을 믿는 다니엘과 친구들은 불과 짐승으로 죽음을 마주했을 때 신실하고 자신감을 유지할 수 있었으며, 정치적 변화에 지속적인 혼란의 소용돌이에도 하나님의 주권 안에 머물 수 있었습니다. 다니엘서에서는 왕과 관리자들이 하나님을 예배하는 모습들이 나옵니다. 그들이 하나님께 예배한 가장 큰 이유는 다니엘과 세 친구들이 하나님의 부르심에 모범적으로 순종했기 때문입니다(단 2:47, 3:28, 6:26-27).

> "그는 구원도 하시며 건져내기도 하시며 하늘에서든지 땅에서든지 이적과 기사를 행하시는 이로서 다니엘을 구원하여 사자의 입에서 벗어나게 하셨음이라 하였더라"(단 6:27)

이는 우리가 강한 반대에 부딪혔을 때 신실한 증인임을 유지하는 힘이 됩니다. 다니엘과 그의 친구들의 삶을 볼 때, 하나님을 따르는 자들에게 언제나 신실하시다는 것을 알 수 있습니다. 하나님은 현재의 삶이나 앞으로의 삶에서 우리를 모든 위험에서 구출해내실 것입니다.

다니엘서의 후반부는(단 7-12장) 여러 왕국과 통치자들의 흥망성쇠에 대한 예언입니다. 그 예언에는 '옛적부터 항상 계신 이'(단 7:9-10)가 있습니다.

"내가 보니 왕좌가 놓이고 옛적부터 항상 계신 이가 좌정하셨는데 그의 옷은 희기가 눈 같고 그의 머리털은 깨끗한 양의 털 같고 그의 보좌는 불꽃이요 그의 바퀴는 타오르는 불이며"(단 7:9)

그리고 '천사들'(단 8:16, 12:1)이 있습니다.

"내가 들은즉 을래 강 두 언덕 사이에서 사람의 목소리가 있어 외쳐 이르되 가브리엘아 이 환상을 이 사람에게 깨닫게 하라 하더니"(단 8:16)

또한 '사람처럼 보이나 권세 있는 자들'(단 7:13-14)에 관한 환상도 있습니다.

"그에게 권세와 영광과 나라를 주고 모든 백성과 나라들과 다른 언어를 말하는 모든 자들이 그를 섬기게 하였으니 그의 권세는 소멸되지 아니하는 영원한 권세요 그의 나라는 멸망하지 아니할 것이니라"(단 7:14)

마지막 때에 대한 다니엘의 환상은 종말에 대한 많은 소재가 되기도 하지만, 예배의 영감이 되기도 합니다. 환상은 시간을 초월한 하나님의 주권을 드러냅니다. 그러므로 하나님은 과거와 현재, 미래를 주관하시는 "옛적부터 항상 계신 이"(단 7:9, 13, 22)이심을 믿어야 할 것입니다. 그러므로 우리는 모든 것을 주관하시는 전능하신 하나님을 신실함으로 예배해야 합니다. 그리고 미래의 계획을 준비하기 위해 시간과 열정을 쓰기보다는 미래를 주관하시는 하나님을 지금 예배하는 데 더욱 최선을 다해야 할 것입니다.

'옛적부터 항상 계신 이'에 대한 다니엘의 환상에서 '인자 같은 이'가 하나님의 보좌 앞으로 나아옵니다. 그는 영원한 왕국을 통치하시며, 모든 백성과 나라들 그리고 다른 언어를 말하는 모든 자들이 그를 예배하게 하셨습니다(단 7:13-14). 이 신비로운 인물은 '인자'라고 스스로 칭하신 예수님의 예표이며 하나님의 영광스러운 왕국을 다스리실 것입니다.

> "또 누구든지 말로 인자를 거역하면 사하심을 얻되 누구든지 말로 성령을 거역하면 이 세상과 오는 세상에서도 사하심을 얻지 못하리라"(마 12:32)

다니엘서의 '인자 같은 이'가 온 열방의 예배를 받는 것과 같이 우리는 하나님 아버지 곁에 계신 아들 예수님을 예배합니다. 예수님은 우리가 하나님의 보좌에 담대하게 나아갈 수 있도록 은혜를 베풀어주셨으며, 삼위일체를 이루는 두 번째 분으로서 하나님께 드리는 예배를 받으십니다. 성경 말씀을 믿는 그리스도인으로서 우리는 하나님을 아버지, 아들 그리고 성령님으로서 예배합니다.

우리는 다니엘서를 통해 예배에 대한 몇 가지 중요한 통찰을 얻습니다. 첫째, 진정한 예배는 하나님 한 분만이 사람과 모든 나라를 주관하신다는 것을 인정하는 것입니다.

"나의 조상들의 하나님이여 주께서 이제 내게 지혜와 능력을 주시고 우리가 주께 구한 것을 내게 알게 하셨사오니 내가 주께 감사하고 주를 찬양하나이다 곧 주께서 왕의 그 일을 내게 보이셨나이다 하니라"(단 2:23)

둘째, 하나님이 주시는 평안함은 죄의 압박을 물리칠 수 있게 해줍니다.

"왕이여 우리가 섬기는 하나님이 계시다면 우리를 맹렬히 타는 풀무불 가운데에서 능히 건져내시겠고 왕의 손에서도 건져내시리이다 그렇게 하지 아니하실지라도 왕이여 우리가 왕의 신들을 섬기지도 아니하고 왕이 세우신 금 신상에게 절하지도 아니할 줄을 아옵소서"(단 3:17-18)

셋째, 성공 후에 나타나는 교만의 죄와 맞서서 이겨야 합니다.

"나 왕이 말하여 이르되 이 큰 바벨론은 내가 능력과 권세로 건설하여 나의 도성으로 삼고 이것으로 내 위엄의 영광을 나타낸 것이 아니냐 하였더니"(단 4:30)

넷째, 규칙적인 기도는 하나님을 예배하는 예배자들의 삶의 기본이 되어야 합니다.

"다니엘이 이 조서에 왕의 도장이 찍힌 것을 알고도 자기 집에 돌아가서는 윗방에 올라가 예루살렘으로 향한 창문을 열고 전에 하던 대로 하루 세 번씩 무릎을 꿇고 기도하며 그의 하나님께 감사하였더라"(단 6:10)

넷째, 하나님은 우리에게 귀를 기울이고 계십니다.

다니엘의 자신감과 신실함의 근본은 살아계신 하나님께 드리는 규칙적인 기도와 예배임을 기억해야 합니다.

타락한 세상에서 하나님을 예배하는 것이 점점 어려운 시대가 되었습니다. 종교적 자유의 은혜를 받은 우리 역시 마찬가지입니다. 지금도 전 세계에는 기독교에 적대적인 나라가 많으며, 매일 핍박받는 그리스도인들도 많이 있습니다. 다니엘서는 하나님의 사람들이 어떠한 상황 속에 있든지 신실한 예배자가 되어야 한다고 말씀하고 있습니다. 하나님께서는 현재의 삶에서 모든 필요를 제공해 주시고 지켜주실 뿐 아니라 영원한 삶으로 인도해주신다고 약속하셨습니다. 이 명확한 진리를 믿고 예배의 삶을 사는 그리스도인이 참된 예배자입니다.

"내 나라 관할 아래 있는 사람들은 다 다니엘의 하나님 앞에서 떨며 두려워할지니 그는 사시는 하나님이시요 영원히 변치 않으실 자시며 그 나라는 망하지 아니할 것이요 그 권세는 무궁할 것이며"(단 6:26)

1. 당신이 신앙을 유지하기 위해 항상 하는 규칙적인 습관은 무엇인가요?
2. 다음 세대 젊은이들이 굳건한 믿음을 유지하기 위해 꼭 가져야 할 것과 버려야 할 것은 각각 무엇인가요?
3. 다니엘이 고백한 "그렇게 하지 아니하실지라도"의 신앙적 의미는 무엇인가요?

제 19 일

하나님은 우리가 순결하고 거룩하기를 원하십니다.

호세아

기원전 8세기, 이스라엘의 북왕국이 계속해서 이방 신들을 따를 때에 하나님은 선지자 호세아를 세우시고 백성들을 회개하도록 부르셨습니다. 하나님은 호세아의 능력 있고 시적인 말만을 사용하지 않으시고 그의 결혼을 이스라엘의 죄와 하나님의 구원하시는 사랑을 보여주는 그림으로 사용하셨습니다. 놀랍게도, 하나님은 호세아에게 하나님에 대한 이스라엘의 영적 부정의 의미인 육체적 간음을 행하는 창녀와 결혼하라고 명령하셨습니다. 고멜이 계속해서 간음을 저지를 때에도, 하나님은 호세아에게 그녀를 다시 사랑하고 부도덕에서 구해내라고 말씀하셨습니다.

"여호와께서 내게 이르시되 이스라엘 자손이 다른 신을 섬기고 건포도 과자를 즐길지라도 여호와가 그들을 사랑하나니 너는 또 가서 타인의 사랑을 받아 음녀가 된 그 여자를 사랑하라 하시기로"(호 3:1)

이 사랑의 관계는 간음하는 이스라엘에 대한 신실하고, 용서하시며 회복시키는 하나님의 사랑을 그대로 보여주고 있습니다. 하나님이 이스라엘 백성과 세우신 언약은 고대 근동지역의 결혼 서약과 매우 비슷합니다. 호세아서는 결혼 서약을 하나님과의 관계를 충격적인 비유로 설명했습니다. 호세아의 부정한 아내 고멜처럼 이스라엘은 하나님을 대항하여 여러 차례 부정을 저질렀습니다. 이스라엘의 죄악은 하나님을 애통하게 했으며 이에 따른 벌이 있을 것이라고 경고하셨습니다. 하지만 하나님은 계속해서 그의 신부, 그의 백성을 사랑하셨으며 벌하신 이후에 회복이 또한 있을 것이라고 약속하셨습니다. 하나님은 무너진 관계에 화해를 기대하는 연인처럼 이스라엘 백성들에게 말씀하셨습니다.

"거기서 비로소 그의 포도원을 그에게 주고 아골 골짜기로 소망의 문을 삼아 주리니 그가 거기서 응대하기를 어렸을 때와 애굽 땅에서 올라오던 날과 같이 하리라"(호 2:15)

호세아는 다른 여러 선지자들처럼 삶 자체가 예배였으며 예배자의 삶을 살았습니다. 그는 하나님이 주신 말씀만 전하는 것이 아니라 이를 삶의 예배자로서 백성들에게 하나님이 하시고자 하는 말씀이 무엇인지 알 수 있도록 했습니다. 호세아가 고멜과의 관계에서 겪은 어려움들을 보면서, 이스라엘 백성들은 우상숭배가 하나님께 얼마나 깊은 아픔을 주었는지 명확한 이해를 할 수 있었습니다.

자기 만족감에 사로잡힌 생각들은 어떤 사회에서든지 끔찍한 악영향을 미칩니다. 이러한 함정에 빠진 지금의 사회는 엄청난 이혼율, 물질만능주의, 쾌락과 무절제를 비롯해 어렵고 가난한 사람들에 대한 무관심 등으로 넘쳐나고 있습니다. 그리스도인 사이에서도 개인적인 찬양의 취향, 설교방식, 예배 순서에 대한 불만과 몰이해와 지나친 관여로 자기 맘에 드는 교회를 여기저기 찾아다니는 사람들이 늘어나고 있습니다. 이 시기에 가장 필요한 것은 무엇보다도 하나님께서 우리를 창조하신 목적과 언약에 대한 본질적 이해입니다. 그리고 자기중심주의적 예배가 아닌 하나님이 가장 원하시고 기뻐하시는 '객관적 예배'가 중요합니다.

이런 관점에서 호세아 선지자는 자기 자신에게만 관심 있는 사람들에게 돌아서라고 강력히 외쳤습니다. 이스라엘 북왕국이 하나님과의 언약을 저버렸기 때문입니다. 백성들은 스스로 이웃 국가의 이방신들을 받아들였고, 죄악 가득한 육체적 욕망에 빠지는 간음죄를 저질렀습니다.

"너희 딸들이 음행하며 너희 며느리들이 간음하여도 내가 벌하지 아니하리니 이는 남자들도 창기와 함께 나가며 음부와 함께 희생을 드림이니라 깨닫지 못하는 백성은 망하리라"(호 4:14)

더욱이, 쾌락주의적인 바알 숭배를 통해 불법적인 성관계를 합리화했으며, 그들의 행동에 대한 책임을 거부했습니다. 자신들의 불순종을 인정하는 대신 오히려 그들은 제사장을 비난했습니다.

"그러나 어떤 사람이든지 다투지도 말며 책망하지도 말라 네 백성들이 제사장과 다투는 자처럼 되었음이니라"(호 4:4)

물론 제사장들도 자신들의 개인적 이익을 위해 하나님을 제대로 예배하지 못했으므로 역시 비난을 면할 수 없습니다. 백성들과 제사장들은 자기만족을 위해 하나님과의 거룩한 언약의 맹세를 저버렸습니다. 호세아는 이들을 향해 회개하고 하나님께 돌아오라고 강렬히 비난했습니다.

이스라엘의 불충성으로 인해 하나님은 호세아에게 창녀와 결혼하라고 명하셨습니다. 호세아는 이에 순종하고 고멜이라는 여인과 결혼했습니다. 이스라엘 백성처럼, 고멜은 남편과의 결혼 맹세와 약속을 무시하고 쾌락에 굴복하고 말았습니다. 호세아는 그녀의 마음을 돌이키기 위해서 반복적으로 아내를 찾아다녔습니다. 호세아의 분노와 연민 그리고 고멜과의 약속을 깨뜨리지 않는 모습에 신실하지 못한 이스라엘 백성들은 하나님의 태도를 이해할 수 있게 되었습니다. 호세아서는 부정한 백성들을 거부하시지만, 한편 그들을 사랑하고 돌보시겠다는 하나님의 무한한 자비의 언약을 보여줍니다. 호세아서는 이스라엘 백성들의 신실함에 대한 부정직한 행동으로 시작하지만 하나님의 용서와 회복에 대한 아름다운 약속으로 마무리됩니다.

호세아는 순결한 예배의 중요성을 강조하고 있습니다. 우상숭배는 남편이 아내와 하나된 것 같이, 언약으로 그분의 백성들과 하나가 된 하나님께 간음을 범하는 것과 같습니다. 호세아의 순종은 예배에 있어서 마음뿐 아니라 행동이 포함되어야 함을 보여줍니다. 호세아는 부정한 아내를 계속해서 진정으로 설득하고 그를 구원함으로써 하나님께 영광을 돌릴 수 있었습니다.

여러 사정으로 하나님으로부터 멀리 떨어져 방황하고 있거나 하나님께 온전한 사랑을 드리지 못한 사람들에게, 호세아서는 도전과 확신, 희망을 주고 있습니다. 비록 우리가 가나안의 바알을 예배하도록 유혹받지는 않지만, 범람하는 세속 문화에 의해 성공과 안정과 자만과 상대주의 그리고 이기주의와 물질주의의 우상을 예배하라는 유혹을 받습니다. 우리의 예배마저 문화적 상대주의라고 치부하면서 성경의 정통성을 잃어버리곤 합니다. 그러나 비록 우리가 하나님이 원하시는 기준을 잊어버렸다 해도 그분은 우리를 잊지 않으셨습니다. 우리를 향한 하나님의 변함 없는 사랑과 긍휼은 진노를 물리칩니다.

"내가 나의 맹렬한 진노를 나타내지 아니하며 내가 다시는 에브라임을 멸하지 아니하리니 이는 내가 하나님이요 사람이 아님이라 네 가운데 있는 거룩한 이니 진노함으로 네게 임하지 아니하리라"(호 11:9)

카이로스(Kairos), 하나님의 시간에 우리를 치유하시고 하나님이 원하시는 관계로 회복시키실 것입니다. 우리는 단순히 하나님의 구원을 기다리기만 하는 것이 아니라 하나님과의 신실한 관계로 돌아가도록 부름 받았습니다. '여호와께 돌아가자'는 말씀은 우리를 향한 하나님의 깊은 사랑을 한마디로 요약할 수 있습니다.

"오라 우리가 여호와께로 돌아가자 여호와께서 우리를 찢으셨으나 도로 낫게 하실 것이요 우리를 치셨으나 싸매어 주실 것임이라"(호 6:1)

우리를 용서하시는 하나님께 회개와 죄의 자백을 함으로써, 그분과 함께 바른 삶을 살고자 갈망해야 합니다. 우리의 회개는 겉으로 표현하는 외적인 문제가 아닙니다. 하나님께서 "나는 인애를 원하고 제사를 원하지 아니하며 번제보다 하나님을 아는 것을 원하노라"고 말씀하신 그대로입니다. '인애'라고 번역된 히브리 용어는 '자비'보다 더 많은 것을 의미합니다. NIV 성경에는 더 적극적이고 강렬한 사랑의 관계를 포함하는 'unfailing love(변함없는 사랑)'로 번역했습니다. 그것은 진심을 담은 예배와 겸손한 순종을 포함해 하나님의 언약 안에서 살아가는 신실한 삶을 말합니다.

'하나님을 아는 것' 또한 하나님 주권의 위대하심을 인정하는 것 이상의 의미가 있습니다. 호세아가 반복해 분명히 말하듯이, 하나님을 아는 것은 단지 인격적이고 지적인 동의가 아닌 친밀한 관계를 말합니다. 하나님은 우리가 보다 더 인격적이며 적극적으로, 깊게 알기를 원하십니다. 그것은 우리가 '영과 진리로' 예배할 때와 같이 단순히 예배 순서를 따라가는 것 이상입니다.

"아버지께 참되게 예배하는 자들은 영과 진리로 예배할 때가 오나니 곧 이 때라 아버지께서는 자기에게 이렇게 예배하는 자들을 찾으시느니라 하나님은 영이시니 예배하는 자가 영과 진리로 예배할지니라"(요 4:23-24)

우리는 예배를 통해 의례적인 관계가 아닌 하나님과의 열정적인 교제의 관계로 들어갑니다. 그리고 예수 그리스도를 통해 우리를 먼저 사랑하신 하나님께 사랑으로 응답해야 합니다. 그것이 참된 예배의 자세입니다. 그러므로 예배에 참석해 말씀을 듣는 것으로만 끝나서는 안되며 '아멘'으로 그 말씀을 인정하고 결단하고 실천하는 단계에까지 나아가야 합니다. 뿐만 아니라 하나님에 대한 우리의 지식은 언제나 하나님의 진리, 즉 하나님이 말씀하신 성경에 근거해야 합니다. 우리가 단순히 하나님에 대해 아는 것은 아직도 '하나님을 아는 것'이 아닙니다. 하나님을 진정으로 안다는 것은 전인격적인 마음과 개인적인 헌신을 포함한 살아 있는 삶의 예배가 요구됩니다.

우리는 호세아서를 통해 몇 가지 예배의 통찰을 얻을 수 있습니다. 첫째, 하나님께 드리는 부정한 예배는 결혼생활의 부정함과 같습니다.

"여호와께서 처음 호세아에게 말씀하실 때 여호와께서 호세아에게 이르시되 너는 가서 음란한 여자를 맞이하여 음란한 자식들을 낳으라 이 나라가 여호와를 떠나 크게 음란함이니라 하시니"(호 1:2)

둘째, 하나님은 그분의 백성들에게 항상 사랑과 신실하심으로 대하십니다.

"내가 네게 장가 들어 영원히 살되 공의와 정의와 은총과 긍휼히 여김으로 네게 장가 들며 진실함으로 네게 장가 들리니 네가 여호와를 알리라"(호 2:19-20)

넷째, 하나님은 우리에게 귀를 기울이고 계십니다.

셋째, 예배를 인도하는 사역자들은 그들의 행동에 있어서 순결과 신뢰의 본이 되어야 합니다.

"제사장들아 이를 들으라 이스라엘 족속들아 깨달으라 왕족들아 귀를 기울이라 너희에게 심판이 있나니 너희가 미스바에 대하여 올무가 되며 다볼 위에 친 그물이 됨이라 패역자가 살육죄에 깊이 빠졌으매 내가 그들을 다 벌하노라"(호 5:1-2)

넷째, 하나님은 우리를 벌하셔야 할 때에도 오히려 우리를 치유하시고 회복시키기를 원하십니다.

"오라 우리가 여호와께로 돌아가자 여호와께서 우리를 찢으셨으나 도로 낫게 하실 것이요 우리를 치셨으나 싸매어 주실 것임이라"(호 6:1)

다섯째, 하나님은 우리를 복 주시기 위해서 우리 마음을 부드럽게 하시고 계명에 순종하도록 하십니다.

"너희가 자기를 위하여 공의를 심고 인애를 거두라 너희 묵은 땅을 기경하라 지금이 곧 여호와를 찾을 때니 마침내 여호와께서 오사 공의를 비처럼 너희에게 내리시리라"(호 10:12)

여섯째, 우리 죄악의 크기 여부와 관계없이 하나님은 언제나 회개하고 돌아오기를 원하십니다.

"이스라엘아 네 하나님 여호와께로 돌아오라 네가 불의함으로 말미암아 엎드러졌느니라"(호 14:1)

호세아 4장부터 시작되는 이스라엘의 죄악에 대한 호세아서의 변론은 마치 피고에 대한 검찰의 기소처럼 보입니다. 이스라엘 백성들에 대한 첫 번째 기소는 하나님을 향한 진실하지 못한 예배입니다. 그들은 하나님의 이름으로 맹세를 하면서 예배인 척한다는 것입니다.

"이스라엘아 너는 음행하여도 유다는 죄를 범하지 못하게 할 것이라 너희는 길갈로 가지 말며 벧아웬으로 올라가지 말며 여호와의 사심을 두고 맹세하지 말지어다"(호 4:15)

슬프게도 이러한 기소는 오늘날 우리에게도 적용됩니다. 우리는 매주 드리는 예배가 하나님이 기뻐하시고 받으실만한 참된 예배인지 자주 되물어야 합니다. 그리고 혹 하나님께 드리는 진실한 예배의 자리에 어떠한 가식을 가지고 갔다면 하나님이 없애 주실 수 있도록 간구해야 합니다.

호세아서는 하나님의 이름을 부르고 예배의 자리에 있다고 해서 그 예배가 참된 예배라고 말하지 않습니다. 주일 아침 시간에 맞추어 예배 의자에 앉아 조용히 예배에 참여한다고 해서 그 예배를 하나님이 받으시는 것은 아닙니다. 오직 우리의 예배는 하나님을 향한 감사와 사랑 그리고 진실성이 있는 예배가 되어야 합니다. 더 나아가 요한계시록 4-5장의 천상의 예배와 같이 하나님의 보좌에 올라 하나님을 대면하는 것 같은 영과 진리의 예배가 되어야 합니다. 하나님은 늘 예배 속에서 우리를 만나기 원하신다는 사실을 잊지 마시기 바랍니다.

"너희 묵은 땅을 기경하라 마침내 여호와께서 임하사 의를 비처럼 너희에게 내리시리라"(호 10:12)

1. 호세아와 고멜의 관계를 통해 배워야 할 하나님과의 관계는 무엇인가요?
2. 삶 속에서 항상 하나님을 실망시켜 드렸음에도 하나님이 나를 사랑하시는 이유는 무엇이라 생각하나요?
3. 호세아서를 통해 참된 예배를 위해 우리가 가져야 할 가장 중요한 자세는 무엇인가요?

제 20 일

하나님은 당신을 찾는 예배자를 기뻐하십니다.

요엘, 아모스, 오바댜

요엘과 아모스, 오바댜는 바벨론 포로 이전 비슷한 시기에 활동하던 선지자들로 하나님의 심판과 공의에 대해 선포하고 있습니다. 남왕국 유다의 선지자 요엘은 요아스 왕의 재위 기간인 BC 835-796년까지 사역한 선지자로 메뚜기 떼의 재앙으로 인해 황폐해진 세상으로 시작합니다(욜 1장). 이 자연재해는 불순종하는 백성을 심판하기 위해 하나님이 보내신 '큰 군대'였습니다(욜 2:25). 또한 메뚜기 떼의 공격은 한 강대국이 이스라엘을 전복시키기 위한 침략을 예고하며 곧 닥칠 '여호와의 날' 즉 '전능하신 자의 멸망'의 날을 가리킵니다(욜 1:15).

호세아, 이사야와 동시대에 살았던 아모스는 여로보암 2세의 통치 기간인 BC 760-755년 북이스라엘에서 활동한 남유다 출신 선지자입니다. 아모스서는 이스라엘의 이웃 국가에 대한 하나님의 심판으로 시작하며(암 1장) 언약의 백성들뿐 아니라 모든 민족을 정의로 심판하실 전능하신 하나님을 보여줍니다(암 2:4-5). 또한 '주님의 종'이라는 뜻의 바벨론 포로시대 선지자 오바댜를 통해 하나님은 에서의 자손인 에돔 사람들에 대한 심판을 선포하셨습니다. 그들은 유다를 공격했으며 예루살렘을 파괴할 때 외국 침략자들을 돕기까지 했습니다. 오바댜서는 에돔에 대한 하나님의 심판과 이스라엘의 회복에 관한 하나님의 말씀을 담고 있습니다.

요엘은 하나님을 창조의 주님, 곧 메뚜기의 군대를 포함해 자연을 지휘하시는 분으로 소개합니다. 하나님의 능력은 공의의 심판을 통해 모든 죄지은 자를 무릎 꿇게 하십니다(욜 2:12-13). 우리의 회개는 하나님의 심판에 대한 고백이며 은혜로우신 사랑에 대한 응답입니다. 우리는 예수 그리스도를 통해 죄를 버리고 돌아갈 수 있게 되었습니다. 그것은 오직 예수 그리스도께서 십자가에서 행하신 은혜 때문이며 우리는 예배 때마다 구원의 은혜를 찬양해야 합니다. 요엘은 우리에게 가식적인 회개가 아닌 진실한 회개가 중요함을 알려줍니다. 또한 함께 모여 드리는 공예배가 하나님께 드리는 완전한 예배임을 일깨우고 있습니다.

"너희는 시온에서 나팔을 불어 거룩한 금식일을 정하고 성회를 소집하라 백성을 모아 그 모임을 거룩하게 하고"(욜 2:15-16)

요엘은 우리에게 개인적인 예배와 공적인 예배의 균형을 말해줍니다. 개인적으로 열심히 회개하려는 노력도 중요하지만, 회중이 함께 모여 죄에 대해 슬픔을 표현하는 것이 큰 힘이 됨을 강조합니다. 요엘을 통해 하나님은 영적 축복의 새 시대를 약속하셨습니다.

"그 후에 내가 내 영을 만민에게 부어 주리니 너의 자녀들이 장래 일을 말할 것이며 … 누구든지 여호와의 이름을 부르는 자는 구원을 얻으리니"
(욜 2:28, 32)

이 약속은 오순절에 이루어졌으며 예수님을 따르는 첫 번째 무리에게 성령이 부어졌습니다(행 2장). 예수님을 영접한 우리는 넘치게 부어 주시는 하나님의 영을 받을 수 있게 되었습니다. 그 영은 우리를 영과 진리로 예배하도록 도우십니다.

"아버지께 참되게 예배하는 자들은 영과 진리로 예배할 때가 오나니 곧 이때라 아버지께서는 자기에게 이렇게 예배하는 자들을 찾으시느니라 하나님은 영이시니 예배하는 자가 영과 진리로 예배할지니라"(요 4:23-24)

하나님은 '누구든지 여호와의 이름을 부르는 자'에게 구원을 약속하셨습니다(욜 2:32). '여호와의 이름을 부른다'는 말은 기도할 때 하나님을 부르짖는 것 이상의 의미가 있습니다. 성경에서 이 말은 거룩한 예배를 묘사할 때 사용되었습니다(시 116:17, 습 3:9-10).

"내가 주께 감사제를 드리고 여호와의 이름을 부르리이다"(시 116:17)

구원은 진실된 예배 가운데 하나님의 이름을 부르는 유대인이나 이방인 누구에게든 허락되었습니다. 그리고 그리스도인으로서 우리의 예배는 날마다 하나님이 주시는 구원의 은혜를 경험하며 이를 기뻐하고 찬양하는 것임을 잊지 말아야 합니다.

요엘은 그의 예언을 계속해서 몰려들며 엄청나게 먹어 치우는 메뚜기 떼, 애곡함, 불, 황량함, 어두움, 배고픔과 무서운 군대 등의 충격적인 이미지로 표현했습니다. 이러한 이미지가 담고 있는 메시지는 명백합니다. 하나님은 그분의 백성을 회개하게 하시고 예배를 새롭게 하며 복 주시려는 것입니다. 요엘의 선포에는 주님의 날에 죄의 심판과 형벌의 때가 있음을 보여줍니다. 이스라엘 백성들이 가장 먼저 해야 할 것은 죄에 대해 진심으로 회개하는 것입니다.

"여호와의 말씀에 너희는 이제라도 금식하고 울며 애통하고 마음을 다하여 내게로 돌아오라 하셨나니"(욜 2:12)

그들이 죄에서 돌아선다면 재앙을 모면하고 축복을 받을 것입니다(욜 2:13-29). 하나님은 거룩하신 분이시기에 우리가 거룩하지 않으면 영과 진리로 하나님을 온전하게 예배할 수 없습니다. 혹 우리 안에 죄의 담이 있다면 예수 그리스도의 보혈로 깨끗하게 해야 합니다. 이것이 진정한 회개이며 하나님께 예배하는 예배자의 선결 조건입니다. 요엘의 마지막 장은 하나님께서 이스라엘을 괴롭히는 나라들을 복수하신다는 말씀입니다. 이에 하나님은 백성들에게 농사짓는 도구를 전쟁의 무기들로 전환해 큰 전투를 준비하라고 하십니다.

"너희는 보습을 쳐서 칼을 만들지어다 낫을 쳐서 창을 만들지어다 약한

자도 이르기를 나는 강하다 할지어다"(욜 3:10)

요엘은 죽음에 관한 예언과 회복, 축복을 약속하신 예언을 통해 결국 하나님이 언젠가는 자신의 백성들과 함께할 것을 확신하며 기뻐했습니다(욜 3:21). 언제나 우리를 보호하시고 인도하시는 하나님을 찬양합니다(욜 2:23).

아모스 선지자는 사회적 부정의와 성적 부도덕, 영적인 우상숭배로 인해 짓눌린 이스라엘 백성들에게 회개할 것을 외쳤습니다.

"여호와의 말씀에 너희는 이제라도 금식하고 울며 애통하고 마음을 다하여 내게로 돌아오라 하셨나니 너희는 옷을 찢지 말고 마음을 찢고 너희 하나님 여호와께로 돌아올지어다"(욜 2:12-13)

하지만 슬프게도, 백성들은 회개하려는 노력을 하지 않았습니다(암 4:1-13). 하나님이 무엇을 하시든 그의 백성들은 하나님께 돌이키지 않았습니다(암 4:6, 8-11). 그러나 하나님은 계속해서 아모스를 통해 부르짖으십니다.

"너희는 나를 찾으라 그리하면 살리라"(암 5:4)

'하나님을 찾는 것'은 죄로부터 돌이켜서 언약의 신실함으로 돌아가는 것입니다. 예배의 중심이 되는 하나님을 찾는 일은 순종의 행동이며 예배자의 자리입니다. 아모스는 하나님의 친밀한 부르심에 더해 이렇게 말합니다.

"너희는 살려면 선을 구하고 악을 구하지 말지어다 만군의 하나님 여호와께서 너희의 말과 같이 너희와 함께 하시리라"(암 5:14)

하나님의 의로운 계명들을 무시하면서 하나님과의 관계가 결코 좋게 될 수 없습니다. 하나님을 예배할 때마다 진실하고 마음을 담은 예배는 눈에 보이는 순종의 행동과 함께 표현되어야 합니다. 하나님은 아모스를 통해 우리가 이 세상에서 의롭게 행함으로써 그분을 섬기기를 원하십니다.

"내가 너희 절기들을 미워하여 멸시하며 너희 성회들을 기뻐하지 아니하나니 너희가 내게 번제나 소제를 드릴지라도 내가 받지 아니할 것이요 너희의 살진 희생의 화목제도 내가 돌아보지 아니하리라. 네 노랫소리를 내 앞에서 그칠지어다. 네 비파 소리도 내가 듣지 아니하리라. 오직 정의를 물 같이, 공의를 마르지 않는 강 같이 흐르게 할지어다"(암 5:21-24)

하나님은 진정성이 결여된 예배나 공의와 정의로부터 동떨어진 예배를 싫어하십니다. 우리가 '힘없는 자를 학대하며 가난한 자를 압제하면'(암 4:1) 우리 예배가 아무리 좋아 보일지라도 하나님을 높일 수 없습니다. 반대로, 그리스도의 이름으로 짓밟히고 약한 자를 돌볼 때 우리는 그리스도를 직접 대접하는 것이 됩니다(마 25:31, 46). 아모스를 통해 하나님은 특히 사회적으로 무시되고 소외되는 이들에 대한 정의가 중요함을 말씀하십니다. 온전히 성경적인 예배는 영과 진리로 하나님 보좌에 이르고 그분이 사랑하는 세상을 향해 흘러가는 것입니다(암 5:4).

투박하고 단순한 목자였던 아모스는 종교적 가식과 위선으로 가득한 이스라엘을 향해 하나님의 심판이 가까이 왔음을 경고합니다. 하나님의 관점에서 이스라엘의 종교적 예식은 죄 많은 사람들의 쇼, 그 이상의 아무것도 아니었습니다. 그들은 비록 장엄한 예식을 치렀지만 그것은 텅 빈 마음에서 나온 것이었습니다. 아모스는 이 종교적인 사람들을 도둑질과 뇌물을 받는 것, 가난한 자들을 억누르는 죄로 비난했습니다. 그는 하나님께서는 의와 공의를 사랑하는 마음으로부터 흘러나오는 순수한 예배를 요구하신다고 말했습니다. 아모스의 메시지는 가혹하고 고집스러웠지만, 다른 선지자들처럼 그 역시 이스라엘 백성들에게 회개에 따른 축복과 회복의 소망을 제시했습니다(암 7:1-6). 그리고 아모스는 언젠가는 이스라엘이 다시 뽑히지 않을 것이라는 약속으로 그의 예언을 마무리했습니다.

"내가 그들을 그들의 땅에 심으리니 그들이 내가 준 땅에서 다시 뽑히지 아니하리라 네 하나님 여호와의 말씀이니라" (암 9:15)

"여호와께서 이에 대해 뜻을 돌이키셨으므로"는 성경에서 가장 눈길을 끄는 구절 중 하나입니다. 아모스서에서 이 구절은 백성들의 죄에 대한 자비와 용서를 구하는 선지자의 부르짖음에 대한 응답이었습니다. 아모스 7:3의 '뜻을 돌이키다'라는 동사는 "마음에 근심하시고"(창

6:6) "불쌍히 여기셨다"(삿 2:18)고 번역되는 히브리어에서 나왔습니다. 성경은 하나님 성품의 본질은 변하지 않지만 때때로 회개하는 자들에게 긍휼을 보이시기 위해 계획을 바꾸신다고 말씀하십니다. 그러므로 하나님이 '뜻을 돌이키시거나' '마음을 바꾼다'고 말씀하실 경우, 이것은 하나님이 확신하지 못하셨거나 오해하셨음을 뜻하는 것이 아니라, 오히려 은혜 베풀기를 간절히 원하신다는 뜻입니다. 때때로 우리의 예배나 기도에 대한 응답으로 마음을 바꾸시는 사랑과 자비의 하나님께 우리는 진심으로 감사해야 합니다.

하나님의 언약 백성에 속한다는 것은 엄숙한 책임이 따릅니다. 하나님의 자녀인 우리는 옳은 것을 알면서도 하지 않을 때 더욱 엄중한 심판을 받게 될 것입니다(암 3:2). 베델과 길갈의 합당하지 않은 제단에서 드려진 제물처럼 신실하게 하나님을 기쁘시게 하는 방식으로 예배하지 않으면 아무것도 아닙니다(암 4:4-5). 참으로 인간에게 닥칠 수 있는 최악의 재앙은 하나님 말씀의 부재입니다. 아모스는 모두 함께 드리는 정기적인 공예배를 통해 성실하게 하나님의 말씀을 선포해야 한다고 말해줍니다.

구약에서 가장 짧은 오바댜서에서 우리는 '야훼'이자 '전사'이신 여호와를 만납니다. 하나님은 그의 백성을 대적하고 압제하는 민족을 쳐서 회복시키실 것입니다(옵 1:2), 하나님은 하늘과 땅을 다스리시는 분이시며 백성들이 행한 모든 일에 책임을 물을 권리가 있으십니다. 또한 그의 백성을 회복시키는 분이시며 자신이 선택한 민족을 위해 잘못된 것을 바로잡으시는 신실하신 분이십니다. 오바댜서는 의미가 가득 담긴 말씀으로 끝을 맺습니다.

"나라가 여호와께 속하리라"(옵 1:21)

이는 에돔을 포함한 약속의 땅에 대한 하나님의 다스리심을 가리킵니다. 우리는 이사야서를 통해 미리 언급한 한 아기가 태어나 다윗의 왕좌에서 다스릴 것이라는 예언을 알고 있습니다.

"그 정사와 평강의 더함이 무궁하며 또 다윗의 왕좌와 그의 나라에 군림하여 그 나라를 굳게 세우고 지금 이후로 영원히 정의와 공의로 그것을 보존하실 것이라 만군의 여호와의 열심이 이를 이루시리라"(사 9:7)

예수 그리스도로 인해 예언이 성취되어 모든 열방이 하나님의 공의로우신 심판뿐 아니라 그분의 은혜 아래 있게 되었으며, 예수 그리스도를 통해 하나님의 통치 아래 있게 되었습니다. 예배를 통해 우리는 하나님의 주권을 찬양하며 은혜의 보좌에 담대히 나아갑니다(히 4:16). 그리고 만왕의 왕이신 하나님을 곧 만나게 될 것을 기대하며 겸손하게 나아갑니다. 눈물이 없는 그곳에서 우리는 영원히 하나님을 기쁨으로 노래할 것입니다.

"세상 나라가 우리 주와 그의 그리스도의 나라가 되어 그가 세세토록 왕 노릇 하시리로다"(계 11:15)

그날에 하나님의 정의가 확실히 실현되며 비할 수 없는 영광이 드러날 것입니다. 그의 놀라운 은혜가 우리 위에 영원히 부어질 것입니다.

"구원 받은 자들이 시온 산에 올라와서 에서의 산을 심판하리니 나라가 여호와께 속하리라"(옵 1:21)

 1. 요엘이 강조한 개인 예배와 공예배의 균형은 무엇인가요?
2. 교회와 예배 공동체가 빛과 소금의 역할을 감당하기 위해 이웃에게 해야 할 일이 있다면 무엇일까요?
3. 하나님의 공의가 이 땅에서 실현되기 위해 우리 예배자가 해야 할 일은 무엇인가요?

제 21 일

예배는 하나님의 음성을 듣는 것부터 시작합니다.

요나

모든 아이들 그리고 아이와 같은 마음을 가진 사람들은 '요나와 고래' 이야기를 좋아합니다. 그러나 요나의 이야기는 물고기 동화 그 이상의 이야기입니다. 요나서는 하나님의 명령을 달갑게 생각하지 않았던 선지자와 우리가 생각을 뛰어넘는 하나님의 자비에 대한 이야기입니다. 더 나아가 많은 주일학교에서 배웠던 이야기와 달리 요나서는 잃어버린 영혼에 대한 하나님의 긍휼에 관한 이야기이며 하나님의 명령에 순종하기를 망설이는 우리의 연약함을 보여줍니다. 요나는 선지자요, 영적 지도자로서 하나님의 말씀을 가지고 니느웨로 가도록 부르심을 받았습니다. 그러나 요나는 니느웨 사람들을 미워했기에 그들이 회개하고 하나님의 자비를 받는 것을 원하지 않았으며 반대 방향으로 향하는 배에 올라탔습니다.

"여호와께 기도하여 이르되 여호와여 내가 고국에 있을 때에 이러하겠다고 말씀하지 아니하였나이까 그러므로 내가 빨리 다시스로 도망하였사오니 주께서는 은혜로우시며 자비로우시며 노하기를 더디하시며 인애가 크시사 뜻을 돌이켜 재앙을 내리지 아니하시는 하나님이신 줄을 내가 알았음이니이다"(욘 4:2)

요나서는 당시 선민의식 즉, 유대인만이 하나님의 백성이라고 생각하던 이스라엘에 대한 하나님의 폭넓은 사랑을 보여주고 있습니다. 요나서의 핵심은 '회개'와 '순종'으로 예수님도 '요나의 표적밖에는 보여줄 것이 없다'는 말씀을 통해 강조하셨습니다.

"악하고 음란한 세대가 표적을 구하나 요나의 표적 밖에는 보여 줄 표적이 없느니라 하시고 그들을 떠나 가시니라"(마 16:4)

즉 이 세대는 회개를 통해 그리고 오직 예수 그리스도의 말씀을 통해서만 하나님을 진정으로 만날 수 있다는 것입니다. 우리는 마태복음 12장 38-42절에 기록된 예수님의 말씀을 통해 그 의미를 좀 더 명확하게 알 수 있습니다.

"그 때에 서기관과 바리새인 중 몇 사람이 말하되 선생님이여 우리에게 표적 보여주시기를 원하나이다 예수께서 대답하여 이르시되 악하고 음란한 세대가 표적을 구하나 선지자 요나의 표적 밖에는 보일 표적이 없느니라"(마 12:38-39)

요나가 3일 동안 큰 물고기 배 속에 있었다는 말씀은 예수님이 무덤 속에서 3일 동안 계셨다가 부활하셨음을 강조하시는 말씀입니다. 한편 예수님이 말씀하신 요나의 표적은 누가복음 11장 29-32절에도 기록되어 있습니다.

> "무리가 모였을 때에 예수께서 말씀하시되 이 세대는 악한 세대라 표적을 구하되 요나의 표적 밖에는 보일 표적이 없나니 요나가 니느웨 사람들에게 표적이 됨과 같이 인자도 이 세대에 그러하리라"(눅 11:29-30)

누가복음에는 마태복음에 언급되지 않았던 말씀의 선포를 강조하고 있습니다. 이 말씀들을 종합해보면 '요나의 표적'은 예수님의 죽음과 부활을 가리키기도 하지만 사람들에게 선포되는 예수님의 말씀도 가리킵니다. 악한 세대들을 향해 표적을 보고 믿는 신앙이 아니라 예수님의 말씀을 듣고 돌이키는 믿음을 강조하고 있습니다.

요나서는 다른 선지자서와는 달리 자신의 메시지를 전달하는 것이 아닌 하나님과의 관계에 대한 책이며 크게 두 부분으로 나눌 수 있습니다. 첫 번째 부분인 요나서 1-2장에서 하나님은 앗수르의 수도 니느웨로 가서 설교하라는 명령을 받았으나 도망하려는 요나를 구해주셨습니다. 두 번째 부분인 요나서 3-4장에서 하나님은 니느웨의 백성들을 구하기 위해 요나를 사용하셨습니다. 하지만 요나 선지자는 니느웨 백성들을 구원하는 하나님의 은혜의 도구가 된 것에 대해서 그다지 기뻐하지 않았습니다.

요나서에서 우리는 변함없는 은혜의 하나님을 만납니다. 하나님은 요나가 명령을 듣지 않고 멀리 달아나려 했음에도 불구하고 요나를 포기하지 않으셨습니다. 그리고 당시 가장 잔인한 민족이었던 앗수르 사람들 역시 버리지 않으셨습니다. 하나님은 그들에게 회개하고 돌아올 기회를 주셨습니다. 요나서를 통해 우리는 하나님의 무한한 자비를 보게 됩니다. 비록 하나님은 이스라엘의 하나님이시지만 그들만의 소유가 아니며 하나님의 사랑과 긍휼은 이스라엘 백성에게만 한정되지 않으십니다. 하나님은 진정으로 여호와이시며 모든 육체의 하나님으로 모든 민족에게 구원을 베푸시고 심지어 이스라엘이 가장 두려워하는 원수에게까지 베푸셨습니다.

"나는 여호와요 모든 육체의 하나님이라 내게 할 수 없는 일이 있겠느냐"(렘 32:27)

따라서 요나서는 우리에게 원수를 사랑하라고 하시며 모든 열방과 죄인들을 구원하기 위해 십자가에서 죽으신 예수님의 사랑과 가르침을 보여줍니다. 요나서 2장에서 요나는 물고기 뱃속에 있는 동안에도 하나님의 구원을 찬양했습니다.

"요나가 물고기 뱃속에서 그의 하나님 여호와께 기도하여 이르되 내가 받는 고난으로 말미암아 여호와께 불러 아뢰었더니 주께서 내게 대답하셨고 내가 스올의 뱃속에서 부르짖었더니 주께서 내 음성을 들으셨나이다"
(욘 2:1-2)

절망적인 상황의 한 가운데서 요나는 하나님께 찬양을 드렸습니다. 요나의 믿음의 선언은 현재 자신이 처한 상황을 뛰어넘어 하나님이 어떤 분이신지 잘 알고 있었습니다.

"거짓되고 헛된 것을 숭상하는 모든 자는 자기에게 베푸신 은혜를 버렸사오나 나는 감사하는 목소리로 주께 제사를 드리며 나의 서원을 주께 갚겠나이다 구원은 여호와께 속하였나이다 하니라" (욘 2:8-9)

요나서는 우리에게 위기의 한가운데서 어떻게 예배할 것인지를 가르쳐줍니다. 우리가 비록 깊은 절망에 빠졌을지라도 하나님이 누구이신지, 하나님이 무엇을 하셨는지에 대한 진리를 다시 한번 일깨우며 예배를 통해 감사하게 합니다. 그것은 우리의 감정을 감추고 부인하는 것이 아닙니다. 오히려 예배의 중심을 변하는 인간의 감정에 두지 않고 변함없는 진리인 하나님을 의지하는 것입니다.

"하물며 이 큰 성읍 니느웨에는 좌우를 분변하지 못하는 자가 십이만여 명이요 가축도 많이 있나니 내가 어찌 아끼지 아니하겠느냐" (욘 4:1)

하지만 하나님은 배에 탄 선원들조차 겁에 질릴 정도로 거센 풍랑을 일으키시며 요나를 쫓아가셨습니다. 요나는 결국 자신이 풍랑의 원인임을 고백했으며 사람들에게 자신을 바다에 던지라고 설득했습니다. 그러나 하나님은 큰 물고기가 요나를 삼키도록 하셔서 3일 동안 물고기 뱃속에서 지내게 했습니다. 그 바다 깊은 곳에서 요나는 하나님을 예배하고 도움을 부르짖으며 하나님의 뜻을 행하겠다고 약속했습니다. 이에 하나님은 그를 다시 살리셨습니다. 요나는 니느웨로 가서 사람들에게 닥칠 심판에 대해 경고했습니다. 이에 왕과 모든 백성은 자신들의 죄를 회개하고 금식과 애통해함으로 슬픔을 표현했습니다. 이에 하나님께서는 그 백성들에게 자비를 베푸셔서 그들을 진멸하지 않으셨습니다. 하지만 이와 같은 결과는 요나가 애초에 주님으로부터 달아났던 이유였습니다. 그는 니느웨 백성들이 구원받는 것을 원치 않았기에 자신의 분노를 하나님께 표현했으며 도성 바깥으로 나가 멸망하기를 기다렸습니다.

    하나님은 한 식물을 통해 요나에게 긍휼을 가르치셨습니다. 하나님은 식물을 자라게 해 뜨거운 태양을 가리는 그늘을 요나에게 만들어주었고 이후 벌레를 사용하셔서 식물이 사그라지도록 하셨습니다. 요나가 이 일에 화를 내자, 하나님은 요나가 짧게 살다 가는 식물도 그렇게 아끼면서 십이만 명이나 되는 사람이 사는 도성을 아끼지 않느냐고 질문하셨습니다. 긍휼에 대한 하나님의 이 영원한 말씀은 신약성경에도 이어지고 있습니다.

    "아무도 멸망하지 아니하고 다 회개하기에 이르기를 원하시느니라"
    (벧후 3:9b)

    우리가 예배하는 하나님은 만물을 창조하시고 지금도 다스리시는 전능의 하나님입니다. 우리는 예배할 때마다 가장 먼저 세계 만국의 전능 왕이시며 살아계신 하나님을 찬양해야 할 것입니다. 요나서 3장은 예배를 통해 갱신되고 구원받는 특별한 사건을 보여줍니다. 죄에 대한 회개와 더불어 예배 공동체는 함께 모여 하나님의 자비와 긍휼하심을 찬양했습니다. 요나 선지자는 하나님의 심판을 알렸을 때 니느웨 사람들은 금식하며 베옷을 입고 회개하며 자비를 구했습니다.

"요나가 그 성읍에 들어가서 하루 동안 다니며 외쳐 이르되 사십 일이 지나면 니느웨가 무너지리라 하였더니 니느웨 사람들이 하나님을 믿고 금식을 선포하고 높고 낮은 자를 막론하고 굵은 베 옷을 입은지라"(욘 3:4-5)

이에 하나님은 니느웨를 멸망치 않으셨습니다.

"하나님이 그들이 행한 것 곧 그 악한 길에서 돌이켜 떠난 것을 보시고 하나님이 뜻을 돌이키사 그들에게 내리리라고 말씀하신 재앙을 내리지 아니하시니라"(욘 3:10)

우리는 요나서로부터 예배에 대한 몇 가지 통찰을 얻습니다. 첫째, 하나님의 놀라운 역사는 심지어 경건하지 못한 이들조차 하나님의 위대함을 인정하게 만듭니다.

"요나를 들어 바다에 던지매 바다가 뛰노는 것이 곧 그친지라 그 사람들이 여호와를 크게 두려워하여 여호와께 제물을 드리고 서원을 하였더라" (욘 1:15-16)

넷째, 하나님은 우리에게 귀를 기울이고 계십니다.

둘째, 하나님은 어디에서든 우리의 기도를 들으시며 심지어 암흑의 저 깊은 곳에서도 들으십니다.

"요나가 물고기 뱃속에서 그의 하나님 여호와께 기도하여 이르되 내가 받는 고난으로 말미암아 여호와께 불러 아뢰었더니 주께서 내게 대답하셨고 내가 스올의 뱃속에서 부르짖었더니 주께서 내 음성을 들으셨나이다"
(욘 2:1-2)

셋째, 하나님의 자비와 긍휼은 크고 놀라워 '죽음의 물고기 입'에서도 건지십니다.

"내가 산의 뿌리까지 내려갔사오며 땅이 그 빗장으로 나를 오래도록 막았사오나 나의 하나님 여호와여 주께서 내 생명을 구덩이에서 건지셨나이다"(욘 2:6)

넷째, 하나님은 언제나 자비로우시며 진실된 회개에 반드시 응답하십니다.

"하나님이 그들이 행한 것 곧 그 악한 길에서 돌이켜 떠난 것을 보시고 하나님이 뜻을 돌이키사 그들에게 내리리라고 말씀하신 재앙을 내리지 아니하시니라"(욘 3:10)

다섯째, 진실하게 하나님을 사랑하고 예배하는 예배자들은 하나님을 모르는 이들에 대해 긍휼을 베풀어야 합니다.

"하물며 이 큰 성읍 니느웨에는 좌우를 분변하지 못하는 자가 십이만여 명이요 가축도 많이 있나니 내가 어찌 아끼지 아니하겠느냐 하시니라"(욘 4:11)

요나서에서 우리는 하나님의 언약 백성이 아닌 자들이 드리는 두 번의 놀라운 예배를 만납니다. 첫 번째 예배는 다시스로 가는 배의 선원들이 하나님의 자비를 구했으며 풍랑이 멈추었을 때 하나님께 제사를 지내며 섬기겠다고 맹세했습니다.

"그 사람들이 여호와를 크게 두려워하여 여호와께 제물을 드리고 서원을 하였더라"(욘 1:16)

두 번째는 니느웨의 백성들이 폭력적인 이교 문화 속에 살았지만 하나님 말씀을 듣고 회개했으며 악한 행실을 돌이켰습니다.

"사람이든지 짐승이든지 다 굵은 베 옷을 입을 것이요 힘써 하나님께 부르짖을 것이며 각기 악한 길과 손으로 행한 강포에서 떠날 것이라"(욘 3:8)

요나서에 나타난 이방인들의 예배는 모든 민족과 열방이 하나님께 돌아올 수 있다는 중요한 진리를 보여줍니다. 바울은 모든 사람들이 본능적으로 창조 세계를 통해 하나님을 안다고 말했습니다.

넷째, 하나님은 우리에게 귀를 기울이고 계십니다.

"이는 하나님을 알 만한 것이 그들 속에 보임이라 하나님께서 이를 그들에게 보이셨느니라 창세로부터 그의 보이지 아니하는 것들 곧 그의 영원하신 능력과 신성이 그가 만드신 만물에 분명히 보여 알려졌나니 그러므로 그들이 핑계하지 못할지니라"(롬 1:19-20)

그리고 위기와 혼란의 때에 사람들은 하나님의 운행하심을 느낍니다. 하나님의 사랑은 모든 민족에게 영향을 미치며 누구든지 회개하고 돌아오는 자에게 구원하시기를 간절히 원하십니다. 니느웨 백성들을 향한 요나의 내키지 않는 마음과 경멸에도 불구하고 하나님은 좌우를 분별치 못하고 어둠 속에 사는 민족에게 손을 내밀어 구원하셨습니다. 바로 우리가 예배하는 긍휼과 자비가 풍성하신 하나님입니다. 우리는 항상 모든 열방과 민족들이 구원을 얻기까지 변함없이 우리를 사랑으로 인도하시는 주님을 찬양해야 할 것입니다.

"유대인이나 헬라인이나 차별이 없음이라 한 분이신 주께서 모든 사람의 주가 되사 그를 부르는 모든 사람에게 부요하시도다 누구든지 주의 이름을 부르는 자는 구원을 받으리라"(롬 10:12-13)

1. 요엘이 강조한 개인 예배와 공예배의 균형은 무엇인가요?
2. 교회와 예배 공동체가 빛과 소금의 역할을 감당하기 위해 이웃에게 해야 할 일이 있다면 무엇일까요?
3. 하나님의 공의가 이 땅에서 실현되기 위해 우리 예배자가 해야 할 일은 무엇인가요?

제 22 일

예배는 매일의 삶에서 하나님을 증거하는 것입니다.

미가, 나훔

　기원전 8세기 후반 하나님께서는 택한 백성을 심판하기 위해 선지자 미가를 세우셨습니다. '여호와와 같은 이가 누구인가?'라는 뜻의 이름인 미가 선지자는 두 왕국의 수도 사마리아와 예루살렘을 비난하며 예언을 시작했습니다(미 1:2-16). 이사야와 동시대 예루살렘 남쪽에 있는 모레셋이라는 작은 마을에 살았던 미가는 심판의 하나님께서 언약에 따라 살지 못하는 유다와 이스라엘의 압제, 교만, 탐욕, 부패, 거짓 경건, 오만함을 정죄하며 임박한 심판을 선포했습니다. 그들이 하나님 앞에 이기적이고도 불의했기 때문입니다.

> "그러므로 여호와의 말씀에 내가 이 족속에게 재앙을 계획하나니 너희의 목이 이에서 벗어나지 못할 것이요 또한 교만하게 다니지 못할 것이라 이는 재앙의 때임이라 하셨느니라"(미 2:3)

넷째, 하나님은 우리에게 귀를 기울이고 계십니다.

그리고 백성들의 지도자였던 제사장과 선지자들의 악함을 경고했습니다.

"그들의 우두머리들은 뇌물을 위하여 재판하며 그들의 제사장은 삯을 위하여 교훈하며 그들의 선지자는 돈을 위하여 점을 치면서도 여호와를 의뢰하여 이르기를 여호와께서 우리 중에 계시지 아니하냐 재앙이 우리에게 임하지 아니하리라 하는도다"(미 3:11)

이와 더불어 미가는 하나님은 결코 하나님의 자녀들을 포기하지 않으시는 사랑의 하나님이심을 전했습니다. 심판은 하나님의 인내와 수차례의 경고, 기회를 준 후에 내려지지만, 일단 벌이 내려진 후엔 자기 백성을 다시 회복시키시고 죄를 용서해주실 것입니다(미 1:5-6). 백성들의 가장 큰 죄는 하나님과의 언약 안에서 신실하게 살지 못했기 때문입니다. 하나님께서 예배자로서의 가장 큰 책무를 저버린 백성들에 대해 심판을 하시자 그들은 이렇게 말했습니다.

"내가 무엇을 가지고 여호와 앞에 나아가며 높으신 하나님께 경배할까 내가 번제물로 일 년 된 송아지를 가지고 그 앞에 나아갈까"(미 6:6)

이에 미가는 하나님이 원하시는 신실한 삶이 무엇인지 알려주었습니다.

"사람아 주께서 선한 것이 무엇임을 네게 보이셨나니 여호와께서 네게 구하

시는 것은 오직 정의를 행하며 인자를 사랑하며 겸손하게 네 하나님과 함께 행하는 것이 아니냐"(미 6:8)

여기서 '인자'라고 번역된 단어는 하나님과 신실하고 순종적인 관계 속에 살아가는 것을 가리킵니다. 예배는 하나님과 그의 자녀들 간의 신실한 관계를 떠나서는 공허한 것입니다. 미가를 통해 우리는 하나님께서는 우리의 예배를 찾으시며 우리의 마음과 입술의 표현뿐 아니라 매일의 삶에서 나타나는 신실함을 가장 원하신다는 것을 깨닫습니다. 그러므로, 우리는 미가가 경고한 하나님의 심판을 보면서 하나님 앞에 의롭고 자비롭지 못한 우리의 죄를 겸손히 고백해야 합니다. 선지자를 통한 하나님의 말씀은 우리를 겸손하게 무릎 꿇고 회개하게 만듭니다. 하나님의 심판은 우리가 주님께 합당하게 행함으로써 그분을 기쁘시게 하고 모든 선한 일에서 열매를 맺을 때 용서됨을 기억해야 합니다.

"주께 합당하게 행하여 범사에 기쁘시게 하고 모든 선한 일에 열매를 맺게 하시며 하나님을 아는 것에 자라게 하시고"(골 1:10)

비록 미가는 예정된 심판의 말씀을 백성들에게 전달했지만, 멸망의 예언 가운데 조심스럽게 희망의 말을 전했습니다(미 2:12-13, 4:1-8, 13, 5:1-9, 7:7-20).

"오직 나는 여호와를 우러러보며 나를 구원하시는 하나님을 바라보나니 나의 하나님이 나에게 귀를 기울이시리로다 나의 대적이여 나로 말미암아

넷째, 하나님은 우리에게 귀를 기울이고 계십니다.

기뻐하지 말지어다 나는 엎드러질지라도 일어날 것이요 어두운 데에 앉을지라도 여호와께서 나의 빛이 되실 것임이로다"(미 7:7-8)

심판의 무거움을 안은 채 미가서는 용기를 북돋우는 말씀으로 마무리됩니다.

"주와 같은 신이 어디 있으리이까 주께서는 죄악과 그 기업에 남은 자의 허물을 사유하시며 인애를 기뻐하시므로 진노를 오래 품지 아니하시나이다"(미 7:18)

한편 미가는 멸망으로 흩어진 후에 다시 하나님께서 모으실 이스라엘의 '남은 자'들에게 희망을 전했습니다(미 2:12, 4:6-7).

"여호와께서 말씀하시되 그 날에는 내가 저는 자를 모으며 쫓겨난 자와 내가 환난 받게 한 자를 모아 발을 저는 자는 남은 백성이 되게 하며 멀리 쫓겨났던 자들이 강한 나라가 되게 하고 나 여호와가 시온 산에서 이제부터 영원까지 그들을 다스리라 하셨나니"(미 4:6-7)

게다가, 이방인들과 많은 민족이 하나님과 함께할 날을 알았던 미가는 희망을 선포했습니다.

"그가 많은 민족들 사이의 일을 심판하시며 먼 곳 강한 이방 사람을 판결하시리니 무리가 그 칼을 쳐서 보습을 만들고 창을 쳐서 낫을 만들 것이며

이 나라와 저 나라가 다시는 칼을 들고 서로 치지 아니하며 다시는 전쟁을 연습하지 아니하고"(미 4:3)

미가는 언젠가 베들레헴에서 지도자가 탄생하며 창대해 땅끝까지 미칠 것을 예언했습니다.

"베들레헴 에브라다야 너는 유다 족속 중에 작을지라도 이스라엘을 다스릴 자가 네게서 내게로 나올 것이라 그의 근본은 상고에, 영원에 있느니라"(미 5:2)

예수님이 바로 이 지도자이십니다. 예수님을 통해 우리는 온 마음과 목숨을 다하고 뜻과 힘을 다해 하나님을 사랑할 수 있게 되었으며 새 언약의 관계에 들어갈 수 있게 되었습니다.

"네 마음을 다하고 목숨을 다하고 뜻을 다하고 힘을 다하여 주 너의 하나님을 사랑하라 하신 것이요"(막 12:30)

하나님은 심판 중에도 백성의 회복을 약속하셨으며 예루살렘에서의 예배가 미래에 부흥할 것을 말씀하셨습니다.

"곧 많은 이방 사람들이 가며 이르기를 오라 우리가 여호와의 산에 올라가서 야곱의 하나님의 전에 이르자 그가 그의 도를 가지고 우리에게 가르치실 것이니라 우리가 그의 길로 행하리라 하리니 이는 율법이 시온에서부터

넷째, 하나님은 우리에게 귀를 기울이고 계십니다.

나올 것이요 여호와의 말씀이 예루살렘에서부터 나올 것임이라"(미 4:2)

이후 미가는 이스라엘의 죄에 대한 예언을 마지막으로 다시 전하며 하나님이 그의 백성들에게 요구하시는 것이 무엇인지 알려줍니다. 그리고 회복과 희망의 말씀으로 마무리합니다(미 6:8).

우리는 미가서를 통해 몇 가지 예배에 대한 통찰을 깨닫게 합니다. 첫째, 죄에 빠져 있는 자들은 주님으로부터 아무 말도 들으려 하지 않습니다(미 2:6-10).

"그들이 말하기를 너희는 예언하지 말라 이것은 예언할 것이 아니거늘 욕하는 말을 그치지 아니한다 하는도다"(미 2:6)

둘째, 비록 언약의 백성이 죄를 짓고 벌을 받더라도 하나님은 그의 백성을 다시 회복시키기 원하십니다.

"야곱아 내가 반드시 너희 무리를 다 모으며 내가 반드시 이스라엘의 남은 자를 모으고 그들을 한 처소에 두기를 보스라의 양 떼 같이 하며 초장의 양 떼 같이 하리니 사람들이 크게 떠들 것이며"(미 2:12)

셋째, 하나님의 영으로 충만한 사람은 사람들이 어떻게 받아들이더라도 언제나 진실의 말씀을 전합니다.

"오직 나는 여호와의 영으로 말미암아 능력과 정의와 용기로 충만해져서

야곱의 허물과 이스라엘의 죄를 그들에게 보이리라"(미 3:8)

넷째, 하나님은 모든 민족과 열방의 사람들을 부르셔서 따르게 하십니다.

"끝날에 이르러는 여호와의 전의 산이 산들의 꼭대기에 굳게 서며 작은 산들 위에 뛰어나고 민족들이 그리로 몰려갈 것이라"(미 4:1)

다섯째, 참된 예배는 인자하고 겸손한 마음에서 흘러나오는 올바른 행동입니다.

"사람아 주께서 선한 것이 무엇임을 네게 보이셨나니 여호와께서 네게 구하시는 것은 오직 정의를 행하며 인자를 사랑하며 겸손하게 네 하나님과 함께 행하는 것이 아니냐"(미 6:8)

여섯째, 세상의 즐거움은 결코 우리를 만족시킬 수 없습니다.

"네가 먹어도 배부르지 못하고 항상 속이 빌 것이며 네가 감추어도 보존되지 못하겠고 보존된 것은 내가 칼에 붙일 것이며"(미 6:14)

여섯째, 하나님은 기다리는 자들을 높이십니다.

"오직 나는 여호와를 우러러보며 나를 구원하시는 하나님을 바라보나니

넷째, 하나님은 우리에게 귀를 기울이고 계십니다.

나의 하나님이 나에게 귀를 기울이시리로다"(미 7:7)

구약성경 대부분의 선지자들처럼 나훔 역시 심판과 구원의 말씀을 전했습니다. 그는 점령한 백성들을 잔인하게 대하는 앗수르를 비난하며 니느웨의 멸망을 예언했습니다. 수백 년 동안, 앗수르는 군사적 정복, 비도덕적인 삶, 우상숭배의 나라였습니다. 기원전 722년, 앗수르는 이스라엘의 북왕국을 점령했으며 후에 남왕국 유다도 위협했습니다.

"네 상처는 고칠 수 없고 네 부상은 중하도다 네 소식을 듣는 자가 다 너를 보고 손뼉을 치나니 이는 그들이 항상 네게 행패를 당하였음이 아니더냐 하시니라"(나 3:19)

이 위기의 시기에 나훔은 주권을 가지신 하나님이 피난처가 되시며 앗수르의 멸망이 임박했음을 유다에게 알려주었습니다. 이로 인해 유다 백성들은 앗수르가 그들을 침공하지 않으리라는 것을 믿고 절기를 지킬 수 있었습니다.

"볼지어다 아름다운 소식을 알리고 화평을 전하는 자의 발이 산 위에 있도다 유다야 네 절기를 지키고 네 서원을 갚을지어다 악인이 진멸되었으니 그가 다시는 네 가운데로 통행하지 아니하리로다 하시니라"(나 1:15)

'긍휼'이라는 뜻의 이름인 나훔은 희망과 구원의 메시지를 하나님의 백성들에게 전했습니다. '희망'과 '구원'은 오늘날 우리들의 삶의 본질이며 우리는 예배를 통해 하나님께 감사하며 찬양으로 영광 돌립니다.

한편 나훔 선지자는 다른 선지자들에게서 들어보지 못한 하나님의 말씀을 소개합니다.

> "여호와는 질투하시며 보복하시는 하나님이시니라 여호와는 보복하시며 진노하시되 자기를 거스르는 자에게 여호와는 보복하시며 자기를 대적하는 자에게 진노를 품으시며"(나 1:2)

우리는 사랑이 많고 은혜로우신 하나님께서 어떻게 이 말씀을 하시는지에 대한 의문을 갖습니다. 하지만 하나님은 택한 자녀들이 우상 섬기는 것을 허락지 않으시며 오직 우리의 온전한 헌신과 타협하지 않는 신실한 예배를 요구하십니다. 한편 나훔서는 하나님께서 백성의 고통에 대해 간절한 마음을 갖고 계시며 항상 우리를 돌보신다는 사실을 알려줍니다. 믿음으로 인해 조롱당할 때 그리고 전 세계에서 매일 수천 명의 그리스도인들이 핍박을 받을 때 우리는 하나님께서 항상 우리와 함께하신다는 사실을 믿습니다. 언젠가 하나님은 당신의 자녀들을 대적한 자들을 심판하실 것입니다. 나훔은 인간이 아닌 사단에 대해 하나님의 최종 승리를 예언합니다. 우리는 혈과 육의 적을 상대하는 것이 아니기 때문입니다.

> "우리의 씨름은 혈과 육을 상대하는 것이 아니요 통치자들과 권세들과 이 어둠의 세상 주관자들과 하늘에 있는 악의 영들을 상대함이라"(엡 6:12)

하나님은 궁극적으로 어둠의 세력을 물리치실 것이기에 여전히 우리는 희망 가운데 오늘도 예배하면서 앞으로 나아갑니다. 우리는 오직 예수의 이름으로 모든 악에서 승리할 수 있습니다. 예수의 이름으로 하늘에 있는 자들과 땅에 있는 자들과 땅 아래에 있는 자들로 모든 무릎을 꿇게 하시며 모든 입으로 예수 그리스도를 주라 시인하여 하나님 아버지께 영광을 돌리게 하셨기 때문입니다(빌 2:10-11).

우리는 나훔서를 통해 두 가지 예배에 대한 통찰을 배웁니다. 첫째, 하나님은 우리의 죄를 정의에 따라 심판하시면서 또한 구원을 말씀하신다는 사실입니다.

"여호와는 질투하시며 보복하시는 하나님이시니라 여호와는 보복하시며 진노하시되 자기를 거스르는 자에게 여호와는 보복하시며 자기를 대적하는 자에게 진노를 품으시며"(나 1:2)

둘째, 예배의 본질은 하나님이 우리에게 내려 주신 구원과 소망을 찬양하며 응답하는 것입니다.

"볼지어다 아름다운 소식을 알리고 화평을 전하는 자의 발이 산 위에 있도다 유다야 네 절기를 지키고 네 서원을 갚을지어다 악인이 진멸되었으니 그가 다시는 네 가운데로 통행하지 아니하리로다 하시니라"(나 1:15)

지금 이 시대에 우리는 '구원하신 하나님을 찬양하라'는 나훔의 말을 경청할 필요가 있습니다. 우리 예수님께서 우리를 위해 사망을 이기시고 승리하셨기 때문입니다. 그러므로 우리 예배자들은 어려움과 절망의 순간에도 변함없이 신실하게 우리를 보호하시며 영원한 생명을 주신 하나님께 감사와 찬양을 돌려드려야 합니다.

"여호와는 선하시며 환난 날에 산성이시라 그는 자기에게 피하는 자들을 아시느니라"(나 1:7)

이것이 참된 예배이며 하나님이 기뻐하시는 예배자입니다.

1. 미가 선지자가 말한 참된 예배의 모습은 무엇인가요?
2. 미가 선지자는 심판과 공의의 하나님께서 우리에게 희망을 주실 것이라고 말했는데, 그 희망은 무엇인가요?
3. 나훔 선지자가 말한 "질투하시는 하나님"의 의미는 무엇이라 생각하나요?

제 23 일

예배는 하나님의 영광을 인정하는 것입니다.

하박국

하박국은 분열 왕국 시대인 기원전 7세기 후반에 사역했던 예레미야, 스바냐, 나훔, 요엘 등과 동시대인의 선지자입니다. 이 시대는 이웃 나라들의 침공이 잦았고 하나님과의 관계도 위태로웠던 내외적으로 위기의 시기였습니다. 이 위기의 시기에 하나님께서 세운 하박국 선지자는 다른 선지자들과는 다른 몇 가지 불평으로 시작합니다.

"여호와여, 내가 언제까지 부르짖어야 주께서 들어주시겠습니까? 내가 '횡포!'라고 외쳐도 주께서 구해 주시지 않으십니다. 어째서 나에게 불의를 보게 하시며 악을 목격하게 하십니까? 파괴와 폭력이 내 앞에 있고 다툼과 분쟁이 곳곳에 있습니다. 그래서 법이 무시되고 정의가 실현되지 못하고 있습니다. 악인이 의로운 자를 둘러싸고 있으므로 부정이 판을 치게 되었습니다." (합 1:2-3, 『현대인의 성경』)

바벨론 침공이 유다에 임박함을 느끼면서 하박국 선지자는 아주 멀리 계신 것 같은 하나님께 이렇게 부르짖습니다. 비록 하박국 선지자와는 다르지만 우리는 그가 하는 질문의 고통을 느낄 수 있습니다. 끊임없이 이어지는 범죄에 대한 뉴스를 보거나 사랑하는 이가 병으로 죽어가는 침상 곁에 서서, 또는 유행병과 같은 심한 질병이 세상을 덮는 상황에서 우리 또한 하나님께 외칩니다. "하나님은 도대체 어디 계십니까?"

하박국은 하나님 앞에서 담대하고 솔직함을 보여줍니다. 그는 분명 하나님의 절대적 위엄을 인식하고 있을 것입니다. 그럼에도 자신이 가진 의심들을 솔직하게 주님 앞에 내놓고 있습니다. 그는 말을 참거나 가식적이지 않으며 자신의 기도를 주님께 잘 보이기 위해 꾸미거나 공허한 말로 채우지 않았습니다. 하나님은 이와 같은 하박국의 대담함을 벌하지 않으셨습니다. 그리고 하박국의 질문에 직접 대답하지도 않으셨습니다. 반면 하나님은 하박국에게 앞으로 다가올 더욱 큰 고난을 보여주시며 신비로운 주권을 나타내주셨습니다.

"여호와께서 이르시되 너희는 여러 나라를 보고 또 보고 놀라고 또 놀랄지어다 너희의 생전에 내가 한 가지 일을 행할 것이라 누가 너희에게 말할지라도 너희가 믿지 아니하리라 보라 내가 사납고 성급한 백성 곧 땅이 넓은 곳으로 다니며 자기의 소유가 아닌 거처들을 점령하는 갈대아 사람을 일으켰나니"(합 1:5-6)

하박국은 나중에서야 하나님의 영광을 인정하는 것이 세상에 가득하게 될 날을 비로소 깨닫게 됩니다.

"이는 물이 바다를 덮음 같이 여호와의 영광을 인정하는 것이 세상에 가득 함이니라"(합 2:14)

하박국은 하나님의 백성이 그들의 죄로 인해 심판을 받아야 한다는 것을 인정했지만, 어떻게 하나님이 바벨론처럼 악한 이들을 사용하셔서 그 뜻을 이루시는지 이해할 수 없었습니다.

"선지자가 이르되 여호와 나의 하나님, 나의 거룩한 이시여 주께서는 만세 전부터 계시지 아니하시니이까 우리가 사망에 이르지 아니하리이다 여호와여 주께서 심판하기 위하여 그들을 두셨나이다 반석이시여 주께서 경계하기 위하여 그들을 세우셨나이다 주께서는 눈이 정결하시므로 악을 차마 보지 못하시며 패역을 차마 보지 못하시거늘 어찌하여 거짓된 자들을 방관하시며 악인이 자기보다 의로운 사람을 삼키는데도 잠잠하시나이까"
(합 1:12-13)

기원전 597년, 갈대아 왕으로 바벨론을 세운 느부갓네살 왕은 예루살렘을 약탈하고 만 명이나 되는 백성과 지도자들을 끌고 갔습니다. 이 같은 절망의 상황에도 불구하고 하박국은 낙심을 예배로 바꿀 수 있었습니다. 하박국은 하나님의 심판으로 인한 절망 속에서 희망의 노래를 부릅니다. 그는 오직 여호와로 말미암아 즐거워하며 나의 구원의 하나님으로 인해 기뻐하겠다고 고백합니다. 어떤 것도 할 수 없는 상황에서 오직 할 수 있는 오직 유일한 한 가지인 마음을 다해 하나님께 찬양과 경배를 드립니다.

"비록 무화과나무가 무성하지 못하며 포도나무에 열매가 없으며 감람나무에 소출이 없으며 밭에 먹을 것이 없으며 우리에 양이 없으며 외양간에 소가 없을지라도 나는 여호와로 말미암아 즐거워하며 나의 구원의 하나님으로 말미암아 기뻐하리로다 주 여호와는 나의 힘이시라 나의 발을 사슴과 같게 하사 나를 나의 높은 곳으로 다니게 하시리로다"(합 3:17-19a)

우리는 하박국의 태도를 통해 모든 것이 무너질 때 본질로 돌아가야 함을 보여줍니다. 그리스도인이자 예배자인 우리들에게 어떠한 상황에서도 가장 본질적 자세는 살아계신 하나님께 무릎 꿇고 예배하는 것입니다.

"여호와여 내가 주께 대한 소문을 듣고 놀랐나이다 여호와여 주는 주의 일을 이 수년 내에 부흥하게 하옵소서 이 수년 내에 나타내시옵소서 진노 중에라도 긍휼을 잊지 마옵소서"(합 3:2)

하박국은 하나님과의 관계에서 가장 중요한 것이 '온전한 솔직함'임을 우리에게 알려줍니다. 솔직하다는 것과 말이 많은 것은 다릅니다. 하박국서는 우리가 때론 경외의 하나님 앞에서 잠잠할 때가 있음을 알려줍니다.

"오직 여호와는 그 성전에 계시니 온 땅은 그 앞에서 잠잠할지니라"
(합 2:20)

죽어있는 바벨론의 우상들과는 달리 하나님은 실제로 살아계시므로 시끄러운 예배로 하나님을 깨울 필요가 없음을 증명합니다. 이 당시 이교도들의 숭배의식은 북과 꽹과리를 치고 가슴을 치며 소리를 지르는 시끄러운 호소와 간절함이 중요했기에 하박국은 그렇게 하지 않아도 항상 살아계신 능력의 하나님임을 확실히 선언하고 있습니다. 하지만 때로는 하나님 앞에서 큰 소리로 기뻐할 때가 있습니다.

"이 날에 무리가 큰 제사를 드리고 심히 즐거워하였으니 이는 하나님이 크게 즐거워하게 하셨음이라 부녀와 어린 아이도 즐거워하였으므로 예루살렘이 즐거워하는 소리가 멀리 들렸느니라"(느 12:43)

하박국은 경외함을 가지고 겸손하게, 두려움의 침묵으로 예배할 때가 있음을 일깨웁니다. 이 말씀을 통해 간절한 외침의 예배와 침묵의 예배 모두 하나님이 받으신다는 것을 깨닫게 됩니다. 왜냐하면 하나님은 어제나 오늘도 그리고 영원히 살아계신 참 하나님이시기 때문입니다. 하박국 선지자는 우리의 환경이 힘들고 고통스러운 상황이라 할지라도 그럴수록 하나님을 더욱 신뢰해야만 한다고 말합니다. 바벨론의 불의를 비난하면서 하박국은 덧붙여 말합니다.

"보라 그의 마음은 교만하며 그 속에서 정직하지 못하나 의인은 그의 믿음으로 말미암아 살리라"(합 2:4)

이 말씀은 기본적으로 하나님의 행위가 인간의 선악과 판단 능력이 미치지 못하는 범주에 있다고 할지라도, 진실로 의로운 자들은 하나님이 약속을 반드시 지키신다는 믿음 속에서 살아야 함을 말해줍니다. 그리고 그 상황이 비록 절망스럽고 부조리하게 보일지라도 그 믿음을 계속 유지해야 한다는 선언입니다. 훗날 사도 바울과 많은 종교개혁자, 신학자들에게 깊은 영향을 준 이 확고한 말씀은 원래 고통받는 백성들에게 하나님에 대한 신뢰를 더 강하게 하려는 뜻이었습니다.

하박국은 고난의 때에도 하나님께 신실한 예배자로 남아 있을 것을 말해줍니다. 그것은 하나님께 거짓 없는 순전하고 진실한 예배를 드림으로 가능한 것입니다. 우리는 하박국의 고백처럼 나의 힘과 열정을 다한 일들이 비록 결과가 좋지 않고 열매가 없어도 주 안에서 기뻐할 수 있는 참된 예배자가 되어야 합니다.

백성들을 향한 하나님의 계획이 아직 해결되지 않았음에도 불구하고, 하박국은 과거에 하나님이 베푸신 구원을 기억했으며, 따라서 미래에도 그분을 믿을 수 있다는 것을 알았습니다. 여러 면에서 욥기를 닮은 하박국서를 통해 하나님은 결코 솔직한 질문들을 무시하지 않으신다는 것을 알 수 있습니다. 그러므로 하나님께 물을 때에는 언제나 겸손하고 진실한 마음을 가지고 물어야 하며, 동시에 하나님께서 우리의 의문들을 반드시 해결해주실 것이라는 확신을 가져야 합니다. 그러한 의문들은 하나님을 더 깊이 이해하는 계기가 될 수 있습니다. 그리고 혼란의 순간에도 우리는 언제나 예배 드릴 수 있다는 사실을 깨달아야 합니다. 시련과 절망의 시기에도 믿음과 기쁨으로 예배했던 하박국과 같이 우리에게도 하나님께서 어느 곳에서든 예배할 수 있는 힘과 능력을 주실 것입니다.

우리는 하박국서를 통해 몇 가지 예배의 통찰을 깨달습니다. 첫째, 하나님께서는 겸손함과 진실이 담긴 질문들을 언제나 받아주십니다.

"여호와여 내가 부르짖어도 주께서 듣지 아니하시니 어느 때까지리이까 내가 강포로 말미암아 외쳐도 주께서 구원하지 아니하시나이다 어찌하여 내게 죄악을 보게 하시며 패역을 눈으로 보게 하시나이까 겁탈과 강포가 내 앞에 있고 변론과 분쟁이 일어났나이다"(합 1:2-3)

"선지자가 이르되 여호와 나의 하나님, 나의 거룩한 이시여 주께서는 만세 전부터 계시지 아니하시니이까 우리가 사망에 이르지 아니하리이다 여호와여 주께서 심판하기 위하여 그들을 두셨나이다 반석이시여 주께서 경계하기 위하여 그들을 세우셨나이다"(합 2:12)

둘째, 예배는 하나님이 과거에 이루신 구원의 행위를 다시 떠오르게 하고 미래에 대해 우리의 확신을 굳세게 합니다. 예배는 하나님이 하신 구원의 사역과 십자가의 보혈, 예수 그리스도의 탄생, 공생애, 죽으심과 부활 그리고 재림을 기억하고 기념하는 것입니다. 그러므로 우리의 예배는 구원의 선포와 과거 하나님께서 하신 일들에 대한 감사와 찬양이 넘쳐야 하며 더 나아가 다시 오실 예수 그리스도를 기대하며 기쁨으로 가득 차야 합니다.

"그의 영광이 하늘을 덮었고 그의 찬송이 세계에 가득하도다 그의 광명이 햇빛 같고 광선이 그의 손에서 나오니 그의 권능이 그 속에 감추어졌도다 역병이 그 앞에서 행하며 불덩이가 그의 발 밑에서 나오는도다 그가 서신즉 땅이 진동하며 그가 보신즉 여러 나라가 전율하며 영원한 산이 무너지며 무궁한 작은 산이 엎드러지나니 그의 행하심이 예로부터 그러하시도다 내가 본즉 구산의 장막이 환난을 당하고 미디안 땅의 휘장이 흔들리는도다"(합 3:3b-7)

셋째, 비록 우리의 상황이 매우 어렵더라도 언제나 하나님이 보호하신다는 사실입니다. 하나님께서 우리를 안전하게 산을 넘는 것 같이 모든 것이 합력해서 선을 이루도록 이끄실 것입니다.

"주 여호와는 나의 힘이시라 나의 발을 사슴과 같게 하사 나를 나의 높은 곳으로 다니게 하시리로다 이 노래는 지휘하는 사람을 위하여 내 수금에 맞춘 것이니라"(합 3:19)

"의인은 그의 믿음으로 말미암아 살리라"(합 2:4)는 이 진리의 말씀은 하박국의 시대부터 하나님의 백성들에게 힘이 되어 왔습니다. 사도 바울은 이 주제를 로마서에 제시하며 어떻게 은혜가 믿는 자들의 삶을 변화시키는지 설명했습니다.

"복음에는 하나님의 의가 나타나서 믿음으로 믿음에 이르게 하나니 기록된 바 오직 의인은 믿음으로 말미암아 살리라 함과 같으니라"(롬 1:17)

그리고 갈라디아서에서도 하박국의 믿음의 선언을 고백합니다.

"또 하나님 앞에서 아무도 율법으로 말미암아 의롭게 되지 못할 것이 분명하니 이는 의인은 믿음으로 살리라 하였음이라"(갈 3:11)

바울이 인용한 하박국의 이 고백은 하나님 말씀의 본질로 돌아가는 종교개혁의 원동력이 되었습니다. 종교개혁자 마틴 루터(Martin Luther, 1483-1546)는 믿음과 은혜에 관한 이 오래된 진리를 재발견했습니다. 1545년에 그는 이렇게 썼습니다.

"나는 그 말씀을 밤낮으로 묵상했으며 마침내, 하나님의 자비로 그 말씀을 깨닫게 되었다. 의인은 믿음으로 살 것이다. 갑자기 이 말씀으로 나는 다시 태어났고 열린 문을 통해 천국에 들어감을 느낄 수 있었다."

우리의 구원은 행위가 아니라 은혜로 얻는 것입니다. 우리가 믿음으로 의롭게 된다는 약속 자체가 바로 하나님의 은혜입니다. 우리가 행함으로 의롭다함을 얻을 수 없기 때문에 예수님이 십자가에 달리신 것입니다. 이것이 진정한 '복음'입니다.

예배를 통해 우리는 '믿음을 통한 은혜'를 깨닫습니다. 그리고 우리는 그 은혜로 다시 하나님을 예배하게 됩니다. 의인은 믿음으로 말미암아 살며 믿음으로 은혜를 깨닫게 됩니다. 하나님을 사랑하는 예배자들은 우리의 환경과 여건에 상관없이 언제 어디서나 하나님의 영광을 드러내며 은혜 가운데 감사의 찬양과 예배를 드려야 할 것입니다.

1. 아무것도 할 수 없는 절망의 상황에서 하박국 선지자는 무엇이라고 선포하나요?
2. 하박국 선지자가 선포한 "의인은 믿음으로 말미암아 살리라"는 말씀의 의미는 무엇인가요?
3. 하나님이 계신 것 같지 않은 느낌이 들 때 우리는 어떠한 자세를 가져야 하나요?

제 24 일

예배는 하나님을 가장 우선순위에 두는 것입니다.

스바냐, 학개

기원전 7세기 후반, 유다가 불순종의 삶으로 인해 참되게 예배하지 못할 때, 하나님은 선지자 스바냐를 일으키셔서 불충한 백성들을 흔들어 깨우셨습니다.

"여호와의 큰 날이 가깝도다 가깝고도 빠르도다 여호와의 날의 소리로다 용사가 거기서 심히 슬피 우는도다 그날은 분노의 날이요 환난과 고통의 날이요 황폐와 패망의 날이요 캄캄하고 어두운 날이요 구름과 흑암의 날이요"(습 1:14-15)

스바냐는 유다의 요시야 왕 시기에 선지자로 활동했습니다. 이 시기에 유다 사람들은 다른 종교에서 가져온 풍습과 숭배로 하나님의 이름을 더럽혔습니다.

"내가 유다와 예루살렘의 모든 주민들 위에 손을 펴서 남아 있는 바알을 그 곳에서 멸절하며 그마림이란 이름과 및 그 제사장들을 아울러 멸절하며 또 지붕에서 하늘의 뭇 별에게 경배하는 자들과 경배하며 여호와께 맹세하면서 말감을 가리켜 맹세하는 자들과 여호와를 배반하고 따르지 아니한 자들과 여호와를 찾지도 아니하며 구하지도 아니한 자들을 멸절하리라"(습 1:4-6)

신실하지 못한 백성들로 인해 하나님의 진노는 이미 심판으로 결정되었습니다. 요시야 왕의 개혁(왕하 22-23장)조차 하나님의 심판을 완전히 뒤집기에는 많이 늦었습니다. 하지만 스바냐는 여전히 유다의 희망을 놓지 않았으며 하나님을 향한 회개와 경외함 가운데 희망을 보았습니다. 그것은 하나님의 날, 심판의 날을 잠잠히 기다리면서 한편으로는 하나님께 돌이켜 순종하는 길이었습니다.

"여호와의 규례를 지키는 세상의 모든 겸손한 자들아 너희는 여호와를 찾으며 공의와 겸손을 구하라 너희가 혹시 여호와의 분노의 날에 숨김을 얻으리라"(습 2:3)

스바냐서는 하나님의 위엄과 거룩함 앞에 우리 모두 겸손해야 함을 말해줍니다. 권능의 재판관이시며 왕이신 하나님 앞에 무릎 꿇으며 침묵 가운데 예배하면서 하나님을 찾는 것입니다. 한편 스바냐는 이 위기의 시기에 새로운 예배의 시대가 열릴 것을 보여줍니다. 신실한 남은 자들이 하나님께 기쁨의 노래를 부르는 것입니다(습 3:13-14). 그리고 남은 자들이 이방 민족들에게 심판을 행할 때에 그 민족들조차 하나님 앞에 엎드려 예배하게 될 것입니다.

> "여호와가 그들에게 두렵게 되어서 세상의 모든 신을 쇠약하게 하리니 이방의 모든 해변 사람들이 각각 자기 처소에서 여호와께 경배하리라"(습 2:11)

이 땅의 모든 백성과 열방들이 하나님께 예배하는 것입니다(습 3:9-10). 스바냐는 예수 그리스도를 통한 하나님의 은혜로 전 우주가 하나님을 예배하여 그의 앞에 모든 무릎을 꿇고 모든 입술이 고백하여 '예수 그리스도는 주시다'라고 고백할 것을 예언합니다.

> "하늘에 있는 자들과 땅에 있는 자들과 땅 아래에 있는 자들로 모든 무릎을 예수의 이름에 꿇게 하시고 모든 입으로 예수 그리스도를 주라 시인하여 하나님 아버지께 영광을 돌리게 하셨느니라"(빌 2:10-11)

아마도 스바냐에서 가장 가슴을 울리는 구절은 이 말씀일 것입니다.

> "너의 하나님 여호와가 너의 가운데에 계시니 그는 구원을 베푸실 전능자이시라 그가 너로 말미암아 기쁨을 이기지 못하시며 너를 잠잠히 사랑하시며 너로 말미암아 즐거이 부르며 기뻐하시리라"(습 3:17)

하나님께서 그의 자녀를 향한 사랑이 얼마나 큰지 알 수 있습니다. 하나님이 우리로 인해 기뻐하시며 심지어 즐거이 부르며 노래하신다는 사실을 기억할 때, 우리의 예배는 생동감이 넘치며 기쁨이 넘치는 역동적인 예배가 될 것입니다(습 3:15). 예배는 우리 가운데 계신 하나님의 임재를 기뻐하며 찬양하는 것입니다. 우리가 모여서 하나님을 예배할 때 우리는 그분을 높이고 그분께 찬양을 드립니다. 그리고 하나님도 우리를 향해 같은 일을 하십니다. 우리는 이 분명하고 놀라운 사실에 기뻐해야 할 것입니다.

우리는 스바냐서를 통해 몇 가지 예배의 통찰을 배울 수 있습니다. 첫째, 하나님은 우상숭배를 가장 싫어하신다는 사실입니다.

"내가 유다와 예루살렘의 모든 주민들 위에 손을 펴서 남아 있는 바알을 그 곳에서 멸절하며 그마림이란 이름과 및 그 제사장들을 아울러 멸절하며"(습 1:4)

둘째, 하나님은 예배에 있어서 타협하지 않으시며 온전한 헌신만을 받으시기 원하십니다.

"또 지붕에서 하늘의 뭇 별에게 경배하는 자들과 경배하며 여호와께 맹세하면서 말감을 가리켜 맹세하는 자들과"(습 1:5)

셋째, 죄에 대해 하나님께서 심판하실 때 우리의 자세는 겸손과 경외의 침묵이어야 합니다.

넷째, 하나님은 우리에게 귀를 기울이고 계십니다.

"주 여호와 앞에서 잠잠할지어다 이는 여호와의 날이 가까웠으므로 여호와께서 희생을 준비하고 그가 청할 자들을 구별하셨음이니라"(습 1:7)

넷째, 하나님은 모든 민족으로부터 예배 받으시기 합당한 분이십니다.

"그 때에 내가 여러 백성의 입술을 깨끗하게 하여 그들이 다 여호와의 이름을 부르며 한 가지로 나를 섬기게 하리니"(습 3:9)

다섯째, 하나님이 우리의 예배에서 가장 원하시는 것은 순종과 겸손입니다.

"내가 곤고하고 가난한 백성을 네 가운데에 남겨 두리니 그들이 여호와의 이름을 의탁하여 보호를 받을지라"(습 3:12)

한편 기원전 539년 페르시아는 바벨론을 무너뜨리고 유대 땅에 새 제국을 세웠습니다. 페르시아의 왕 고레스는 유대인들이 바벨론 포로 생활에서 돌아가 예루살렘에 성전을 다시 짓도록 허락했습니다. 그러나 이 열정은 점점 시들어져 18년이 지난 후에도 성전은 아직 완공되지 않았습니다. 하나님은 선지자 학개를 스가랴와 함께 보내셔서 유대인들이 성전 재건축을 마무리하도록 하셨습니다. 백성들은 자신들의 집을 위해서는 잘 꾸미면서 성전은 무시했습니다.

"이 성전이 황폐하였거늘 너희가 이 때에 판벽한 집에 거주하는 것이 옳으

냐"(학 1:4)

이는 백성들의 왜곡된 우선순위를 말해줍니다. 그들은 자신들의 편안함과 즐거움을 하나님을 예배하는 것보다 위에 두었습니다. 성전 재건을 통해 하나님은 그의 백성들에게 삶의 바른 우선순위를 세우도록 하시며 예배를 그 무엇보다 우선시하라고 말씀하셨습니다. 학개는 '우리 삶에서 무엇이 우선 되어야 하는가?'라는 중요한 질문으로 우리를 일깨웁니다. 우리는 하나님의 영광을 찬양하기 위해 존재하는 예배자입니다.

"이는 우리가 그리스도 안에서 전부터 바라던 그의 영광의 찬송이 되게 하려 하심이라"(엡 1:12)

그리고 변치 않는 우리의 가장 큰 우선순위는 '하나님을 영화롭게 하고 그분을 영원히 즐거워하는 것'입니다. 학개는 하나님을 예배하는 일을 올바로 세우지 않으면 우리 삶에서 하나님의 축복이 위태롭게 됨을 알려줍니다(학 1장). 비록 우리가 하나님께 인정 얻고자 하는 이기적인 욕망으로 예배해서는 안되지만, 바른 예배는 우리 삶이 하나님의 은혜와 축복이 함께 하도록 역사하십니다(학 2:18-19). 우리가 먼저 하나님께 합당한 자리와 영광을 드리게 될 때 우리는 비로소 하나님의 다스리심과 축복의 삶으로 들어가게 됩니다. 예수님께서도 이러한 우선순위를 가르치셨습니다.

"먼저 그의 나라와 그의 의를 구하라. 그리하면 이 모든 것을 너희에게 더하시리라"(마 6:33)

학개는 성전이 하나님의 영광이 임하시는 곳임을 강조했습니다.

"또한 모든 나라를 진동시킬 것이며 모든 나라의 보배가 이르리니 내가 이 성전에 영광이 충만하게 하리라 만군의 여호와의 말이니라"(학 2:7)

그리고 하나님이 모든 민족을 흔드시고 성전을 완전한 광채로 채우실 미래를 바라봅니다. 성전의 재건축을 감독하는 스룹바벨은 하나님의 '인장'이 될 것이며 따라서 앞으로 오실 메시야를 미리 알려줍니다(학 2:20-23). 학개는 당시 유다의 상황을 보면서 예수 그리스도를 통해 하나님의 영광이 완전히 드러날 미래를 예언했습니다. 성전보다 더 크시다고 하신 예수님은 참으로 '임마누엘'이시며 우리와 함께 계십니다(마 1:23).

"내가 너희에게 이르노니 성전보다 더 큰 이가 여기 있느니라"(마 12:6)

그러므로 우리는 한때 유대인들처럼 예루살렘을 바라보며 예배하는 것이 아닙니다(왕상 8:48, 단 6:10). 우리는 메시아이신 예수 그리스도께 그리고 하나님의 영광을 비추시는 오직 그분께 온전히 예배합니다.

"말씀이 육신이 되어 우리 가운데 거하시매 우리가 그의 영광을 보니 아버

지의 독생자의 영광이요 은혜와 진리가 충만하더라"(요 1:14)

우리의 우선순위가 제대로 정립되지 않을 때, 무엇이 중요한지를 깨우치기 위해서는 때론 아픈 질책이 필요합니다. 그들은 자신들의 집을 짓는 일에만 열중했으며 하나님을 향한 예배를 새롭게 하는 일은 실패했습니다. 학개의 말은 하나님 백성들이 잘못 가고 있는 마음을 흔드는 직접적이고 강력한 질책이었습니다.

학개는 백성들에게 성전을 다시 지으라고 명령했습니다(학 1:4, 9). 성전은 예식을 치르기 위한 건물 그 이상의 것입니다. 이스라엘의 정체성과 하나님과의 관계를 보여주는 눈에 보이는 상징입니다. 성전은 그들과 하나님 사이의 회복된 관계를 보여줍니다. 그리고 학개 선지자는 백성들이 하나님의 일을 할 때 신실한 임재가 임한다며 용기를 북돋아 주었습니다. 학개는 그 땅으로 돌아온 진정한 이유가 하나님을 예배하기 위해서였음을 그 백성에게 경고하며 약속의 말씀을 함께 전했습니다(학 2:10-19). 백성들은 예배에 대한 우선순위를 즉각 바르게 잡아야 했습니다.

학개는 하나님의 백성들에게 올바른 길로 갈 것을 촉구했습니다. 그는 올바른 우선순위와 참된 예배를 통해 하나님의 부르심에 순종할 때 우리는 하나님의 영광을 보게 될 것이며 이것이 메시아가 통치할 미래임을 알려주었습니다(학 2:22-23). 에스겔이 묘사했던 하나님의 백성들이 미래에 예배드릴 '새 성전'과 일맥상통합니다(겔 40-46장). 이 미래의 성전에 대한 말씀은 하나님을 예배하는 일이 당시 백성들에게 필수적인 삶의 일부였음을 말해줍니다. 그러므로 우리는 예전이나 지금 그리고 앞으로도 하나님을 예배하도록 부름 받았음을 잊지 말아야 합니다.

"이 성전의 나중 영광이 이전 영광보다 크리라 만군의 여호와의 말이니라 내가 이곳에 평강을 주리라 만군의 여호와의 말이니라"(학 2:9)

우리는 학개서를 통해 몇 가지 예배의 통찰을 배웁니다. 첫째, 예배는 개인적 편안함보다 우선 되어야 합니다.

"이 성전이 황폐하였거늘 너희가 이 때에 판벽한 집에 거주하는 것이 옳으냐"(학 1:4)

둘째, 우리에게 하나님의 축복이 없을 때 우리가 가고 있는 길이 맞는지 돌아보아야 합니다.

"너희가 많이 뿌릴지라도 수확이 적으며 먹을지라도 배부르지 못하며 마실지라도 흡족하지 못하며 입어도 따뜻하지 못하며 일꾼이 삯을 받아도 그것을 구멍 뚫어진 전대에 넣음이 되느니라"(학 1:6)

셋째, 하나님께 순종하는 것이 존귀와 영광을 드리는 것이며 예배의 시작입니다.

"스알디엘의 아들 스룹바벨과 여호사닥의 아들 대제사장 여호수아와 남은 모든 백성이 그들의 하나님 여호와의 목소리와 선지자 학개의 말을 들었으니 이는 그들의 하나님 여호와께서 그를 보내셨음이라 백성이 다 여호와를 경외하매"(학 1:12)

넷째, 하나님께서는 성령님을 통해 우리를 위로하시며 임재를 약속하십니다.

"너희가 애굽에서 나올 때에 내가 너희와 언약한 말과 나의 영이 계속하여 너희 가운데에 머물러 있나니 너희는 두려워하지 말지어다 만군의 여호와가 이같이 말하노라 조금 있으면 내가 하늘과 땅과 바다와 육지를 진동시킬 것이요 또한 모든 나라를 진동시킬 것이며 모든 나라의 보배가 이르리니 내가 이 성전에 영광이 충만하게 하리라 만군의 여호와의 말이니라"(학 2:5-7)

다섯째, 불순종은 우리가 하나님께 가져오는 제물을 더럽히는 것입니다.

"사람이 옷자락에 거룩한 고기를 쌌는데 그 옷자락이 만일 떡에나 국에나 포도주에나 기름에나 다른 음식물에 닿았으면 그것이 성물이 되겠느냐 하라 학개가 물으매 제사장들이 대답하여 이르되 아니라 하는지라"
(학 2:12)

하나님께 나아가는 예배의 가장 중요한 자세는 순종입니다. 지금도 우리는 교회에서 자주 예배를 드리지만, 많은 사람들이 일상에서 예배의 삶을 살지 못합니다. 학개는 하나님을 무시하는 삶을 버리고 주일을 포함한 교회 예배뿐 아니라 삶의 모든 부분에서도 하나님을 예배해야 한다고 말합니다. 그리고 그의 나라를 다른 모든 것보다 첫 번째 우선 순위가 되어야 할 것을 강조합니다. 하나님은 우리를 예배자로 부르셨습니다. 그리고 우리가 매일의 삶에서 하나님께 영광 돌리는 예배의 삶을 살기 원하십니다. 예배가 우리 인생의 가장 최우선순위가 되어야 합니다.

1. 학개의 우선순위는 성전 재건이었습니다. 당신의 삶에서 가장 우선순위는 무엇인가요?
2. 하나님께서 "우리로 인하여 기쁨을 이기지 못하신다"는 스바냐 선지자의 말은 무슨 뜻인가요?
3. 하나님이 가장 받으시기 원하시는 예배를 스바냐 선지자는 무엇이라 말하나요?

제 25 일

예배는 하나님을 전적으로 신뢰하는 것입니다.

스가랴, 말라기

날아가는 두루마리, 여러 빛깔의 말들, 더러운 옷을 입은 제사장, 바구니를 들고 있는 날개 달린 여인, 벌 받은 목자들, 흩어진 양떼 등은 스가랴서 말씀의 그림들입니다. 인상 깊은 그림 하나가 천 마디 말과 같듯이 스가랴 말씀의 예언은 분명 놀라운 것입니다.

예배는 하나님께 영광 돌리며 그분의 임재를 경험하는 것입니다. 우리의 찬양에 미술과 예술이 합쳐진다면 예배는 새로운 역동성과 생생한 감동을 느끼게 될 것입니다. 예술은 말을 뛰어넘어 우리의 신앙을 해석하고 표현함으로써 예배자들을 하나님의 임재로 이끌도록 돕습니다. 스가랴가 사용한 생생한 그림들은 예술적 표현이라고 부를 수 있습니다. 그의 가장 강력한 그림 중 하나는 요한계시록의 저자 사도 요한에 의해, '그리스도의 영'에 대한 말씀을 전달하기 위해 차용되기도 했습니다. 예배에서의 예술적 요소, 음악, 말씀의 해석적 이해, 몸의 움직임, 시각 예술, 건축 등은 하나님을 섬기고자 하는 순수한 헌신의 마음과 합쳐졌을 때 효과적인 역할을 할 수 있습니다. 그것들은 하나님이 우리와 함께 계심을 잘 전달할 뿐 아니라 믿지 않는 사람들을 교회로 이끄는 통로이기도 합니다.

"그 마음의 숨은 일들이 드러나게 되므로 엎드리어 하나님께 경배하며 하나님이 참으로 너희 가운데 계신다 전파하리라"(고전 14:25)

스가랴는 유다가 바벨론 포로에서 돌아온 회복의 시기에 활동했습니다. 바벨론 포로 이전의 선지자들은 대체로 불순종하는 백성들에 대한 하나님의 임박한 심판에 주로 강조했으나 스가랴는 달랐습니다. 심판은 이미 일어났으며, 이제 백성들은 성전 예배를 회복하고 언약의 공동체를 새로 세워야 했습니다. 스가랴는 하나님이 그에게 보여주신 것들을 전하면서 하나님의 이름으로 예배 공동체를 격려했습니다.

"여호와의 말씀에 시온의 딸아 노래하고 기뻐하라 이는 내가 와서 네 가운데에 머물 것임이라"(슥 2:10)

그리고 하나님은 백성 중 남은 자들이 예루살렘 성전을 완수하도록 스가랴 선지자를 사용하셨습니다(슥 6:14). 스가랴 말씀이 연극이라면 무대는 단순히 예루살렘뿐 아니라 세계 전체이며, 단순히 성전 건축이 아니라 넓고 먼 우주의 미래 이야기입니다. 스가랴서는 묵시이기에 이해하기 쉬운 책은 아닙니다. 환상적인 미래와 거대한 계획, 신비한 해석을 포함하고 있으며 때로 과거, 현재, 미래가 동시에 나타나기도 합니다. 그 무엇보다도 묵시의 말씀은 모든 것 위에 계시는 하나님의 주권을 잘 드러냅니다. 하나님은 지금도 우주의 드라마를 쓰시는 분이며 역사의 권위 있는 감독이십니다. 우리는 하나님을 경외함과 겸손한 순종함으로 그리고 지금 있는 것과 앞으로 다가올 미래의 다스림을 확신하며 예배해야 할 것입니다. 스가랴는 묵시를 통해 하나님은 그의 택한 백성뿐 아니라 모든 민족의 사람들로부터 예배 받으시기에 합당하심을 선포합니다(슥 2:10-11).

사탄은 대제사장 여호수아를 공격해 그가 성전을 회복하는 임무에 적합하지 않게 만들었지만, 스가랴는 여호수아와 총독이자 다윗왕의 후손인 스룹바벨을 격려했습니다. 그들은 커다란 장애물을 넘어 승리할 것이며 힘과 능력이 아니라 오직 하나님의 영으로만 가능하다고 말씀하셨습니다.

"이는 힘으로 되지 아니하며 능력으로 되지 아니하고 오직 나의 영으로 되느니라"(슥 4:6)

이후 예루살렘은 다시 거룩한 산이라고 불릴 것이며, 하나님의 백성 중 남은 자들은 평화와 번영 속에 거할 것임을 예언했습니다. 그리고 그들이 금식하며 슬퍼하는 것은 하나님의 임재 안에서 기쁨의 잔치로 바뀔 것인데 이는 하나님께서 언약을 새롭게 하셨기 때문입니다.

"그들은 내 백성이 되고 나는 진리와 공의로 그들의 하나님이 되리라"
(슥 8:8)

스가랴는 하나님을 예배하는 백성들을 위해 지도력이 필요하다고 말합니다. 이 땅의 지도자들 역시 실패할 수밖에 없으며 여호수아와 스룹바벨처럼 용기를 잃기도 합니다. 스가랴는 '쓸모없는 목자들' 같이 권위를 잘못 사용하고 그들의 양떼를 방치한 지도자들을 꾸짖었습니다(슥 11장). 그들은 하나님께 받았다고 주장하며 거짓된 말씀을 전했지만, 스가랴는 새로운 지도자, 공의와 겸손으로 다스릴 왕이 오고 있다고 선포했습니다.

"시온의 딸아 크게 기뻐할지어다 예루살렘의 딸아 즐거이 부를지어다 보라 네 왕이 네게 임하시나니 그는 공의로우시며 구원을 베푸시며 겸손하여서 나귀를 타시나니 나귀의 작은 것 곧 나귀 새끼니라"(슥 9:9)

그리고 은혜와 기도의 영이 부어져서 하나님께 회개하게 될 것입니다.

"내가 다윗의 집과 예루살렘 주민에게 은총과 간구하는 심령을 부어 주리니 그들이 그 찌른 바 그를 바라보고 그를 위하여 애통하기를 독자를 위하여 애통하듯 하며 그를 위하여 통곡하기를 장자를 위하여 통곡하듯 하리로다"(슥 12:10)

비록 이 소망의 예언들이 당시에는 실현되지 않았지만, 스가랴의 새 언약은 '하나님이 우리와 함께 계시다'는 임마누엘의 예수 그리스도로 인해 성취되었습니다. 우리는 여전히 모든 무릎이 그리스도 앞에 꿇고 모든 입술이 그를 주시라 고백할 날을 기다리고 있으면서도, 스가랴의 예언이 부분적으로 성취된 때에 살고 있습니다.

"하늘에 있는 자들과 땅에 있는 자들과 땅 아래에 있는 자들로 모든 무릎을 예수의 이름에 꿇게 하시고 모든 입으로 예수 그리스도를 주라 시인하여 하나님 아버지께 영광을 돌리게 하셨느니라"(빌 2:10-11)

이 말씀은 소망 가운데 우리의 예배를 살아있게 만듭니다. 스가랴는 이 소망의 말씀이 하나님이 보내실 메시아에 초점을 맞추고 있다고 강조합니다. 그는 약속된 '싹'입니다.

"대제사장 여호수아야 너와 네 앞에 앉은 네 동료들은 내 말을 들을 것이니라 이들은 예표의 사람들이라 내가 내 종 싹을 나게 하리라"(슥 3:8)

그리고 모퉁잇돌이자 말뚝이십니다.

"모퉁잇돌이 그에게서, 말뚝이 그에게서, 싸우는 활이 그에게서, 권세 잡은 자가 다 일제히 그에게서 나와서"(슥 10:4)

초대교회 그리스도인들을 향해 친숙한 말씀으로 스가랴는 예언합니다.

"시온의 딸아 크게 기뻐할지어다 예루살렘의 딸아 즐거이 부를지어다 보라 네 왕이 네게 임하시나니 그는 공의로우시며 구원을 베푸시며 겸손하여

넷째, 하나님은 우리에게 귀를 기울이고 계십니다.

서 나귀를 타시나니 나귀의 작은 것 곧 나귀 새끼니라"(슥 9:9)

스가랴 이후 5세기가 지나 많은 유대인들이 예루살렘 거리에 모여 스가랴 선지자가 예언한 겸손한 메시아 왕을 환영했습니다.

"이는 선지자를 통하여 하신 말씀을 이루려 하심이라 일렀으되 시온 딸에게 이르기를 네 왕이 네게 임하나니 그는 겸손하여 나귀, 곧 멍에 메는 짐승의 새끼를 탔도다 하라 하였느니라"(마 21:4-5)

우리는 예수님께서 '로마'라는 이 땅의 권세를 멸하시기 위해서가 아니라 죄와 죽음의 영적 권세를 깨뜨리시기 위해 이스라엘의 메시아로 오셨음을 알고 있습니다. 우리는 그리스도를 통해 하나님께서 하신 일을 예배 중에 기쁨으로 찬양하며 동시에 하나님께서 우리 눈에서 모든 눈물을 닦아 주시고 모든 것을 새롭게 하시며 완전히 우리 가운데 거하실 그때를 간절히 기다립니다.

"모든 눈물을 그 눈에서 닦아 주시니 다시는 사망이 없고 애통하는 것이나 곡하는 것이나 아픈 것이 다시 있지 아니하리니 처음 것들이 다 지나갔음이러라"(계 21:4)

이것이 신실하신 하나님을 기억하면서 미래의 승리를 고대하는 참된 예배입니다. 유다 백성들은 바벨론 포로 생활에서 돌아오면서 기대가 높았습니다. 그러나 포로 이후의 삶은 그들이 원하는 삶이 아니었습니다. 페르시아에 지배받는 삶은 다윗의 자손이 다스리는 왕국에 대한 하나님의 약속과 많이 달랐습니다. 시간이 지나면서 백성들은 좌절했으며 하나님의 사랑과 공의에 의문을 가졌습니다(말 2:17).

하나님께서는 백성들이 신실함을 가지고 새롭게 예배하도록 '나의 사자(my Messenger)'란 뜻인 말라기 선지자를 보내셨습니다. 하나님은 그들에게 하나님의 사랑(말 1:1-2)과 위대함(말 1:5, 11), 두려움(말 1:14), 경외로움(말 2:5), 정의(말 3:1-5), 미래에 대한 주권(말 3:1-2, 4:1-2)의 말씀으로 일깨우셨습니다. 그들의 예배는 게으르고 겉치레와 형식주의에 사로잡혔기 때문입니다. 그들은 흠이 있는 제물을 드렸으며 불완전한 십일조를 드렸습니다.

"만군의 여호와가 이르노라 너희가 또 말하기를 이 일이 얼마나 번거로운고 하며 코웃음치고 훔친 물건과 저는 것, 병든 것을 가져왔느니라 너희가 이같이 봉헌물을 가져오니 내가 그것을 너희 손에서 받겠느냐 이는 여호와의 말이니라"(말 1:13)

그리고 하나님께서는 값싼 제물을 드리는 이들을 비난하시고 하나님의 것을 도둑질하는 행위를 그만두라고 말씀하셨습니다.

"사람이 어찌 하나님의 것을 도둑질하겠느냐 그러나 너희는 나의 것을 도둑질하고도 말하기를 우리가 어떻게 주의 것을 도둑질하였나이까 하는도다 이는 곧 십일조와 봉헌물이라 너희 곧 온 나라가 나의 것을 도둑질하였으므로 너희가 저주를 받았느니라"(말 3:8-9)

우리는 갈수록 영적으로 무감각해진 사회에 살고 있습니다. 매우 강하고 특별하지 않는 한 반응하지 않습니다. 이러한 무관심은 우리의 예배에도 스며들어 하나님께 마음을 다하지 못하는 형식적인 예배가 되곤 합니다. 이것이 말라기의 때에 하나님의 백성들에게 만연한 문제였습니다. 하나님을 향한 백성들과 지도자들의 예배는 형식적이었으며 그들의 마음과 행동이 이를 잘 보여주고 있습니다. 말라기 선지자는 여섯 편의 말씀을 통해 그들에게 하나님께로 돌이킬 것을 강조했습니다. 이 말씀들은 말라기 선지자의 선포와 듣는 이들의 거부 그리고 말라기 선지자의 반박으로 이루어져 있습니다. 말라기 말씀들은 하나님과의 관계에 있어서 무관심해지거나 형식적일 때 우리의 영적 생활을 새롭게 하고 예배에 활력을 불어넣어 줄 것입니다.

점점 영적으로 갈급해지는 이 시대에 말라기는 이런 질문을 합니다. "예배가 공허하고 아무 감동이 없는데 하나님께 계속 예배를 드려야 하는가?" 누구나 영적으로 어려움을 겪으면서 자신에게 이와 같은 질문을 해본 경험이 있을 것입니다. 특히 하나님에 대한 깊은 실망을 경험한 적이 있다면 우리는 말라기의 백성들이 빠진 곤경을 이해할 수 있을 것입니다. 하나님은 그분의 백성들이 신실한 예배를 통해 새롭게 하도록 말라기 선지자를 보내셨습니다. 또한 그들에게 하나님의 사랑(말 1:1-2)과 위대함(말 1:5, 11), 두려움(말 1:14), 경외로움(말 2:5), 정의(말 3:1-5), 미래에 대한 주권(말 3:1-2, 4:1-2)을 일깨우셨습니다. 하나님은 참된 예배를 위해 값싼 제물을 드리는 이들을 꾸짖으시고 하나님의 것을 도적질하는 행위를 그만두라고 말씀하셨습니다(말 3:8-9).

말라기서는 하나님이 명령하셨기 때문에 그리고 우리가 복을 받을 것이기 때문에 최고의 것으로 하나님을 예배할 것을 강조합니다. 그리고 무엇보다 하나님의 위대함을 찬양하는 것이 우리의 예배를 새롭게 하는 것임을 알려줍니다.

"만군의 여호와가 이르노라 해 뜨는 곳에서부터 해 지는 곳까지의 이방 민족 중에서 내 이름이 크게 될 것이라"(말 1:11)

우리는 단순히 순종하기 때문에 하나님을 예배하는 것이 아니라 경외로우시고 위엄 있으시며 한없는 높임을 받으시기에 합당하시기 때문에 예배합니다(말 1:5-8). 우리가 낙심할 때, 하나님의 선하심에 의문을 가질 때, 우리는 내 생각과 감정이 아니라 그분의 말씀을 통해 드러난 하나님의 영광스러운 본성에 집중해야 합니다.

말라기는 유대인의 역사와 한계를 넘어 하나님께서 그분의 예언적 약속을 완전히 성취하실 미래를 내다보았습니다. 만군의 여호와께서 나타나실 때 "그가 은을 연단하여 깨끗하게 하는 자 같이 앉아서 레위 자손을 깨끗하게 하되 금, 은 같이 그들을 연단하리니 그들이 공의로운 제물을 나 여호와께 바칠 것이라"(말 3:3)고 말씀하십니다. 하나님께서 다시 오실 때 우리는 공의로운 제물인 이 땅 위에서의 연단을 드릴 것입니다. 그리고 하나님이 그의 피조물들을 완전히 회복하신 후에 우리는 진실과 순전함으로 예배하게 될 것입니다. 말라기는 하나님의 영광을 찬송하고 약속을 성취하실 예수 그리스도의 오심을 예언합니다.

"이는 우리가 그리스도 안에서 전부터 바라던 그의 영광의 찬송이 되게 하

려 하심이라"(엡 1:12)

그리스도를 통한 새로운 언약의 백성으로서 하나님의 보좌 앞에 엎드릴 날까지 우리가 가진 최고의 것으로 하나님을 예배하는 것만큼 중요한 것 없습니다(말 3:17). 그러므로 우리는 매일의 삶의 예배를 통해 기쁘게 춤을 추며 벅찬 감동으로 하나님을 찬양해야 할 것입니다.

"내 이름을 경외하는 너희에게는 공의로운 해가 떠올라서 치료하는 광선을 비추리니 너희가 나가서 외양간에서 나온 송아지 같이 뛰리라"(말 4:2)

1. 스가랴가 바벨론의 포로로부터 돌아온 이후 가장 먼저 한 일은 무엇인가요?
2. 말라기 선지자가 말한 예배의 기쁨은 어떻게 얻어지는 것인가요?
3. 말라기 선지자는 하나님께 드리는 참된 예배를 무엇이라고 하나요?

넷째, 하나님은 우리에게 귀를 기울이고 계십니다.

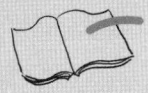

다섯째,
예수 그리스도는 우리의 구원이십니다.

제26일 예배의 중심은 예수 그리스도이십니다. **마태복음, 마가복음, 누가복음**

제27일 참된 예배는 영과 진리로 드리는 예배입니다. **요한복음**

제 26 일

예배의 중심은 예수 그리스도이십니다.

마태복음, 마가복음, 누가복음

신약성경의 첫 번째 말씀은 과거 역사를 연결하며 시작됩니다.

"아브라함과 다윗의 자손 예수 그리스도의 계보라"(마 1:1)

예수님은 선지자를 통해 약속된 메시아 곧 그리스도시며 다윗의 자손입니다(사 9:7). 또한 아브라함의 족속과 후손들을 통해 언약을 이루시는 아브라함의 자손입니다.

"내가 너로 큰 민족을 이루고 네게 복을 주어 네 이름을 창대하게 하리니 너는 복이 될지라"(창 12:2)

신약성경과 함께 우리의 예배는 구약성경의 말씀을 기초로 합니다. 과거 예언의 말씀을 통해 메시아이신 예수님을 이해할 수 있고 하나님의 계시에 따라 예배할 수 있습니다. 하나님은 일관되시고, 신실하시고 말씀하신 것을 모두 이루시는 분이시며 우리의 끊임없는 신뢰와 온전한 찬양을 받으시기에 합당하신 분입니다. 마태복음, 마가복음, 그리고 누가복음을 공관복음(共觀福音)이라고 하는데, 예수 그리스도의 생애와 죽으심, 부활 그리고 재림에 대한 공통적인 시각이 있습니다. 신약성경을 복음서로 시작하며 압도적으로 비중 있게 다룬다는 것은 예수 그리스도가 우리 예배의 목적이자 중심임을 말해줍니다.

마태는 예수님이 다윗의 자손일 뿐만 아니라 하나님의 아들이심을 선포했습니다(마 2:15, 4:3, 8:29, 26:63). 그리고 하나님은 예수님을 나의 아들이라고 말씀하셨습니다.

"하늘로부터 소리가 있어 말씀하시되 이는 내 사랑하는 아들이요 내 기뻐하는 자라 하시니라"(마 3:17)

유대인의 입장에서 하나님의 아들이라 칭하는 것은 신성함이 아니라 하나님과의 특별한 관계를 의미합니다.

"내가 여호와의 명령을 전하노라 여호와께서 내게 이르시되 너는 내 아들이라 오늘 내가 너를 낳았도다"(시 2:7)

마태복음에서 예수님과 하나님 아버지와의 친밀감은 매우 특별합니다.

"내 아버지께서 모든 것을 내게 주셨으니 아버지 외에는 아들을 아는 자가

없고 아들과 또 아들의 소원대로 계시를 받는 자 외에는 아버지를 아는 자가 없느니라"(마 11:27)

예수님은 하나님의 아들로 이 땅에 오셨을 뿐만 아니라 임마누엘로서 이 땅에 오신 분입니다. 그 하나님이 지금 우리와 함께 계십니다.

"보라 처녀가 잉태하여 아들을 낳을 것이요 그의 이름은 임마누엘이라 하리라 하셨으니 이를 번역한즉 하나님이 우리와 함께 계시다 함이라"
(마 1:23)

하나님의 신성한 아들이신 예수님은 찬양받기에 합당하신 분이십니다. 예수님은 하나님만이 찬양받으셔야 한다고 말씀하셨습니다.

"이에 예수께서 말씀하시되 사탄아 물러가라 기록되었으되 주 너의 하나님께 경배하고 다만 그를 섬기라 하였느니라"(마 4:10)

동방박사를 비롯한 많은 이들의 경배를 통해 예수님이 참된 '신'이심을 보여줍니다(마 2:2, 11). 또한 예수님이 물 위를 걸으셨던 말씀은 다른 복음서에 기록되지 않은 말씀으로 하나님의 능력을 본 사람들이 예수님을 '신'으로 인정하고 하나님의 아들로 예배했음을 보여줍니다.

"배에 있는 사람들이 예수께 절하며 이르되 진실로 하나님의 아들이로소이다 하더라"(마 14:33)

유대인들은 늘 하나님 한 분만이 예배받으시기 합당하다고 주장해왔습니다. 하지만 예수님은 유일한 임마누엘 즉 우리와 함께 계시는 하나님으로 제자들을 비롯해 그분을 따르던 많은 유대인들은 예수님을 하나님으로 여기고 예배하지 않을 수 없었습니다. 예배자로서 우리는 예수님이 완전하신 인간이심과 동시에 완전하신 하나님이심을 믿습니다. 또한 다윗의 자손이면서 하나님의 아들이신 예수님을 예배하며 찬양합니다.

마태복음은 예수님의 사역과 가르침을 통해 교회의 기원과 목적을 찾습니다. 마태는 새롭게 교회 구성원이 된 그리스도인들에게 기본 신앙을 가르치기 위해 이 복음서를 작성했습니다. 동방박사들이 아기 예수께 경의를 표하는 경배와 문둥병자와 회당장이 예수님의 도움을 구하려 예수님 앞에 절하는 모습을 통해 교회가 무엇보다 예배 공동체임을 강조합니다(마 8:2, 9:18). 산상수훈(마 5-7장)을 통해 예수님은 제자들에게 어떻게 기도해야 할지와 하나님에 대한 예배 공동체 일원으로 어떻게 살아가야 할지를 알려주셨습니다. 그리스도 공동체의 많은 예배의 기초와 양식들이 마태복음을 통해 발견됩니다. 예수님은 침례(세례) 요한을 통해 침례를 받으셨고, 기독교인들은 이후 침례를 통해 주님을 따랐습니다(마 3:15). 그리고 예수님께서 알려주신 대로 기도합니다.

"그러므로 너희는 이렇게 기도하라 하늘에 계신 우리 아버지여 이름이 거룩히 여김을 받으시오며"(마 6:9)

앞을 보지 못했던 사람들(마 9:27, 20:30-31)과 아픈 자녀를 두었던 부모들의 탄원(마 15:22, 17:15)은 이후 공예배에서 흔히 사용되는 "주여, 긍휼히 여기소서"라는 '자비송(Kyrie, 키리에)'의 예전이 되었습니다(마 9:27). 예수님께서 몸으로 여기신 빵과 피로 여기신 잔을 주셨기 때문에 오늘날 교회는 정기적으로 성찬에 참여합니다(마 26:26-28). 그리고 예루살렘으로 오시는 예수님을 환영했던 사람들의 목소리를 기억하며 기념합니다(마 21:9). 우리 예배자들은 예수님께서 제자들에게 가르쳐주신 것처럼 "아버지와 아들과 성령의 이름으로" 어디에서든 세례(침례)를 받습니다.

마가복음은 예수님께서 복음을 선포하시며 시작됩니다.

"이르시되 때가 찼고 하나님의 나라가 가까이 왔으니 회개하고 복음을 믿으라 하시더라"(막 1:15)

선지자들에 의해 선포되고 유대인들이 소망해왔던 하나님의 통치는 예수님의 사역으로 시작되었습니다. 예수님의 선포는 전인적인 응답을 요구하지만 우리는 복음을 단지 믿는 부분적인 응답만을 합니다. 예수님은 단순히 믿는 것보다 회개가 중요하다고 말씀하셨습니다. 회개는 우리의 마음을 온전히 변화시키는 것이며 삶의 새로운 방식을 받아들이는 것입니다. 우리가 하나님의 통치에 대한 복음을 받아들인다는 것은 그분의 주권 아래 우리를 굴복시키는 것입니다. 그러므로 우리는 단순히 말로서의 고백만이 아니라 그분의 말씀에 온전히 순종하므로 우리 자신을 드려야 할 것입니다. 예수님께서 갈릴리 해변을 걸으실 때 두 명의 어부를 부르셨습니다.

"나를 따라오라. 내가 너희로 사람을 낚는 어부가 되게 하리라"(막 1:17)

그들은 예수님을 단지 경배한 것이 아니라 자신의 운명을 바꾸는 전인적인 순종을 통해 응답했습니다. 우리가 하나님을 예배한다는 것은 주일예배를 통해 하나님께 예배드리는 것뿐만 아니라, 우리의 전 생애를 하나님의 영광을 위해 살겠다는 자기 선언이 먼저 되어야 합니다. 그것이 하나님이 원하시는 진정한 예배자의 삶입니다.

"곧 그들은 그들의 그물을 버려두고 따르니라"(막 1:18)

예수님은 우리의 죄를 위해 십자가의 죽음이 임박했음을 말씀하셨습니다(막 8:31). 그러나 희생해야 할 사람은 '나만이 아니다'라고 말씀하십니다.

"무리와 제자들을 불러 이르시되 누구든지 나를 따라오려거든 자기를 부인하고 자기 십자가를 지고 나를 따를 것이니라 누구든지 자기 목숨을 구원하고자 하면 잃을 것이요 누구든지 나와 복음을 위하여 자기 목숨을 잃으면 구원하리라"(막 8:34-35)

예수님을 처음 따랐던 제자들은 하나님께서 정치적으로 승리해 동참할 것을 기대했지만 예상치 못한 희생과 섬김의 부르심에 직면했습니다(막 10:43-45). 사람의 아들이신 예수님의 궁극적인 승리는 로마인들을 정복하는 것이 아니라 로마인들의 십자가에 달려 죽는 것이었습니다. 예수 그리스도를 따르는 예배자들은 하나님을 경배와 찬양으로 영광 돌릴 뿐만 아니라 우리 자신을 굴복시켜 하나님의 뜻에 따라 살아 있는 희생제물로 드리는 것임을 깨달아야 합니다.

> "그러므로 형제들아 내가 하나님의 모든 자비하심으로 너희를 권하노니 너희 몸을 하나님이 기뻐하시는 거룩한 산 제물로 드리라 이는 너희가 드릴 영적 예배니라 너희는 이 세대를 본받지 말고 오직 마음을 새롭게 함으로 변화를 받아 하나님의 선하시고 기뻐하시고 온전하신 뜻이 무엇인지 분별하도록 하라"(롬 12:1-2)

마가복음은 예수님이 원하시는 모범적인 예배를 보여줍니다. 예수님은 성전 헌금함에 적은 돈을 넣었던 가난한 과부가 큰돈을 넣은 부자들보다 더 많이 바친 것으로 인정하셨습니다. 그 과부는 가진 것 모두, 곧 자기 생활비 전부를 드렸기 때문입니다(막 12:44). 또한 한 여인이 비싼 향유를 예수님께 부어 주변에서 지켜보던 이들이 향유를 더 좋은 데 사용하지 못한 것에 대한 비판에도 예수님은 그 여인이 '아름다운 일'을 했다고 말씀하셨습니다(막 14:6). 그러므로 우리 또한 하나님께 영광을 돌리며 그분을 경외할 때, 무엇보다 우리 자신을 드리며 온전히 우리가 가진 모든 것을 드려야 할 것입니다. 그것이 하나님이 원하시는 진정한 예배자의 본분입니다.

프랑스 샤르트르 성당(Chartres Cathedral) 정문에 새겨진 그림에서 우리는 사복음서에 대한 상징을 찾을 수 있습니다. 이 상징들은 에스겔(겔 1:10)과 요한(계 4:7)의 환상에서 비롯된 것으로 날개 달린 사람은 마태를, 날개 달린 사자는 마가를, 날개 달린 소는 누가를, 독수리는 요한을 나타냅니다. 왜 마가를 사자로 상징했을까요? 사자는 강인함과 힘 그리고 왕족을 나타내며 이는 마가복음에서 강조되는 예수님의 특징입니다.

마리아와 사가랴가 예배를 드리는 첫 장부터 시작해 마지막 장 마지막 구절 "하나님을 찬송하니라"(눅 24:53)까지 누가복음은 하나님에 대한 예배로 넘쳐납니다. 특별히 하나님께서 그분의 아들 예수 그리스도를 통해 베풀어주신 구원의 역사로 인해 하나님께 영광을 돌립니다. 우리는 마리아의 기쁨의 노래(눅 1:46-47)와 사가랴의 선포(눅 1:68) 그리고 천사들의 노래를 함께 부르며 예수님을 찬양합니다(눅 2:14).

누가복음은 특별히 하나님의 은혜와 역사하심을 통해 어떻게 하나님을 찬양할 수 있는지 잘 알려줍니다. 우리는 마치 아기 예수님을 본 목자들처럼 "듣고 본 모든 일이 천사들에게 들은 것과 같았으므로 하나님께 영광을 돌리고 찬송하면서 돌아가는 자들"입니다(눅 2:20). 그리고 예수님의 말씀을 통해 고침 받은 중풍병 환자에 공감하며 "하나님을 찬양하면서 집으로 돌아가는 자들"입니다(눅 5:25). 또한 백부장과 함께 예수님의 죽으심을 목격하면서 경외함으로 "하나님께 영광을 돌리는 자들"입니다(눅 23:47). 누가는 예수님께서 하나님의 아들이시며 예배 받으시기 합당하신 분이심을 인정하면서 예수님에 대한 예배는 한 구절만 기록합니다.

"그들이 (그에게 경배하고) 큰 기쁨으로 예루살렘에 돌아가"(눅 24:52)

오히려 누가는 성부 하나님에 대한 예배에 더 집중합니다. 심지어 예수님께서도 이를 몸소 보여주셨습니다.

"그 때에 예수께서 성령으로 기뻐하시며 이르시되 천지의 주재이신 아버지여 이것을 지혜롭고 슬기 있는 자들에게는 숨기시고 어린 아이들에게는 나타내심을 감사하나이다 옳소이다 이렇게 된 것이 아버지의 뜻이니이다"
(눅 10:21)

예수님께서 보여주신 이 기쁨의 예배는 누가복음에 나타난 중요한 요소입니다. 예수님께서는 성령을 통해 기쁨으로 충만하실 때 아버지 하나님을 찬양하셨습니다. 누가는 예배를 '기쁨'으로 묘사했으며 마리아는 구세주를 기뻐했습니다(눅 1:47). 그리고 예수님께서 종려 주일에 예루살렘에 들어오실 때 군중들은 큰 소리로 기쁘게 하나님을 찬양했습니다(눅 19:37). 또한 제자들은 예수님의 승천을 큰 기쁨으로 기념했습니다(눅 24:52). 그리스도인들은 예수님을 통해 하나님의 구원을 받았기 때문에 예배 가운데 기뻐합니다. 기쁨은 천사가 전해주는 기쁜 소식에 대한 당연한 반응입니다. 누가는 우리에게 언제나 넘치는 기쁨으로 예배해야 한다고 말해줍니다. 또한 예수님께서 보여주신 예배는 성령님이 함께하는 예배이며 예수님은 성령의 감동으로 하나님을 찬양하는 예배자들과 동참하십니다(눅 1:67-68, 2:27-28).

예배는 하나님의 말씀에 대한 우리의 반응이지만, 이것은 단순한 인간의 행위가 아닙니다. 하나님의 성령이 우리에게 힘을 주셔서 예배하게 하시고, 우리로 하여금 하나님의 구원의 역사를 기억하게 하시며, 하나님의 놀라우신 은혜를 부어주시고 우리 마음에 채워주십니다. 그러므로 우리의 예배는 기쁨으로 넘쳐나며 하나님의 임재로 가득하게 되는 것입니다. 우리의 예배는 네 가지 요소로 이루어져 있습니다. 찬양을 통해 하나님의 인재 안으로 들어가는 것, 그분의 말씀을 듣는 것, 성찬에 참여하는 것 그리고 그리스도의 제자로서 섬기기 위해 세상으로 나아가는 것입니다. 예배의 본질이 누가가 전하는 말씀 속에 담겨 있습니다. 누가는 예배란 예수 그리스도로 자유케된 예배자들이 하나님과 교제하는 것이라고 정의합니다. 그리고 예배의 분명한 목적과 본질을 깨달음으로 우리 그리스도인들이 하나님 앞에 참된 예배자로 설 것을 강조했습니다.

누가는 우리들이 그리스도께 어떻게 반응해야 하는지 알려줍니다. 예수님을 따르는 예배자들은 '예수는 그리스도'라고 믿고 선포하며 그들의 신앙을 고백했으며 하나님의 기쁜 소식을 전하기 위해 나아갔습니다(눅 9:18-20). 그러므로 우리는 복음에 대한 반응으로 평강의 왕이신 예수님을 기쁜 마음으로 예배하며 존귀와 능력을 찬양해야 할 것입니다.

> "이르되 찬송하리로다 주의 이름으로 오시는 왕이여 하늘에는 평화요 가장 높은 곳에는 영광이로다 하니"(눅 19:38)

1. 예수 그리스도가 우리 예배의 중심이 되어야 하는 이유는 무엇인가요?
2. 동방박사가 아기 예수님께 드린 예물은 하나님께 나아가는 우리 예배자에게 어떤 의미인가요?
3. 예배의 기둥과 같은 중요한 네 가지 구조는 무엇인가요?

제 27 일

참된 예배는 영과 진리로 드리는 예배입니다.

요한복음

요한복음의 저자는 이탈리아 화가 레오나르도 다 빈치(Leonardo da Vinci, 1452 - 1519)가 그린 '최후의 만찬(The Last Supper, 1495~1497)'의 예수님 바로 옆자리에 앉았던 예수님의 사랑하는 제자 요한입니다. 예수님의 생애가 중심 내용인 마태, 마가, 누가복음이 '하나님의 나라'에 초점을 맞추고 있다면 요한복음은 '예수 그리스도'가 중심입니다. 예수 그리스도에 대한 요한의 시각은 태초로 거슬러 올라가 하나님께서 갖고 계신 구원 계획과 한없이 넘치는 은혜를 보여줍니다.

"우리가 다 그의 충만한 데서 받으니 은혜 위에 은혜러라"(요 1:16)

그리고 인간의 형상으로 이 땅에 오셔서 죄악으로 파괴된 창조 질서를 회복하고 우리를 구원하시는 하나님의 은혜를 깨닫게 합니다. 이 구원의 신학은 이후 베드로의 인생을 바꾼 구원의 신학으로 끝납니다. 죄 사함 받은 베드로의 이야기는 우리들에게 하나님과의 관계가 얼마나 중요한지를 알려줍니다. 창세기에서 하나님은 아담, 하와와 함께 거니셨지만, 아담, 하와의 죄로 인해 관계는 깨지고 말았습니다.

"그들이 그 날 바람이 불 때 동산에 거니시는 여호와 하나님의 소리를 듣고 아담과 그의 아내가 여호와 하나님의 낯을 피하여 동산 나무 사이에 숨은지라"(창 3:8)

요한복음은 그렇게 깨진 관계가 인간의 모습으로 사람들과 함께 걸으신 예수님을 통해 어떻게 회복되었는지를 보여줍니다. 예수님의 성육신은 화해를 위한 하나님 계획의 첫 단추였습니다. 하나님은 예수 그리스도의 모습으로 이 땅에 오셔서 우리를 위로해주시고 생명의 말씀을 주셨습니다. 요한복음은 예수님의 사역과 생애를 풍성한 언어로 그려냈습니다. 예수님은 선한 목자시자 길이시고 진리이셨으며, 생명이시고 생명의 떡이시며, 문이자 포도나무이시고, 세상의 죄를 지고 가는 하나님의 어린 양이셨습니다. 하나님의 사랑은 하나님의 아들인 예수 그리스도의 말과 행위를 통해 분명히 드러났습니다. 요한복음은 예배에 관한 중요한 말씀을 담고 있습니다. 사마리아 여인이 예배 드리기 적합한 장소에 대해 질문했을 때 예수님께서는 다음과 같이 대답하셨습니다.

"여자여 내 말을 믿으라 이 산에서도 말고 예루살렘에서도 말고 너희가 아버지께 예배할 때가 이르리라 … 아버지께 참되게 예배하는 자들은 영과 진리로 예배할 때가 오나니 곧 이 때라 아버지께서는 자기에게 이렇게 예배하는 자들을 찾으시는지라"(요 4:21, 23)

하나님께서 예배드릴 사람들을 찾으신다는 말씀을 읽을 때 하나님의 사랑으로 인해 우리의 마음은 뜨거워집니다. '영으로' 예배한다는 것은 우리가 하나님과 친밀한 교제를 통해 그분을 예배한다는 것을 의미합니다.

"하나님은 영이시니 예배하는 자가 영과 진리로 예배할지니라"(요 4:24)

하나님은 영이시기 때문에 그리고 하나님의 영이 우리 안에 거하시기 때문에 하나님을 멀리서 예배하는 것이 아니라 우리의 삶 속에서 삼위일체 하나님의 사랑을 통해 예배하는 것입니다.

"그는 진리의 영이라 세상은 능히 그를 받지 못하나니 이는 그를 보지도 못하고 알지도 못함이라 그러나 너희는 그를 아나니 그는 너희와 함께 거하심이요 또 너희 속에 계시겠음이라"(요 14:17)

'진리'로 예배한다는 것은 하나님께서 스스로 보여주신 모습과 말씀 그대로 믿고 예배하는 것을 의미합니다. 우리 마음대로 하나님의 형상을 만들어내고 이를 경배해서는 안되는 것입니다. 진리는 하나님 말씀이자 하나님이시기 때문입니다. '영'의 예배는 하나님께서 그분의 말씀

가운데 진리로 계시해주신 것에 대한 반응입니다. 요한은 이 말씀이 성경 안에 담겨 있을 뿐 아니라 '은혜와 진리가 충만한' 살아있는 분이며 하나님의 말씀이 육신이 되신 분 즉 예수님 안에 담겨있다고 말합니다.

"말씀이 육신이 되어 우리 가운데 거하시매 우리가 그의 영광을 보니 아버지의 독생자의 영광이요 은혜와 진리가 충만하더라"(요 1:14)

그분은 '길이요 진리요 생명'이며, 그분을 통해 우리는 하나님께 나아갑니다.

"예수께서 이르시되 내가 곧 길이요 진리요 생명이니 나로 말미암지 않고는 아버지께로 올 자가 없느니라"(요 14:6)

그러므로 오직 예수 그리스도를 통해서 우리는 하나님을 알고 그분을 경배합니다. 그분은 우리에게 하나님의 성품과 영광을 나타내시며, 우리를 하나님의 영원한 생명으로 인도해주십니다. 예수님께서 말씀하신 '영과 진리'의 중요한 의미는 장소나 형식이 예배를 만드는 것이 아니라 참된 예배는 '영'과 '진리'로 드리는 예배라는 것입니다. '영'과 '진리'의 의미에 대해 존 파이퍼(John Piper)는 다음과 같이 주장했습니다.

"영으로 드리는 진정한 예배는 성령에 이끌려 드리는 것이라 생각한다. 아울러 그것은 외형적이며 육체적인 사건이 아니라 주로 내적이며 영적인 사건으로 나타난다. '진리'로 드리는 진정한 예배는 하나님의 참된 시각에 응답하는 것이라 생각한다. 그리하여 그 예배는 그분의 참된 시각에 따라 구체화되고 인도된다."

또한 예배학자였던 로버트 웨버(Robert E. Webber, 1933-2007)는 '영과 진리'를 "하나님의 영에 우리의 영이 반응하는 것"이라고 했습니다. 우리가 영과 진리로 참된 예배를 드리게 되면, 요한계시록 4-5장 말씀에서와 같이 하늘 보좌에 계신 하나님께 장로와 천사와 함께 이렇게 고백하게 되는 것입니다.

"큰 음성으로 이르되 죽임을 당하신 어린 양은 능력과 부와 지혜와 힘과 존귀와 영광과 찬송을 받으시기에 합당하도다 하더라 내가 또 들으니 하늘 위에와 땅 위에와 땅 아래와 바다 위에와 또 그 가운데 모든 피조물이 이르되 보좌에 앉으신 이와 어린 양에게 찬송과 존귀와 영광과 권능을 세세토록 돌릴지어다 하니 네 생물이 이르되 아멘 하고 장로들은 엎드려 경배하더라"(계 5:12-14)

그러므로 참된 예배는 영적입니다. 하나님께 영광 돌리는 예배는 하나님의 영에 우리의 영이 합치되는 것이며, 성령님이 우리를 영으로 인도하시는 것입니다. 이것이 우리가 이 땅 위에서 예배자로서 추구해야 할 진정한 예배이며 모본입니다. 요한복음 4장을 제외하고 요한은 예배의 행위들인 찬양, 경배, 감사 등에 대해 크게 언급하지 않습니다. 오히려 요한은 우리에게 예수님을 믿음으로 예수님을 통해 나타내시는 하나님의 행위에 응답하라고 강조합니다.

"하나님이 세상을 이처럼 사랑하사 독생자를 주셨으니 이는 그를 믿는 자마다 멸망하지 않고 영생을 얻게 하려 하심이라"(요 3:16)

이는 우리가 예수님이 "그리스도시요 하나님의 아들"이심을 인정하고 우리 자신을 전적으로 그분께 맡길 때 가능한 일입니다.

"오직 이것을 기록함은 너희로 예수께서 하나님의 아들 그리스도이심을 믿게 하려 함이요 또 너희로 믿고 그 이름을 힘입어 생명을 얻게 하려 함이니라"(요 20:31)

우리가 성부 하나님 그리고 성자 예수님과 맺은 관계는 우리를 향한 하나님의 사랑으로부터 시작됩니다(요 3:16). 요한복음은 예수님을 향한 우리의 사랑을 언급하지만, 하나님의 사랑에 대한 응답으로 그분을 사랑하라고 말하지는 않습니다.

"나를 사랑하지 아니하는 자는 내 말을 지키지 아니하나니 너희가 듣는 말은 내 말이 아니요 나를 보내신 아버지의 말씀이니라"(요 14:24)

오히려, 예수님께서 우리를 사랑하신 것 같이 우리도 서로를 사랑하라고 말씀하십니다.

"내 계명은 곧 내가 너희를 사랑한 것 같이 너희도 서로 사랑하라 하는 이 것이니라"(요 15:12)

물론 우리가 드리는 예배는 하나님을 향한 사랑을 포함하지만, 요한은 그리스도 안에서 받은 사랑을 통해 서로 사랑할 때 하나님께 예배하는 것임을 알려줍니다.

"네 마음을 다하고 목숨을 다하고 뜻을 다하고 힘을 다하여 주 너의 하나님을 사랑하라 하신 것이요"(막 12:30)

'서로를 사랑하라'는 예수님의 계명을 지키고 그분을 사랑할 때 예수님과 성부 하나님께서 우리를 사랑하시고 우리 안에 거하십니다.

"예수께서 대답하여 이르시되 사람이 나를 사랑하면 내 말을 지키리니 내 아버지께서 그를 사랑하실 것이요 우리가 그에게 가서 거처를 그와 함께 하리라"(요 14:23)

또한 성부 하나님께서 그 아들을 사랑하신 것과 같이 우리도 예수님의 사랑 안에 거합니다.

"아버지께서 나를 사랑하신 것 같이 나도 너희를 사랑하였으니 나의 사랑 안에 거하라"(요 15:9)

그러므로 요한복음은 우주 어딘가 저 멀리 계신 하나님께 예배 드리는 것이 아니라, 성부, 성자, 성령이신 하나님과 사랑으로 연합해 하나님께 예배 드릴 수 있게 합니다. 예수님의 생명과 죽음 그리고 부활은 신약에서 예배의 본질입니다. 요한은 메시아를 기다려 온 이스라엘 백성들에게 예수님으로 인해 그 소망이 성취되었다고 선포합니다. 그리고 예수님의 신성과 인성이 함께 일하고 있음을 반복적으로 표현하면서 요한은 예수님의 가르침을 듣는 자들에게 예수님께서 행하신 기적을 보고 예배할 것을 강권합니다. 요한복음은 우리를 예수님이 하나님의 아들 그리스도라는 것을 믿게 하고 또 그분의 이름을 믿음으로 생명을 얻도록 합니다. 이것이 참된 예배이자 우리를 기쁘게 하는 소식입니다.

"오직 이것을 기록함은 너희로 예수께서 하나님의 아들 그리스도이심을 믿게 하려 함이요 또 너희로 믿고 그 이름을 힘입어 생명을 얻게 하려 함이니라"(요 20:31)

요한복음 통해 우리는 몇 가지 중요한 예배의 통찰을 배우게 됩니다. 첫째, 우리는 영적으로 다시 태어남으로 하나님의 자녀가 됩니다.

"영접하는 자 곧 그 이름을 믿는 자들에게는 하나님의 자녀가 되는 권세를 주셨으니 이는 혈통으로나 육정으로나 사람의 뜻으로 나지 아니하고 오직 하나님께로부터 난 자들이니라"(요 1:12-13)

둘째, 겸손한 제자는 하나님의 의가 드러나는 것을 기뻐합니다.

"신부를 취하는 자는 신랑이나 서서 신랑의 음성을 듣는 친구가 크게 기뻐하나니 나는 이러한 기쁨으로 충만하였노라 그는 흥하여야 하겠고 나는 쇠하여야 하리라 하니라"(요 3:29-30)

셋째, 예수 그리스도는 율법주의가 아닌 참된 영적 예배를 원하십니다.

"하나님은 영이시니 예배하는 자가 영과 진리로 예배할지니라"(요 4:24)

넷째, 참된 예배에서는 하나님의 말씀이 중요하고 소중히 다루어집니다.

"하나님께 속한 자는 하나님의 말씀을 듣나니 너희가 듣지 아니함은 하나님께 속하지 아니하였음이로다"(요 8:47)

다섯째, 참된 예배란 예수 그리스도의 주인 되심을 인정하는 것입니다.

"이르되 주여 내가 믿나이다 하고 절하는지라"(요 9:38)

여섯째, 우리는 예수님께서도 말씀하셨듯이 모든 일을 하나님의 영광을 위해 해야 합니다.

"예수께서 들으시고 이르시되 이 병은 죽을 병이 아니라 하나님의 영광을

위함이요 하나님의 아들이 이로 말미암아 영광을 받게 하려 함이라 하시더라"(요 11:4)

일곱째, 인정받으려는 인간의 욕망은 참된 예배를 방해합니다.

"그들은 사람의 영광을 하나님의 영광보다 더 사랑하였더라"(요 12:43)

여덟째, 인간의 죄성과 하나님의 의로우심을 자각하는 것이야말로 성령님께서 일하고 계신다는 증거입니다.

"그가 와서 죄에 대하여, 의에 대하여, 심판에 대하여 세상을 책망하시리라"(요 16:8)

사람들은 종종 예수님의 기적을 두려워했습니다. 그들은 인간의 상식을 넘어서는 권능과 마주했습니다. 그 기적들은 예수님이 단지 한 명의 위대한 스승이 아닌 하나님의 아들이심을 분명히 보여주었습니다. 이러한 사실은 하나님의 권능과 거룩함에 대한 깊은 경외감에 압도되어 무릎을 꿇거나 엎드려 경배하는 것으로 나타납니다. 이것이 하나님의 임재에 대한 자연스러운 반응입니다. 사도 바울은 모든 창조물이 압도적인 경외함으로 예배드릴 것이라고 강조했습니다.

"하늘과 땅과 땅 아래 있는 자들이 모두 예수님의 이름에 무릎을 꿇게 하시고"(빌 2:10)

요한은 참된 예배 공동체는 사랑의 공동체라고 명확하게 정의합니다. 하나님은 사랑이시기 때문에 예수님을 영접한 우리 예배자들은 하나님의 사랑의 빛을 드러내야 합니다.

"새 계명을 너희에게 주노니 서로 사랑하라 내가 너희를 사랑한 것 같이 너희도 서로 사랑하라 너희가 서로 사랑하면 이로써 모든 사람이 너희가 내 제자인 줄 알리라"(요 13:35-36)

예배는 하나님을 사랑하고 이웃을 사랑하는 것입니다.

"예수께서 이르시되 네 마음을 다하고 목숨을 다하고 뜻을 다하여 주 너의 하나님을 사랑하라 하셨으니 이것이 크고 첫째 되는 계명이요 둘째도 그와 같으니 네 이웃을 네 자신 같이 사랑하라 하셨으니"(마 22:37-39)

이 말씀은 구약 십계명으로부터 예수님의 말씀을 포함해 성경 전체에 흐르는 예배의 본질이자 예배자가 삶에서 지켜야 할 필수적 의무입니다. 진리의 말씀을 깨닫고 삶의 예배에서 하나님이 주시는 참된 자유를 누리는 예배자가 되기를 소망합니다.

"진리를 알지니 진리가 너희를 자유롭게 하리라"(요 8:32)

1. 요한복음에서 이야기하는 '참된 예배 공동체'는 어떤 공동체 인가요?
2. 요한복음 4장에 기록된 '영과 진리'의 예배는 어떤 예배인가요?
3. 우리의 예배가 하나님이 기뻐하시는 참된 예배가 되기 위해 필요한 것은 무엇이라 생각하나요?

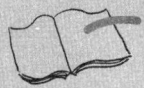

여섯째,
하나님은 우리의 삶에 간섭하십니다.

제 28일 예배는 삶 속에서 예수 그리스도를 증거 하는 것입니다. **사도행전**

제 28 일

예배는 삶 속에서 예수 그리스도를 증거하는 것입니다.

사도행전

'탁월한 저자', '신실한 친구', '예수 그리스도의 복음을 전하는 제자' 그리고 '의사'는 사도행전을 기록한 누가의 모습입니다. 누가의 사도행전은 초대교회의 예배와 성장에 관해 잘 기록된 말씀입니다. 우리는 사도행전을 세밀하게 기록한 누가를 통해 예루살렘에서 초기 그리스도인들이 드렸던 예배와 예수 그리스도의 생애뿐 아니라 예수님의 사역을 기쁘게 축하하며 생겨난 초대교회의 모습을 잘 알 수 있습니다.

누가는 시리아 안디옥을 정착지로 삼은 이방인이자 의사였습니다. 바울이 매우 아끼던 복음 협력자 디도의 형제이기도 합니다. 사도행전 16장과 20장, 27장에서 발견되는 '우리'는 누가가 바울의 선교 여행에 참여하고 있는 바울의 초창기 이방인 개종자 가운데 한 명임을 말해줍니다. 또한 사도행전 28:16, 로마서 16:21, 디모데후서 4:11 그리고 빌레몬서 24절에는 바울의 선교 여행의 일행으로 어려운 여건 속에서도 사명 감당하는 모습을 보여줍니다. 또한 그리스도 선교 사역의 주요 증인으로서 유대교의 중심 예루살렘에서부터 서로 다른 문화와 민족인 1세기의 문명사회로 기독교가 어떻게 확산되었는 지를 시간순으로 잘 기록하고 있습니다.

누가는 그리스도인의 예배가 성령님께서 주시는 은사로부터 시작한다는 사실과 교회 사역을 이끌고 계심을 깨닫게 해줍니다(눅 4:1, 11:13, 행 2:1-21, 4:8, 8:15-19). 그는 또한 예배하는 교회의 모습을 역동적으로 묘사했습니다. 스가랴, 시므온, 마리아의 아름다운 찬양을 기록했으며, 천사들이 목자들을 맞이하며 외친 영광의 찬양도 묘사했습니다. 그리고 초대교회 그리스도인들이 함께 기도하며 빵을 떼고 가진 것을 나누면서 공유한 사랑의 교회 공동체를 보여주었습니다.

오늘날 많은 교회의 예배는 기독교력을 중심으로 구성되는데, 성령님의 오심을 기념하는 절기가 '오순절'입니다. 성령님의 운행하심은 사도행전의 중심 주제입니다. 누가는 그리스도의 교훈은 성령을 통해 제자들에게 전해지는 것이라고 말하며(행 1:2), 성령님께서 오심으로 기독교 예배가 전 세계에 걸쳐 시작됐음을 알립니다(행 2장). 그리고 사도행전을 읽을 때마다 우리는 성령님의 운행하심과 하나님의 주권에 대해 감사하게 됩니다.

> "그가 택하신 사도들에게 성령으로 명하시고 승천하신 날까지의 일을 기록하였노라"(행 1:2)

우리는 오순절 베드로의 복음적인 설교와 예루살렘에서 구원의 역사를 선포하다가 돌에 맞아 죽은 스데반의 오순절 복음 설교를 기억합니다. 베드로는 기독교 역사에서 확실히 구별된 지위를 갖고 있으며, 모든 제자 가운데 가장 많이 언급됩니다. 그리고 예수님의 열두 제자 가운데 베드로의 이름은 늘 제일 먼저 등장합니다. 베드로는 부활하신 예수님을 처음으로 만난 제자였습니다. 변화하신 예수님을 목도한 것도 베드로와 야고보, 그리고 요한뿐이었습니다. 예수님은 베드로의 이름을 '시몬'으로부터 바꾸시고, 교회의 반석으로 선포하셨으며 베드로의 특별한 역할을 인정했습니다(마 16:16-19).

하지만 베드로는 가끔 자신의 무모한 열정으로 인해 겸손하게 되는 실수를 범하기도 했습니다. 말과 행동이 성급하다 보니 예수님의 사역을 제대로 이해하지 못해 책망을 받기도 했습니다. 그는 예수님을 세 번 부인했지만 예수님이 부활하신 후 '사람을 낚는 어부'로 새롭게 되었습니다. 베드로는 예수님의 신성을 경험하고 그에 따라 반응했습니다. 물고기의 기적을 경험한 그는 무릎을 꿇고 경배했습니다. 그가 스스로의 천함을 자각하고 "주님, 제발 저를 떠나가 주소서. 저는 당신 옆에 있을 자격이 못되는 죄인입니다."라고 고백했을 때 예수님은 "두려워하지 마라. 이제부터 너는 사람을 낚을 것이다."라고 대답하시며 제자 삼아 주셨습니다.

베드로는 또한 우리에게 예배자로서의 삶을 살아가는 우리의 반응이 어떠해야 하는지를 알려줍니다. 죄사함과 예수님의 치유의 말씀들로부터 회복되었음을 확신한 그는 하나님 안에서 발견한 능력을 초대교회에 열정적으로 불어넣었습니다. 강력한 말씀을 전하고, 병든 자와 저는 자들을 고쳤으며, 이방인들에게 복음을 전파하는 일에 핵심적 역할을 담당했습니다. 베드로의 깨달음은 예배 가운데 주님께로 나아가는 우리 그리스도인의 모습을 대변합니다. 우리는 죄를 고백하기 위해서뿐만 아니라 하나님의 말씀과 성령님께서 명하신 일들을 행하기 위해서 모여 예배합니다. '주님은 그리스도이십니다.'라는 베드로의 고백은 모든 시간과 공간을 통해 예배자들을 하나되게 합니다.

"시몬 베드로가 대답하여 이르되 주는 그리스도시요 살아 계신 하나님의 아들이시니이다"(마 16:16)

이 고백은 예배자가 예배 때마다 하나님께 고백하는 중요한 선언입니다. 베드로의 회개는 우리로 하여금 예배가 죄인임을 겸손히 인정하는 것으로부터 시작해야 함을 알려줍니다. 그리고 베드로의 회복은 성령님께서 우리를 완전하게 해주신다는 사실을 일깨워줍니다(벧전 5:10). 한편 요엘 선지자는 모든 사람에게 하나님의 영이 부어질 날의 모습을 그린 바 있습니다.

"그 후에 내가 내 영을 만민에게 부어 주리니 너희 자녀들이 장래 일을 말할 것이며 너희 늙은이는 꿈을 꾸며 너희 젊은이는 이상을 볼 것이며 그 때에 내가 또 내 영을 남종과 여종에게 부어 줄 것이며"(욜 2:28-29)

다른 선지자들 또한 하나님의 구원이 땅끝까지 전해지는 때를 고대했음을 알고 있습니다(사 42:6, 슥 9:9-10). 예수님의 승천 이후 선지자들의 소망은 성취되기 시작했습니다. 사도행전은 하나님의 사람들이 온 땅에 구원의 기쁜 소식을 전할 수 있도록 성령이 부어지는 모습을 그렸습니다. 이를 통해 우리는 하나님께서 온 땅을 향해 가지신 계획을 기억하게 됩니다. 하나님은 온 땅 곳곳에 계시면서 동시에 성령님을 통해 우리 안에 거하십니다. 예배 가운데 우리가 위대하신 하나님을 찬양하고 그분의 영을 통해 경배드릴 때, 우리의 마음과 생각은 넓게 뻗어나갑니다. 누가는 사도행전을 통해 예수님께서 무엇을 행하고 가르치기 시작하셨는지 기록했습니다.

> "데오빌로여 내가 먼저 쓴 글에는 무릇 예수께서 행하시며 가르치시기를 시작하심부터"(행 1:1)

그는 예수님의 활동을 계속해서 이야기합니다. 예수님께서는 고난의 부르심을 이미 이루셨지만, 부활하신 예수님은 계속 일하셨습니다(눅 9:22, 24:26). 이제 그분은 우리 그리스도인들을 통해 일하십니다. 그러나 예수님을 따르는 자들은 자신의 힘으로 일할 수 없습니다. 예수님께서 약속하시길 그분의 사역을 위해 힘을 주셨던 동일한 성령으로 그들이 세례(침례)를 받을 것이라 하셨습니다(눅 3:16, 4:1, 14, 행 1:5).

예수님을 따르던 자들이 성령을 받으면 그들은 예루살렘과 온 유대와 사마리아와 땅끝까지 이르러 그분의 증인이 될 것입니다(행 1:8). 오순절에 예수님께서는 그분을 따르던 자들에게 성령 세례(침례)를 주시며 그분의 약속을 이루셨습니다. 하나님의 능력이 그들 안에 채워질 때 그들은 다른 언어를 사용해 하나님의 놀라운 일들을 말했습니다(행 2:11). 사도행전은 성령이 주시는 능력으로 찬양하고 전도하는 예배를 드리라고 권합니다. 초대교회의 놀라운 발전을 뒤돌아볼 때, 우리는 하나님의 끝없는 자비하심으로 인해 그분을 찬양하게 됩니다. 그리고 성령님의 은혜로우신 능력으로 인해 감탄할 수밖에 없습니다.

우리는 성령님의 행하시는 일을 단순히 지켜보는 자들이 아니라 이에 동참하는 예배자들입니다. 예수님께서 성령의 선물을 주시겠노라 약속하실 때 우리가 제자들과 함께 그 자리에 있지는 않았지만, 오늘날 우리는 동일한 선물의 축복을 받습니다.

"이는 그리스도 예수 안에서 아브라함의 복이 이방인에게 미치게 하고 또 우리로 하여금 믿음으로 말미암아 성령의 약속을 받게 하려 함이라"
(갈 3:14)

우리도 역시 성령으로 채워지고 주님의 능력과 기쁨을 경험할 수 있습니다.

"소망의 하나님이 모든 기쁨과 평강을 믿음 안에서 너희에게 충만하게 하사 성령의 능력으로 소망이 넘치게 하시기를 원하노라"(롬 15:13)

우리가 성령님을 통해 예배할 때, 하나님의 은혜와 영광을 향한 우리의 열정은 여러 증인들을 낳을 것입니다. 그리고 우리가 하나님의 영광을 찬양하는 삶을 살 때, 성령의 풍성하심이 모든 예배와 증인들을 하나 되게 하시고 또 능력을 더해주실 것입니다(엡 1:12).

사도행전은 안디옥에서 제자들이 처음으로 그리스도인이라는 말을 듣기도 전, 초대교회 그리스도인들의 기도와 예배 습관을 보여줍니다.

"만나매 안디옥에 데리고 와서 둘이 교회에 일 년간 모여 있어 큰 무리를 가르쳤고 제자들이 안디옥에서 비로소 그리스도인이라 일컬음을 받게 되었더라"(행 11:26)

누가는 예루살렘에서 열린 첫 번째 교회 회의의 중요성과 높은 수준의 교육을 받은 사람들과 그렇지 못한 사람들을 대상으로 한 바울의 복음적 설교를 기록했습니다(행 15:1-32). 그리고 예루살렘 성전(행 21:26-36)에서 아테네 철학자 모임(행 17:19-31)까지, 에베소(행 19:8)와 고린도의 유대교 회당부터(행 18:4-6) 두란노 서원(행 19:9) 또는 드로아 다락방(행 19:9)까지, 누가는 초대교회의 모습을 다양한 색채로 그려냈습니다.

우리는 사도행전을 통해 몇 가지 예배의 통찰을 얻습니다. 첫째, 우리의 예배는 예언이 아닌 믿음을 실천하는 것에 초점을 맞춰야 합니다.

"오직 성령이 너희에게 임하시면 너희가 권능을 받고 예루살렘과 온 유대와 사마리아와 땅 끝까지 이르러 내 증인이 되리라 하시니라"(행 1:8)

둘째, 성경적 가르침은 그 자체로 끝나는 것이 아니라 예배로 이끄는 것이 되어야 합니다(행 2:14-36, 3:11-26, 17:2-3, 10-12).

"바울이 자기의 관례대로 그들에게로 들어가서 세 안식일에 성경을 가지고 강론하며 뜻을 풀어 그리스도가 해를 받고 죽은 자 가운데서 다시 살아나야 할 것을 증언하고 이르되 내가 너희에게 전하는 이 예수가 곧 그리스도라 하니"(행 17:2-3)

셋째, 구원의 하나님께 감사를 드려야 합니다(행 4:23-31). 감사는 예배의 중요한 요소이자 시작입니다.

"감사함으로 그의 문에 들어가며 찬송함으로 그의 궁정에 들어가서 그에게 감사하며 그의 이름을 송축할지어다"(시 100:4)

넷째, 예수 그리스도의 신실한 증언자는 무거운 책임감과 위험을 동반하는 일입니다.

"그들이 돌로 스데반을 치니 스데반이 부르짖어 이르되 주 예수여 내 영혼을 받으시옵소서 하고 무릎을 꿇고 크게 불러 이르되 주여 이 죄를 그들에게 돌리지 마옵소서 이 말을 하고 자니라"(행 7:59-60)

다섯째, 하나님은 모든 민족과 백성들에게 성령을 부어주십니다.

"베드로와 함께 온 할례 받은 신자들이 이방인들에게도 성령 부어 주심으로 말미암아 놀라니 이는 방언을 말하며 하나님 높임을 들음이러라"(행 10:45-46)

여섯째, 하나님은 우리의 삶에 간섭하십니다.

여섯째, 기도는 예배 공동체의 중요한 요소입니다.

"깨닫고 마가라 하는 요한의 어머니 마리아의 집에 가니 여러 사람이 거기에 모여 기도하고 있더라"(행 12:12)

일곱째, 구원의 기쁜 소식은 모든 사람을 그리스도의 믿음으로 인도합니다.

"이르되 주 예수를 믿으라 그리하면 너와 네 집이 구원을 받으리라 하고 주의 말씀을 그 사람과 그 집에 있는 모든 사람에게 전하더라 … 그들을 데리고 자기 집에 올라가서 음식을 차려 주고 그와 온 집안이 하나님을 믿으므로 크게 기뻐하니라"(행 16:31-32, 34)

여덟째, 교회는 그리스도인들을 영적으로 지원하며 격려해주는 생명줄입니다.

"이 말을 한 후 무릎을 꿇고 그 모든 사람들과 함께 기도하니 다 크게 울며 바울의 목을 안고 입을 맞추고"(행 20:36-37)

사도행전에 나타난 예배의 네 가지 형태는 지금도 많은 교회들이 따르고 있습니다. 초대교회는 유대교 회당의 '말씀' 예식과 애찬을 중요하게 생각한 이방인 그리스도인들의 '성찬' 예식이 예배의 중요 요소였습니다. 4세기에 이르러 예배의 4중 구조가 정착되었는데, 만남과 말씀, 감사와 파송입니다. 만남은 하나님의 부르심에 찬양과 경배로 나아가는 행위입니다(행 2:44, 20:7). 하나님께 나아가면 하나님께서 말씀과 가르침, 성령을 통해 말씀하십니다(행 7:1-53, 17:3). 말씀 후에는 기도와 찬송으로 결단하며 성찬에 참예함으로 감사를 드립니다(행 2:46-47, 20:11). 말씀과 감사의 결단 후 우리는 세상으로 보내집니다(행 4:31, 13:3).

예배의 절차이자 형식이며 예의인 예식은 우리의 마음, 영과 더불어 하나님을 예배하는 중요한 핵심입니다. 모세의 장막과 다윗의 장막, 초대교회의 말씀과 성찬, 예수님이 말씀하신 영과 진리의 예배는 우리가 하나님께 균형을 갖추고 온전히 예배하는 것이 얼마나 중요한지를 알려줍니다.

1. 초대교회 예배 공동체의 특징은 무엇인가요?
2. 초대교회에 일어났던 성령의 역사가 지금 우리 교회와 예배 공동체에 똑같이 일어나기 위해 필요한 것은 무엇인가요?
3. 초대교회는 '성찬'을 중요하게 생각했습니다. 지금의 '성찬' 예식과 다른 점은 무엇인가요?

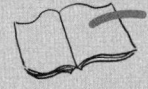

일곱째,
하나님은 우리와 늘 이야기하기 원하십니다.

제 29일 우리의 예배는 항상 복음적이어야 합니다. 로마서

제 30일 우리는 신실하고 경건한 삶의 예배자가 되어야 합니다. 고린도전서, 고린도후서

제 31일 예배는 우리에게 진정한 자유함을 줍니다. 갈라디아서

제 32일 참된 예배자는 그리스도 안에서 날마다 성장하는 것입니다. 에베소서, 빌립보서, 골로새서

제 33일 예배는 하나님의 은혜를 경험하는 것입니다. 데살로니가전서, 데살로니가후서

제 34일 예배는 말씀의 기초위에 세워져야 합니다. 디모데전서, 디모데후서, 디도서, 빌레몬서

제 29 일

우리의 예배는 항상 복음적이어야 합니다.

로마서

로마서의 중요성은 아무리 강조하여도 지나치지 않습니다. 종교개혁자 마틴 루터(Martin Luther, 1483-1546)는 로마서의 중요성을 이렇게 표현했습니다.

"로마서는 정말 신약성경 중에서 가장 중요한 부분이며, 참으로 가장 순수한 복음이다. 로마서는 모든 크리스천이 마땅히 마음으로 모두 알아야 할 뿐만 아니라, 매일 매일 영혼의 양식으로 묵상하여야 할 만큼 가치를 지니고 있다."

로마서는 바울이 3차 전도 여행 기간인 기원후 56-57년경 예루살렘으로 올라가기 전 약 3개월 동안 고린도에 머물면서 썼습니다. 바울이 로마서를 쓴 이유는 몇 가지 목적이 있었습니다. 첫째, 에베소에서 2년 동안 사역한 이후 선교지를 옮겨야 할 필요가 있었습니다. 그는 오래전부터 로마 전도를 생각하고 있었고(롬 15:23), 그 이유는 이방인의 사도로서 로마인들에 대한 책임을 강하게 느꼈기 때문입니다(롬 1:5, 6, 13-15).

둘째, 바울은 로마에 가는 것이 최종 목적이 아니라 로마를 지나 스페인 지역까지 가기를 원했기 때문에 로마 교회를 안디옥 교회처럼 전도 활동의 기지로 삼으려는 기대가 있었습니다. 먼저 로마 교인들에게 지난 20여 년간 전파해 온 복음을 자세히 설명하고 이해시키며 한 걸음 더 나가아 그들을 자신의 사역에 동참시키고자 했습니다.

셋째, 바울은 혹 자신이 죽게 될지라도 로마 교회에 자신의 사역을 바르게 계승하고 그 복음을 끝까지 전파하기 위해서입니다. 이런 의미에서 로마서는 바울의 마지막 유언장이며 로마 교회에 물려주는 값진 유산이자 동시에 로마 교회를 통해 주님을 믿는 전 세계의 성도들에게 물려주는 영적 재산입니다(롬 15:30-32).

넷째, 바울은 로마 제국의 수도이자 당시 모든 그리스도교회에 가장 큰 영향력을 가진 로마 교인들에게 복음을 올바르게 전해주기 위해서입니다(롬 1:1-7, 3:8).

다섯째, 바울은 기독교 진리의 체계적인 말씀으로 로마 교인들을 구원하고, 믿음을 강화하며 복음에 대해 깊은 교훈을 주고자 했습니다.

로마서는 영원히 죽을 수밖에 없는 우리를 구원해 주시기 위해 십자가에서 달려 죽으실 만큼, 우리를 많이 사랑하시는 하나님께 어떻게 반응해야 하는지를 잘 알려줍니다. 이 놀라운 편지는 복음에 초점을 맞춥니다. 복음은 하나님께서 예수 그리스도를 통해 우리에게 행하신 일에 관한 기쁜 소식입니다.

"예수 그리스도의 종 바울은 사도로 부르심을 받아 하나님의 복음을 위하여 택정함을 입었으니 이 복음은 하나님이 선지자들을 통하여 그의 아들에 관하여 성경에 미리 약속하신 것이라"(롬 1:1-2)

이 복음은 처음 유대인에게만 해당되었으나 이제는 이방인에게도 전파되어 모든 믿는 사람들을 구원하는 하나님의 능력입니다. 우리는 먼저 그리스도 안에서 이루신 하나님의 역사를 믿음을 통해 받아들이며, 그리스도께서 우리의 죄를 대신 지셨음을 믿습니다. 그리고 우리는 그분을 믿어 구원을 받습니다. 이로써 우리는 하나님과 올바른 관계를 회복하게 되는데 하나님과 화목케 되기 오래전부터 이미 우리를 사랑하신 분이십니다.

"곧 우리가 원수 되었을 때에 그의 아들의 죽으심으로 말미암아 하나님과 화목하게 되었은즉 화목하게 된 자로서는 더욱 그의 살아나심으로 말미암아 구원을 받을 것이니라"(롬 5:10)

우리를 화목하게 하신 예수 그리스도를 통해 하나님 안에서 즐거워할 때, 우리가 가진 자연스러운 믿음은 저절로 감사와 기쁨이 되어 흘러나오게 됩니다. 하지만 로마의 그리스도인들은 장밋빛 색안경을 끼고 세상을 바라보고 있었습니다. 이 편지는 영원한 죽음으로 이어질 우리의 죄악된 모습에 대한 솔직한 고백과 함께 시작됩니다.

"모든 사람이 죄를 범하였으매 하나님의 영광에 이르지 못하더니"(롬 3:23)

"죄의 삯은 사망이요 하나님의 은사는 그리스도 예수 우리 주 안에 있는 영생이니라"(롬 6:23)

우리는 우상을 숭배하고 온갖 악한 것을 탐닉하기 위해 하나님을 부인했습니다.

"곧 모든 불의, 추악, 탐욕, 악의가 가득한 자요 시기, 살인, 분쟁, 사기, 악독이 가득한 자요 수군수군하는 자요"(롬 1:29)

진리의 하나님은 우리의 죄악을 심판하시고 거룩한 진노를 나타내십니다.

"하나님의 진노가 불의로 진리를 막는 사람들의 모든 경건하지 않음과 불의에 대하여 하늘로부터 나타나나니"(롬 1:18)

그럼에도 불구하고 하나님의 은혜는 넓고 자비하심은 넘쳐흐릅니다.

"한 사람의 범죄로 말미암아 사망이 그 한 사람을 통하여 왕 노릇 하였은즉 더욱 은혜와 의의 선물을 넘치게 받는 자들은 한 분 예수 그리스도를 통하여 생명 안에서 왕 노릇 하리로다"(롬 5:17)

하나님은 의로우시고 의인들을 의롭다 인정하시는 분이시며 우리를 인도하셔서 그리스도를 통해 올바른 관계 가운데로 이끌어주십니다.

"곧 이 때에 자기의 의로우심을 나타내사 자기도 의로우시며 또한 예수 믿는 자를 의롭다 하려 하심이라"(롬 3:26)

바울이 복음에 대한 설명을 마칠 때, 그는 놀라움을 숨기지 못했습니다.

"깊도다 하나님의 지혜와 지식의 풍성함이여, 그의 판단은 헤아리지 못할 것이며 그의 길은 찾지 못할 것이로다 … 이는 만물이 주에게서 나오고 주로 말미암고 주에게로 돌아감이라 그에게 영광이 세세에 있을지어다 아멘"(롬 11:33, 36).

이러한 찬양은 하나님의 위엄과 놀라운 자비로우심을 생각할 때 감격하여 하염없이 흘러나오는 것입니다. 이 위대한 자비하심을 생각할 때, 그리고 우리에게 베풀어주심을 생각할 때 우리 또한 바울의 찬양과 같이 고백하지 않을 수 없습니다. 하지만 바울은 이와 같은 찬양으로 하나님께 영광을 돌리고 난 후, 하나님의 자비에 대한 응답으로 우리의 몸을 그분께 드리라고 말합니다.

"그러므로 형제들아 내가 하나님의 모든 자비하심으로 너희를 권하노니 너희 몸을 하나님이 기뻐하시는 거룩한 산 제물로 드리라 이는 너희가 드릴 영적 예배니라"(롬 12:1)

이 기쁜 소식은 우리의 몸을 성령님께서 주시는 매일의 삶 가운데 하나님께 드리도록 해줍니다.

"이와 같이 성령도 우리의 연약함을 도우시나니 우리는 마땅히 기도할 바를 알지 못하나 오직 성령이 말할 수 없는 탄식으로 우리를 위하여 친히 간구하시느니라"(롬 8:26)

그러므로 우리는 성령님의 도우심으로 비록 어렵고 힘든 시기에서도 하나님을 예배할 수 있는 것입니다. 바울은 로마서 12장에서 16장까지 우리가 이를 어떻게 행할 수 있는지 자세히 알려줍니다. 그것은 영적 회복과 영적 은사의 사용을 통해 그리고 적극적인 사랑의 삶을 통해서입니다(롬 12:2-8). 하나님은 우리의 입술과 마음뿐 아니라 교회 공동체와 세상에서 예배의 삶을 살며 우리를 전적으로 드리기를 원하십니다.

"너희는 이 세대를 본받지 말고 오직 마음을 새롭게 함으로 변화를 받아 하나님의 선하시고 기뻐하시고 온전하신 뜻이 무엇인지 분별하도록 하라"(롬 12:2)

이것이 하나님이 원하시는 참된 예배자의 삶입니다. 하나님의 주권에 순종하는 것은 사람에게 어려운 일입니다. 사람은 항상 하나님의 뜻보다 자신의 뜻을 더 높이 들어 올리려고 합니다. 이게 바로 죄입니다. 우리 자신을 하나님의 자리에 두는 것 말입니다. 바울은 로마로 보낸 편지에서 하나님을 예배하는 것을 거부하는 것이 죄의 시작이라고 말합니다. 그리고 하나님의 진노를 경험할 이들에 대해 권고합니다.

"그들은 하나님을 알면서도 그분을 하나님으로서 영광스럽게 하지 않고 감사하지도 않는다"(롬 1:21, 현대인의 성경)

바울은 계속해서 말합니다.

"그들은 하나님의 진리를 거짓된 것으로 바꾸었고 창조주 하나님보다는 그분이 만드신 것들을 더 경배하며 섬겼습니다. 그러나 길이길이 찬양을 받으실 분은 하나님이십니다. 아멘"(롬 1:25, 현대인의 성경)

바울이 묘사하고 있는 대상은 그리스 로마신화에 등장하는 신들을 섬기는 이교도들과 하나님과의 언약에서 멀어진 유대인들입니다. 로마 교회의 유대인과 이방인 모두를 염두에 두고 말했을 수 있습니다. 이 두 집단이 뒤섞인 공동체에서 모세의 율법에 순종하는 것에 대한 가치를 두고 논쟁이 벌어졌으며 바울은 로마서의 처음부터 이 문제를 다루었습니다. 그는 의가 없이는 우리가 하나님과의 관계를 가질 수 없다고 주장했습니다. 그리고 동시에 어떤 공로를 통해서도 하나님의 눈에서 우리 스스로를 정당화할 수 없다고 단언했습니다. 오직 의로움은 우리와 하나님 사이에 다리를 놓으시는 하나님의 역사하심에 전적으로 순종할 때 오는 것입니다. 하나님께서는 그분의 아들을 보내시고 우리를 위해 십자가에서 죽임을 당하시고 우리 죄의 대가를 대신 치르게 하심으로 이를 행하셨습니다. 그러므로 예배는 구원으로 가는 열쇠입니다.

"만일 여러분이 입으로 예수님을 구세주라고 고백하고 또 하나님께서 그분을 죽은 사람들 가운데서 살리셨다는 것을 마음으로 믿으면 구원을 받을 것입니다"(롬 10:9)

예배는 예수님께서 통치하신다는 것을 선포하는 일이며 하나님의 백성들과 함께 그분의 살아계신 임재를 진심으로 기념하는 것입니다. 바울은 다른 편지들과 마찬가지로 로마서에서도 교리들에 대한 실제인 면을 강조합니다. 그는 이스라엘 백성들의 제사를 인용하면서, 모든 예배자에게 삶 전체를 하나님께 드리는 제물이 되는 삶을 살라고 권합니다.

"그러므로 형제들아 내가 하나님의 모든 자비하심으로 너희를 권하노니 너희 몸을 하나님이 기뻐하시는 거룩한 산 제물로 드리라 이는 너희가 드릴 영적 예배니라"(롬 12:1)

삶의 영적 예배는 우리의 생각을 새롭게 해 더 이상 내 자신에게 집중하지 말고 하나님의 뜻에 집중해야 함을 말합니다. 이를 통해 우리는 삶 속에서 선으로 악을 이길 수 있으며, 하나의 목소리로 아버지 하나님과 우리 주 예수 그리스도께 영광 돌릴 수 있습니다.

"악에게 지지 말고 선으로 악을 이기라"(롬 12:21)

"한마음과 한 입으로 하나님 곧 우리 주 예수 그리스도의 아버지께 영광을 돌리게 하려 하노라"(롬 15:6)

우리는 로마서를 통해 몇 가지 예배의 통찰을 배울 수 있습니다. 첫째, 우리는 서로의 믿음을 통해 힘을 얻습니다.

"이는 곧 내가 너희 가운데서 너희와 나의 믿음으로 말미암아 피차 안위함을 얻으려 함이라"(롬 1:12)

둘째, 하나님을 예배하고 감사하는 것은 우리 신앙에 필수입니다.

"하나님을 알되 하나님을 영화롭게도 아니하며 감사하지도 아니하고 오히려 그 생각이 허망하여지며 미련한 마음이 어두워졌나니"(롬 1:21)

셋째, 믿음에 굳게 서는 것 자체가 예배입니다.

"믿음이 없어 하나님의 약속을 의심하지 않고 믿음으로 견고하여져서 하나님께 영광을 돌리며"(롬 4:20)

넷째, 고난 중에도 우리는 하나님을 예배할 수 있습니다.

"다만 이뿐 아니라 우리가 환난 중에도 즐거워하나니 이는 환난은 인내를, 인내는 연단을, 연단은 소망을 이루는 줄 앎이로다"(롬 5:3-4)

다섯째, 우리가 기쁨으로 예배할 수 있는 것은 예수님을 통해 하나님과 화목하게 되었기 때문입니다.

"그뿐 아니라 이제 우리로 화목하게 하신 우리 주 예수 그리스도로 말미암아 하나님 안에서 또한 즐거워하느니라"(롬 5:11)

여섯째, 세례(침례)는 우리를 죄악과 사망에서 구원해 주신 예수님의 죽으심과 부활하심으로 인해 하나님을 예배하는 것입니다.

"그러므로 우리가 그의 죽으심과 합하여 세례를 받음으로 그와 함께 장사되었나니 이는 아버지의 영광으로 말미암아 그리스도를 죽은 자 가운데서 살리심과 같이 우리로 또한 새 생명 가운데서 행하게 하려 함이라"(롬 6:4)

일곱째, 종교적 열심을 진정한 예배와 혼동해서는 안됩니다.

"내가 증언하노니 그들이 하나님께 열심이 있으나 올바른 지식을 따른 것이 아니니라 하나님의 의를 모르고 자기 의를 세우려고 힘써 하나님의 의에 복종하지 아니하였느니라"(롬 10:2-3)

여덟째, 예수님이 우리의 주인이심을 고백하고 부활하심을 믿으면 구원을 얻게 됩니다.

"네가 만일 네 입으로 예수를 주로 시인하며 또 하나님께서 그를 죽은 자 가운데서 살리신 것을 네 마음에 믿으면 구원을 받으리라 사람이 마음으로 믿어 의에 이르고 입으로 시인하여 구원에 이르느니라"(롬 10:9-10)

아홉째, 우리의 영적 예배는 삶 속에서 우리 몸을 살아있는 거룩한 제물로 드리는 것입니다.

"그러므로 형제들아 내가 하나님의 모든 자비하심으로 너희를 권하노니 너희 몸을 하나님이 기뻐하시는 거룩한 산 제물로 드리라 이는 너희가 드릴 영적 예배니라 너희는 이 세대를 본받지 말고 오직 마음을 새롭게 함으로 변화를 받아 하나님의 선하시고 기뻐하시고 온전하신 뜻이 무엇인지 분별하도록 하라"(롬 12:1-2)

열 번째, 예배의 행위도 중요하지만 더 중요한 것은 하나님을 향한 우리 마음의 태도와 실천입니다.

"우리가 살아도 주를 위하여 살고 죽어도 주를 위하여 죽나니 그러므로 사나 죽으나 우리가 주의 것이로다"(롬 14:8)

세상의 모든 것은 변하고 그 속도 또한 따라갈 수 없을 정도로 빠릅니다. 분주한 시대에 교회는 복음으로, 예배자들은 믿음으로 더 견고한 반석이 되어야 할 것입니다.

"복음에는 하나님의 의가 나타나서 믿음으로 믿음에 이르게 하나니 기록된 바 오직 의인은 믿음으로 말미암아 살리라 함과 같으니라"(롬 1:17)

 1. 바울이 말한 영적 예배이자 '삶의 예배'의 의미는 무엇인가요?
2. 바울은 '고난'을 무엇이라고 하나요?
3. 바울이 말한 기쁜 소식, '복음'의 의미는 무엇인가요?

제 30 일

우리는 신실하고 경건한 삶의 예배자가 되어야 합니다.

고린도전서, 고린도후서

고린도 교회에 보낸 바울의 편지를 통해 우리는 초대교회 예배가 어떠했는지를 엿볼 수 있습니다. 이 예배의 대부분은 지금도 지켜지고 있습니다. 성만찬(고전 11:33), 치유(고전 12:9, 28), 예언과 가르침(고전 12:10, 14:6, 26), 침례(세례)(고전 14:13-14, 22-25), 기도(고전 (14:15), 함께 부르는 찬송과 노래(고전 14:15, 26), 엎드리는 행위(고전 14:25), 사도신경(고전 15:3-8), 헌금(고전 16:1-2), 사랑과 교제(고전 16:20, 고후 13:12), 재림(고전 16:22) 등입니다. 예배는 각 교회가 속한 지역의 특수한 문화가 반영됩니다. 언어가 없으면 하나님을 찬양할 수도 없습니다. 우리는 이 땅에서 그리스도인으로 살아가고 있지만, 이 세상의 가치들 그리고 세상의 조직들과도 관계를 맺습니다. 이 땅의 문화를 완전히 무시하고 살 수 있는 것이 아니라면, 거룩한 성도로서 어떻게 구별된 삶을 살 수 있을까요? 문화를 활용하면서도 어떻게 하면 거룩한 예배자로 이 세상에 물들지 않게 하나님께 영광을 올려드릴 수 있을까요?

바울은 고린도전서 1장부터 이 문제로 씨름합니다. 그는 '고린도에 있는 하나님의 교회 곧 그리스도 예수 안에서 거룩하여지고 성도라 부르심을 받은 자들에게'(고전 1:2)라고 쓰고 있지만, 고린도전서를 쓰게 된 계기는 고린도 교회의 성도들에게 하나님을 믿는 거룩함이 없었기 때문입니다. 고린도 교회의 성도들은 아직 믿음이 성숙하지 않았기에 자신들의 종교적 경험과 자기중심적인 개인주의 그리고 사회적 우월의식, 개인의 자유 등 세속적인 가치들을 여전히 고수하고 있었습니다. 바울은 이들에게 자신들의 문화가 아니라 십자가에서 죽으신 예수 그리스도의 모습을 따라 새로운 피조물의 삶을 살도록 강하게 권고합니다(고전 1:17-18). 그리스도 중심의 삶의 태도는 개인적 영적 체험이 아닌 진리를(고전 1-2장), 개인의 이득이 아닌 공동체의 성장을(고전 4장), 사회적 우월의식이 아닌 다른 문화를 존중하는 배려를(고전 8-11장) 그리고 자기중심적 자유가 아닌 스스로 성장하는 사랑으로(고전 8-10장, 13장) 드러냅니다. 우리는 그리스도의 복음과 우리에게 주신 하나님의 말씀에 따라 살 때 거룩한 성도의 삶으로 하나님께 참된 예배를 드릴 수 있습니다.

고린도전서에서 바울은 방언 등과 같은 개인 은사에 대해서도 다루고 있지만, 대부분은 공동체 예배에 초점을 두고 있습니다(고전 14:18-19). 그는 자기 문제에만 빠져 있는 고린도 교회의 성도들을 깨워 서로를 위한 그리고 교회 전체의 변화를 위한 사랑을 강조합니다. 사랑 장이라 불리는 13장이 고린도전서에 가장 중심에 있게 된 것은 결코 우연이 아닙니다. 오직 그리스도의 사랑으로 서로 섬길 때 비로소 하나님을 온전히 섬길 수 있습니다. 사랑만이 우리의 예배와 예배 공동체에 영원한 가치를 부여합니다.

> "내가 사람의 방언과 천사의 말을 할지라도 사랑이 없으면 소리 나는 구리와 울리는 꽹과리가 되고 내가 예언하는 능력이 있어 모든 비밀과 모든 지식을 알고 또 산을 옮길 만한 모든 믿음이 있을지라도 사랑이 없으면 내가 아무 것도 아니요 내가 내게 있는 모든 것으로 구제하고 또 내 몸을 불사르게 내줄지라도 사랑이 없으면 내게 아무 유익이 없느니라"(고전 13:1-3)

바울은 고린도 교회의 성도들처럼 나 자신만의 예배를 드리는 건 아닌지 우리를 되돌아보게 합니다. 마음에 감동이 없으면 교회 공동체의 가치를 너무 쉽게 폄훼하게 됩니다. 바울은 자기 자신만을 위한 믿음이 아니라, 서로의 관계를 더 견고하게 하고 하나가 되어 예배하는 참된 그리스도인 공동체의 중요성을 강조합니다. 고린도전서에 따르면 교회는 하나님의 성전이며 성령이 거하는 곳입니다.

> "너희는 너희가 하나님의 성전인 것과 하나님의 성령이 너희 안에 계시는 것을 알지 못하느냐"(고전 3:16)

그러므로 교회를 귀하게 여기고 교회가 더욱 견고하게 세워질 때 하나님이 영광 받으시고 기뻐하십니다. 한편 바울은 교회뿐 아니라 우리 몸이 하나님의 성전이라고 했습니다.

"너희 몸은 너희가 하나님께로부터 받은 바 너희 가운데 계신 성령의 전인 줄을 알지 못하느냐"(고전 6:19)

신이라면 당연히 거룩한 성전에 거한다는 이교도들의 속설과는 반대로, 바울은 하나님이 우리 각자 안에 거하신다고 확신했습니다. 그러므로 우리는 정해진 거룩한 장소에서만 예배를 드리는 것이 아니라, 우리 삶 곳곳에서, 심지어 영적인 것과 상관없는 내 몸을 통해서도 하나님께 영광을 돌려 드릴 수 있는 것입니다.

"값으로 산 것이 되었으니 그런즉 너희 몸으로 하나님께 영광을 돌리라"(고전 6:20)

하나님은 우리의 영혼의 찬양과 동일하게 일상의 삶을 통해서도 영광을 받으십니다(고전 8:6). 바울은 그리스도인의 예배가 어떤 모양이어야 하며 어떻게 드려져야 하는지를 자세히 설명합니다. 초대 교회의 예배는 성만찬을 기념하는 것과 성령의 은사, 즉 예언과 방언, 방언 통역과 함께하는 시와 찬미로 이루어졌습니다. 바울은 그리스도인들이 우상에게 바쳐진 고기를 먹어도 되는지에 대한 문제를 통해 성만찬에 대한 기본 이해를 확립시켰습니다. 그리스도인의 삶이란 공동체 참여가 중요하며 각자 개인의 행동도 함께 믿는 성도들에게 어떤 영향을 줄지 고려해야 한다는 것입니다. 주님의 만찬은 그리스도인 공동체의 하나됨에 대한 강력한 상징입니다. 그러나 고린도 교회는 이 본질을 알지 못했습니다. 일부 성도들은 개인적인 식사로 생각해 지나치게 먹고 마셨으며, 반면 다른 이들은 배고픈 채로 돌아갔습니다. 우리가 빵과 잔을 나누는 것은 함께 예배 드리는 성도들의 필요를 기억하며 주님을 기념하는 것입니다. 성찬의 본질은 기념과 감사와 교제입니다. 하지만 지금은 감사와 교제가 사라지고 기념만 남았으며 이로 인해 성찬은 역동성이 사라지고 의식만 남게 되었습니다. 우리의 예배가 기쁨의 예배로 회복되기 위해서는 성찬의 성경적 본질 회복이 시급합니다.

바울은 예배 공동체의 하나됨을 강조하면서, 성령의 은사에 대해 설명합니다(고전 12-14장). 그리스도인들은 각각 다른 은사를 가지고 있지만 몸은 하나이므로 각 지체의 은사는 모두 소중합니다. 그러나 은사를 사용하는 것보다 더 중요한 것은 그리스도인 지체들을 사랑하는 마음입니다. 이것이 예배의 가장 큰 핵심입니다.

우리는 고린도전서를 통해 몇 가지 예배의 통찰을 얻습니다. 첫째, 예배는 믿는 자들을 하나가 되게 합니다.

"우리는 하나님의 동역자들이요 너희는 하나님의 밭이요 하나님의 집이니라"(고전 3:9)

둘째, 예배 공동체는 죄를 용납해서는 안됩니다.

"이러므로 우리가 명절을 지키되 묵은 누룩으로도 말고 악하고 악의에 찬 누룩으로도 말고 누룩이 없이 오직 순전함과 진실함의 떡으로 하자"
(고전 5:8)

셋째, 우리는 믿음이 약한 그리스도인 지체들을 잘 섬겨야 합니다.

"그러므로 만일 음식이 내 형제를 실족하게 한다면 나는 영원히 고기를 먹지 아니하여 내 형제를 실족하지 않게 하리라"(고전 8:13)

넷째, 주님의 식탁에 나아갈 때 우리의 마음은 순결해야 합니다.

"주의 몸을 분별하지 못하고 먹고 마시는 자는 자기의 죄를 먹고 마시는 것이니라"(고전 11:29)

다섯째, 하나님이 주신 영적 은사는 하나님을 영화롭게 하고 교회 공동체를 도울 수 있어야 합니다.

"각 사람에게 성령을 나타내심은 유익하게 하려 하심이라"(고전 12:7)

여섯째, 사랑만이 우리의 예배를 의미 있게 합니다(고전 13:1-3).
일곱째, 예배는 언제나 적절하고 질서 있게 드려져야 합니다.

"모든 것을 품위 있게 하고 질서 있게 하라"(고전 14:40)

한편 고린도 교회는 바울의 권위를 깎아내리려는 가짜 사도들에 의해 문제를 겪고 있었습니다. 바울이 마케도니아에 있는 동안 디도는 좋은 소식을 전해주었습니다. 고린도 교회의 교인들이 뉘우치고 있으며,

그의 말에 귀를 기울인다는 것이었습니다. 고린도후서는 매우 감성적이며 자전적인 편지로 그의 감정을 자유롭게 표현했으며 고린도 교회에 대한 염려와 기쁨을 동시에 보여 줍니다. 그는 자신의 권위에 의문을 제기한 일에 대해 그들을 꾸짖었으나 회개한 일에 대해서는 칭찬하고 있습니다. 바울은 사도로서 자신이 복음을 위해 받은 시련을 이야기함으로써 자신의 권위와 사명을 강하게 이야기했습니다(고후 1:3-4).

바울이 고린도전서를 기록한 후 얼마 지나지 않아, 일부 사도의 무리들이 고린도 교회에 들어왔습니다(고후 11장). 그들은 능력 있고 언변이 좋은 사람들로 성도들을 현혹했으며 그리스도를 닮아가는 삶이 아닌 비현실적인 유토피아를 추구하려고 했습니다. 이에 바울은 고린도 교회가 죽음으로 우리를 하나님과 화목케 하신 그리스도의 반석 위에 견고히 세워져야 함을 강조했습니다. 그리스도인으로 거듭날 때 우리는 새로운 피조물의 삶을 살게 됩니다.

"새로운 피조물이라 이전 것은 지나갔으니 보라 새 것이 되었도다"(고후 5:17)

하지만 새로운 피조물이 되었다고 해도 인간의 연약함이 완전히 사라지는 것은 아닙니다(고후 11-12장). 그러므로 우리는 여전히 육신 안에서 씨름하고 있지만 하늘로부터 오는 처소를 사모해야 합니다(고후 5:2). 역설적으로 우리는 연약함 가운데 있을 때 오히려 그리스도의 놀라운 능력을 체험하게 됩니다.

"그러므로 내가 그리스도를 위하여 약한 것들과 능욕과 궁핍과 박해와 곤

고를 기뻐하노니 이는 내가 약한 그 때에 강함이라"(고후 12:10)

우리가 하나님을 예배하는 이유는 하나님이 고통을 멈추게 해주시기 때문이 아니라, 고난 중에 우리를 만나주시고 긍휼을 베푸시고 위로를 주시는 사랑의 아버지이시기 때문입니다. 사도 바울은 자신의 간증을 통해 우리가 역경 속에 있을 때 오히려 하나님께 참된 예배를 드릴 수 있다고 말합니다. 그는 우리가 다 수건을 벗은 얼굴로 거울을 보는 것 같이 주의 영광을 보매 저와 같은 형상으로 화하여 영광으로 영광에 이르니 곧 주의 영으로 말미암을 수 있다고 말합니다(고후 3:18). 우리는 지금 주의 영광에 잠시 참여할 뿐 아니라, 성령님께서 우리가 점점 더 하나님을 닮아갈 수 있도록 변화시켜 주십니다. 그리고 우리의 고난을 사용하셔서 언젠가 받게 될 영원한 영광을 위해 우리를 준비 시키십니다(고후 4:17). 그러므로 하나님이 우리를 위해 준비하신 앞날을 기대하며 지금의 역경을 이겨낼 수 있는 것입니다. 하나님께 예배드릴 때, 우리의 시선은 자신의 모습이나 현재의 고난으로부터 벗어납니다. 온전히 예배할 때 우리의 시선은 우리를 긍휼히 여기시는 하나님 아버지, 우리를 하나님과 화목케 하신 성자 하나님 그리고 우리를 하나님의 영광으로 인도하며 변화시키시는 성령 하나님께 맞추게 됩니다(고후 2:14).

고린도후서는 우리에게 예배에 대한 몇 가지 통찰을 알려줍니다. 첫째, 겉보기에 멋진 사역을 하는 것보다 하나님 앞에 신실한 마음이 더 중요합니다.

"우리가 다시 너희에게 자천하는 것이 아니요 오직 우리로 말미암아 자랑할 기회를 너희에게 주어 마음으로 하지 않고 외모로 자랑하는 자들에게 대답하게 하려 하는 것이라"(고후 5:12)

둘째, 예배는 건물에 얽매이지 않습니다. 왜냐하면 우리가 살아계신 하나님의 성전이기 때문입니다.

"우리는 살아 계신 하나님의 성전이라 이와 같이 하나님께서 이르시되 내가 그들 가운데 거하며 두루 행하여 나는 그들의 하나님이 되고 그들은 나의 백성이 되리라"(고후 6:16)

셋째, 우리가 가진 것을 하나님께 드리는 것이 예배입니다.

"이 직무로 증거를 삼아 너희가 그리스도의 복음을 진실히 믿고 복종하는 것과 그들과 모든 사람을 섬기는 너희의 후한 연보로 말미암아 하나님께 영광을 돌리고"(고후 9:13)

넷째, 예배 드릴 때 우리는 창세 전부터 영원을 경험합니다.

"우리가 잠시 받는 환난의 경한 것이 지극히 크고 영원한 영광의 중한 것을 우리에게 이루게 함이니 우리가 주목하는 것은 보이는 것이 아니요 보이지 않는 것이니 보이는 것은 잠깐이요 보이지 않는 것은 영원함이라"(고후 4:17-18)

1647년 영국에서 기록된 '웨스트민스터 소요리문답(Westminster Shorter Catechism)'은 "사람의 제일 되는 목적이 하나님을 영화롭게 하고 그를 즐거워하는 것"이라고 말합니다. 바울은 하나님은 영광 받기에 합당하실 뿐 아니라, 그분의 본성과 행위가 영광으로 드러나며 하나님의 영광은 우리 안에서 일하시는 성령님의 능력으로 나타난다고 말합니다(고후 3:18). 하나님의 능력은 우리의 강함이 아니라 연약함을 통해 드러납니다.

"우리가 이 보배를 질그릇에 가졌으니 이는 심히 큰 능력은 하나님께 있고 우리에게 있지 아니함을 알게 하려 함이라"(고후 4:7)

우리의 영원한 영광은 잠시 지나가는 고난에 의해 만들어집니다.

"우리가 잠시 받는 환난의 경한 것이 지극히 크고 영원한 영광의 중한 것을 우리에게 이루게 함이니"(고후 4:17)

그러므로 우리는 부족하고 연약할지라도 하나님께 영광을 드려야 하며(고후 5:12-13), 모든 환경에 상관없이 하나님을 영화롭게 해야 합니다(고후 6:8).

 1. 바울은 고린도 교회의 문제점을 무엇이라고 했나요?
2. 성찬의 중요한 3가지 성경적 본질은 무엇이며, 지금 우리의 성찬과 다른 점은 무엇인가요?
3. 바울은 가짜 사도들에 어떻게 대응해야 한다고 주장하나요?

제31일

예배는 우리에게 진정한 자유함을 줍니다.

갈라디아서

여러분이 예배를 드리는 이유는 무엇인가요? 하나님께 감사한 마음인가요, 아니면 예배를 드리지 않으면 안 될 것 같은 죄책감인가요? 또는 하나님의 은혜에 화답하고 싶은 마음인가요, 아니면 은혜를 사모하는 마음인가요? 우리는 종종 예배를 마치 하나님의 은혜를 확고히 하기 위한 수단으로써 지키는 종교적 의무로 여기기도 합니다. 하나님께서 우리에게 선물로 주신 참된 예배의 기쁨을 누리지 못하고 그 시간이 오히려 우리를 얽매는 율법주의가 되기도 합니다.

갈라디아서는 하나님께 드리는 예배의 참된 가치와 목적에 대해 계속 강조합니다. 그는 선교 여행 중에 쓴 이 편지에서 예배의 참된 기쁨과 자유함의 본질을 끌어내리는 율법주의적인 예식과 맞서야 했습니다. 갈라디아의 성도들에게 보낸 이 편지에서 보듯 이 문제가 두드러진 예배 공동체도 아마 없을 것입니다. 사도 바울은 이 편지를 지금의 터키 남부인 갈라디아 지방 여러 교회에 보냈습니다. 이 편지는 남아 있는 사도 바울의 편지 중 가장 초기의 것입니다. 바울이 편지를 보낸 이방인 그리스도인들은 유대인이 아님에도 불구하고 할례나 음식에 대한 율법 등 유대의 예배 관습을 따라야 한다는 가르침에 혼란스러워하고 있었습니다. 바울은 그들에게 인간의 노력은 하나님의 은혜로 대체되었음을 다시 일깨워줍니다.

"너희에게 성령을 주시고 너희 가운데서 능력을 행하시는 이의 일이 율법의 행위에서냐 혹은 듣고 믿음에서냐 아브라함이 하나님을 믿으매 그것을 그에게 의로 정하셨다 함과 같으니라 그런즉 믿음으로 말미암은 자들은 아브라함의 자손인 줄 알지어다"(갈 3:5-7)

갈라디아 교회의 성도들은 이런 문제들로 당황했습니다. 그늘은 하나님을 믿음으로 구원을 얻는, 즉 복음으로 하나님과 동행하기 시작했지만, 보다 나은 종교적 체험을 경험해야 한다고 주장하는 이들로 인해 자신들의 확고한 믿음이 흔들리게 되었습니다.

"너희가 날과 달과 절기와 해를 삼가 지키니"(갈 4:10)

이러한 '유대교적 그리스도인들(Judaizers)'[2]은 유대교의 종교적 율

---

[2] '유대교적 그리스도인들(Judaizers)' 또는 '유대주의자(Judaizers)'란 모세의 율법과 같은 유대주의 관습과 의식들을 받아들인 기독교인들에 대한 용어이다. 그들은 자신들이 유대인이 아닌 것과 종종 자신들을 이스라엘의 잃어버린 족속들의 후손이라고 인정한다는 점에서 유대주의 기독교인과 구별된다. '유대주의자'라는 이 용어는 갈라디아서 2장 14절에서 Ἰουδαΐζειν(Ioudaizein)라는 코이네 헬라어로 한번 사용되었다. 여기서 바울은 베드로가 개종한 이방인들에게 유대인화되는 것에 공개적으로 경계하였다.

법, 즉 의식 절차나 할례와 관련된 것을 지키고 있던 이방인들이었습니다.

"무릇 육체의 모양을 내려 하는 자들이 억지로 너희에게 할례를 받게 함은 그들이 그리스도의 십자가로 말미암아 박해를 면하려 함뿐이라"(갈 6:12)

이들은 믿음의 핵심이 복음에 있는 것이 아니라 율법을 지키는 것이라 여겼기 때문에 갈라디아 교회의 성도들이 자신들과 같이 해야 한다고 주장했습니다. 이러한 유대교적 그리스도인들의 주장으로 인해 참된 복음을 중요하게 생각하는 그리스도인들까지도 예배가 종교적 의무를 지키고 하나님의 은혜를 구하는 수단이 되어버렸습니다. 바울은 유대교적 그리스도인들의 영향으로 그리스도 안에서 참된 믿음을 저버리는 갈라디아 교회의 성도들을 위해 안타까운 마음으로 갈라디아서를 썼습니다. 갈라디아 교회의 성도들은 그리스도의 은혜로 시작했다가 다른 복음을 따르고 있었고, 성령으로 시작하였다가 육체로 살고 있었습니다.

"너희가 이같이 어리석으냐 성령으로 시작하였다가 이제는 육체로 마치겠느냐"(갈 3:3)

이러한 율법적 행위들은 하나님께서 은혜로 하나님의 아들을 보내셔서 우리를 구원하신 복음의 본질적인 말씀에 모순되는 것이었습니다.

"내가 하나님의 은혜를 폐하지 아니하노니 만일 의롭게 되는 것이 율법으로 말미암으면 그리스도께서 헛되이 죽으셨느니라"(갈 2:21)

우리는 오직 믿음으로 하나님과의 관계에 이를 수 있으며 성령을 받을 수 있습니다.

"이는 그리스도 예수 안에서 아브라함의 복이 이방인에게 미치게 하고 또 우리로 하여금 믿음으로 말미암아 성령의 약속을 받게 하려 함이라" (갈 3:14)

예배 공동체인 교회가 하나님의 은혜를 저버리고 스스로 노력해서 얻은 인간의 의에 의지하는 것은 이방인 그리스도인들을 또 다른 유대인이 되게 만드는 것입니다. 그리고 그리스도께서 십자가의 보혈을 통해 은혜롭게 주신 구속과 용서의 선물을 거부하는 일이 될 것입니다.

"그리스도께서 우리를 위하여 저주를 받은 바 되사 율법의 저주에서 우리를 속량하셨으니 기록된 바 나무에 달린 자마다 저주 아래에 있는 자라 하였음이라"(갈 3:13)

예배자이며 그리스도인으로서 우리는 예수님의 삶을 따라 살 수 있도록 우리를 도우시는 성령을 좇아 믿음으로 살아야 합니다(갈 5장). 참된 믿음이란 단지 '쉬운' 믿음이 아닙니다. 즉, 예수님을 닮아가려는 우리의 열정과 헌신이 없이도 단순히 복음에 능력이 있다고만 믿는 수

준이 아니라는 것입니다. 바울은 갈라디아서에 이렇게 썼습니다.

> "내가 그리스도와 함께 십자가에 못 박혔나니 그런즉 이제는 내가 사는 것이 아니요 오직 내 안에 그리스도께서 사시는 것이라 이제 내가 육체 가운데 사는 것은 나를 사랑하사 나를 위하여 자기 자신을 버리신 하나님의 아들을 믿는 믿음 안에서 사는 것이라"(갈 2:20)

참된 믿음이란 그리스도 안에서 자기 자신을 온전히 내어드리는 것입니다. 그리스도인의 삶은 믿음으로 받은 것이기에 은혜의 복음으로부터 흘러나옵니다. 하나님의 은혜를 얻기 위해 율법적인 노력을 하는 것은 근본적으로 참된 교회와 예배 공동체의 목적과 가치에 부합되지 않습니다. 그러므로 바울처럼 우리를 사랑하셔서 자신을 우리에게 내어 주신 예수님을 믿는 믿음으로 살고 믿음으로 예배해야 합니다. 우리가 잘해서가 아니라, 예수님이 우리를 위해 죽으신 십자가 보혈의 구원으로 말미암아 하나님의 거룩한 임재에 들어갈 수 있게 된 것입니다. 이로써 우리의 예배는 온전한 예배가 되어 그리스도 안에서 하나님의 은혜에 기쁨과 자유함으로 화답할 수 있게 되었습니다.

> "그리스도께서 하나님 곧 우리 아버지의 뜻을 따라 이 악한 세대에서 우리를 건지시려고 우리 죄를 대속하기 위하여 자기 몸을 주셨으니 영광이 그에게 세세토록 있을지어다"(갈 1:4-5)

우리가 구원을 어떻게 받아들이고 이해하느냐에 따라 우리가 드리는 예배에 영향을 줍니다.

"또 하나님 앞에서 아무도 율법으로 말미암아 의롭게 되지 못할 것이 분명하니 이는 의인은 믿음으로 살리라 하였음이라 율법은 믿음에서 난 것이 아니니 율법을 행하는 자는 그 가운데서 살리라 하였느니라"(갈 3:11-12)

이를 염두에 둔 바울은 믿음과 유대 율법을 지키는 것을 대조적으로 언급하고 있습니다.

"너희가 만일 성령의 인도하시는 바가 되면 율법 아래에 있지 아니하리라 육체의 일은 분명하니 곧 음행과 더러운 것과 호색과 우상 숭배와 주술과 원수 맺는 것과 분쟁과 시기와 분냄과 당 짓는 것과 분열함과 이단과 투기와 술 취함과 방탕함과 또 그와 같은 것들이라 전에 너희에게 경계한 것 같이 경계하노니 이런 일을 하는 자들은 하나님의 나라를 유업으로 받지 못할 것이요 오직 성령의 열매는 사랑과 희락과 화평과 오래 참음과 자비와 양선과 충성과 온유와 절제니 이같은 것을 금지할 법이 없느니라 그리스도 예수의 사람들은 육체와 함께 그 정욕과 탐심을 십자가에 못 박았느니라"(갈 5:18-24)

또 율법주의와 아브라함의 후계자에게 하신 하나님의 약속을 역시 대조적으로 말합니다.

"믿음이 오기 전에 우리는 율법 아래에 매인 바 되고 계시될 믿음의 때까지 갇혔느니라 이같이 율법이 우리를 그리스도께로 인도하는 초등교사가 되어 우리로 하여금 믿음으로 말미암아 의롭다 함을 얻게 하려 함이라"
(갈 3:23-24)

이를 통해 바울은 그리스도를 믿는 믿음이 왔으므로, 우리는 더 이상 율법의 인도를 필요로 하지 않는다고 결론을 내립니다(갈 3:25). 바울의 말처럼 예배자들은 더 이상 어린아이나 종으로 사는 것을 그만두어야 합니다. 왜냐하면 그리스도 안에서 우리는 귀중한 아들과 딸이 되었기 때문입니다.

"너희는 유대인이나 헬라인이나 종이나 자유인이나 남자나 여자나 다 그리스도 예수 안에서 하나이니라 너희가 그리스도의 것이면 곧 아브라함의 자손이요 약속대로 유업을 이을 자니라"(갈 3:28-29)

그리고 그리스도 안에서 참된 자유를 누리게 되었기 때문입니다.

"그리스도께서 우리를 자유롭게 하려고 자유를 주셨으니 그러므로 굳건하게 서서 다시는 종의 멍에를 메지 말라 보라 나 바울은 너희에게 말하노니 너희가 만일 할례를 받으면 그리스도께서 너희에게 아무 유익이 없으리라 "(갈 5:1-2)

또한 이제는 성령 안에서 참된 삶을 사는 사람들이 되었기 때문에, 바울은 의식과 제사보다는 우리가 정말 새롭게 예전의 삶과 다른 사람으로 변화했는지가 중요하다고 강조합니다.

"할례나 무할례가 아무 것도 아니로되 오직 새로 지으심을 받는 것만이 중요하니라"(갈 6:15)

우리는 갈라디아서를 통해 몇 가지 중요한 예배의 통찰을 얻을 수 있습니다. 첫째, 참된 하나님 말씀의 가르침은 뛰어난 사람이 아닌 하나님으로부터 받습니다.

"이제 내가 사람들에게 좋게 하랴 하나님께 좋게 하랴 사람들에게 기쁨을 구하랴 내가 지금까지 사람들의 기쁨을 구하였다면 그리스도의 종이 아니니라 형제들아 내가 너희에게 알게 하노니 내가 전한 복음은 사람의 뜻을 따라 된 것이 아니니라 이는 내가 사람에게서 받은 것도 아니요 배운 것도 아니요 오직 예수 그리스도의 계시로 말미암은 것이라"(갈 1:10-12)

둘째, 누군가의 회심에 대해 들었다면 우리가 할 일은 오직 하나님을 찬양하는 것입니다.

"다만 우리를 박해하던 자가 전에 멸하려던 그 믿음을 지금 전한다 함을 듣고 나로 말미암아 하나님께 영광을 돌리니라"(갈 1:23-24)

셋째, 균형 잡힌 예배는 어려운 사람들을 돌보는 일에서 나타납니다.

"다만 우리에게 가난한 자들을 기억하도록 부탁하였으니 이것은 나도 본래부터 힘써 행하여 왔노라"(갈 2:10)

넷째, 참된 예배 공동체는 사랑의 공동체이며 이를 실천하는 것입니다.

"그러므로 우리는 기회 있는 대로 모든 이에게 착한 일을 하되 더욱 믿음의 가정들에게 할지니라"(갈 6:10)

다섯째, 율법주의는 우리를 그리스도로부터 멀리 떨어뜨리고, 나아가 다른 그리스도인들로부터도 분리시킵니다.

"율법 안에서 의롭다 함을 얻으려 하는 너희는 그리스도에서 끊어지고 은혜에서 떨어진 자로다"(갈 5:4)

여섯째, 참된 예배자는 겸손과 신실한 사람입니다.

"할례를 받은 그들이라도 스스로 율법은 지키지 아니하고 너희에게 할례를 받게 하려 하는 것은 그들이 너희의 육체로 자랑하려 함이라"(갈 6:13)

사도행전 15장과 갈라디아서 2장은 향후 2천 년간 이어지는 교회사의 방향을 정하고 결정한 예루살렘 회의에 대한 내용을 담고 있습니다.

"어떤 사람들이 유대로부터 내려와서 형제들을 가르치되 너희가 모세의 법대로 할례를 받지 아니하면 능히 구원을 받지 못하리라 하니"(행 15:1)

그 논의의 주제는 '이방인 그리스도인이 유대교로 개종하거나 유대교 의식에 따라 살지 않고도 하나님을 예배할 수 있는가?'였습니다. 구원은 오직 믿음에서 오기 때문에 이방인 그리스도인들은 구원을 받기 위해 유대교의 관습을 따를 필요가 없다고 결정했습니다.

> "사람이 의롭게 되는 것은 율법의 행위로 말미암음이 아니요 오직 예수 그리스도를 믿음으로 말미암는 줄 알므로 우리도 그리스도 예수를 믿나니 이는 우리가 율법의 행위로써가 아니고 그리스도를 믿음으로써 의롭다 함을 얻으려 함이라 율법의 행위로써는 의롭다 함을 얻을 육체가 없느니라"(갈 2:16)

1세기 말경, 대부분의 교회 지도자들은 이방인의 후손들이었습니다. 그리고 2세기 말에 유대교 관습을 행하던 유대인 그리스도인들은 소수가 되었습니다. 결국 그들은 교회의 변두리로 내몰렸고 심지어 이단으로 간주 되기도 했습니다. 유대교 그리스도인들이 다시 1세기의 그리스도인과 같이 예배 드릴 자유를 얻기까지는 오랜 세월이 필요했습니다. 그러므로 우리는 그리스도인으로서 가진 예배의 자유를 감사하며 이를 누려야 합니다. 그리스도께서 우리를 자유케 하셨기 때문입니다.

> "그리스도께서 우리를 자유롭게 하려고 자유를 주셨으니 그러므로 굳건하게 서서 다시는 종의 멍에를 메지 말라"(갈 5:1)

예배는 우리 예배자들이 함께 모여 창조와 구원의 사역을 비롯한 하나님께서 하신 일들을 기념하고 기억하는 예식입니다. 그리고 교회는 예배드림이 기쁨이 되는 사랑의 공동체입니다. 그러므로 우리는 하나님께서 주신 구원의 은혜를 기쁨과 자유함으로 온전히 누리는 참된 예배자가 되어야 합니다.

"형제들아 너희가 자유를 위하여 부르심을 입었으나 그러나 그 자유로 육체의 기회를 삼지 말고 오직 사랑으로 서로 종 노릇 하라 온 율법은 네 이웃 사랑하기를 네 자신 같이 하라 하신 한 말씀에서 이루어졌나니"(갈 5:13-14)

1. 바울이 갈라디아 교회 성도들에게 말하려고 했던 중요한 주제는 무엇인가요?
2. 바울은 율법에 매여있는 사람들에게 어떻게 할 것을 권면하고 있나요?
3. 바울이 갈라디아 교회 성도들에게 말한 참된 예배의 본질은 무엇인가요?

제 32 일

참된 예배자는 그리스도 안에서 날마다 성장하는 것입니다.

에베소서, 빌립보서, 골로새서

우리는 왜 하나님을 예배할까요? 하나님이 주시는 은혜가 많아서일까요? 성경에서 예배하라고 했기 때문일까요, 아니면, 하나님을 사랑해서일까요? 모두가 맞는 답일 수 있지만, 에베소서 1장에서 바울이 말한 것보다 멋진 대답을 찾기는 어려울 것입니다. 사도 바울은 우리를 축복하신 하나님을 찬양하며 에베소서를 시작합니다.

"찬송하리로다 하나님 곧 우리 주 예수 그리스도의 아버지께서 그리스도 안에서 하늘에 속한 모든 신령한 복을 우리에게 주시되"(엡 1:3)

하나님은 창세 전부터 우리를 택하셨습니다.

"곧 창세 전에 그리스도 안에서 우리를 택하사 우리로 사랑 안에서 그 앞에 거룩하고 흠이 없게 하시려고"(엡 1:4)

그리고 사랑으로 그의 자녀가 되게 예정하셨습니다.

"그 기쁘신 뜻대로 우리를 예정하사 예수 그리스도로 말미암아 자기의 아들들이 되게 하셨으니"(엡 1:5)

또한 우리를 구원하시고 우리의 죄를 용서하셨습니다.

"우리는 그리스도 안에서 그의 은혜의 풍성함을 따라 그의 피로 말미암아 속량 곧 죄 사함을 받았느니라"(엡 1:7)

하나님은 우리를 은혜가 넘치게 하셨으며 창조하신 하나님의 계획을 알게 하셨습니다.

"그 뜻의 비밀을 우리에게 알리신 것이요 그의 기뻐하심을 따라 그리스도 안에서 때가 찬 경륜을 위하여 예정하신 것이니 하늘에 있는 것이나 땅에 있는 것이 다 그리스도 안에서 통일되게 하려 하심이라"(엡 1:9-10)

우리가 하나님의 백성이 되었다는 것은 하나님을 예배하기 위한 존재가 되었다는 뜻입니다. 우리는 하나님의 영광을 찬양하기 위해 존재하는 예배자입니다.

"이는 우리가 그리스도 안에서 전부터 바라던 그의 영광의 찬송이 되게 하려 하심이라"(엡 1:12)

우리가 이 땅에 사는 이유도 하나님을 예배하기 위해서입니다. 하나님이 우리를 만드실 때 하나님을 예배하는 존재로 만드셨기에 우리는 마땅히 하나님을 예배해야 합니다. 그러므로 이것이 우리 삶에 가장 큰 우선순위가 되어야 합니다. 우리가 매일 아침에 눈을 떠 "내가 사는 가장 중요한 이유는 하나님을 찬양하기 위해서입니다."라는 고백으로 하루를 시작한다면 우리의 삶은 매우 큰 변화가 일어날 것입니다. 비록 우리가 주일마다 예배를 드리지만, 참된 예배는 우리 삶의 전 영역에서 일어납니다.

"너희가 전에는 어둠이더니 이제는 주 안에서 빛이라 빛의 자녀들처럼 행하라"(엡 5:8)

예배는 하나님을 기쁘시게 하는 것입니다. 우리가 매 순간 변함없이 예수님 안에서 거듭난 새 피조물로 살아갈 때 하나님은 기뻐하십니다. 또한 바울은 예배자들이 함께 모여 하나님께 영광 돌리는 공예배(Corporate Worship)를 강조합니다. 우리의 교회와 예배 공동체가 하나 되어 하나님을 노래하며 찬양할 때 하나님은 우리의 예배를 기뻐 받으십니다.

"시와 찬송과 신령한 노래들로 서로 화답하며 너희의 마음으로 주께 노래하며 찬송하며"(엡 5:19)

무엇보다 교회는 '하나님의 영광'을 위해 존재합니다.

"교회 안에서와 그리스도 예수 안에서 영광이 대대로 영원무궁하기를 원하노라"(엡 3:21)

혼자서 거룩하고 영적인 예배를 드린다고 할지라도 하나님의 영광을 온전하게 찬양하기 위해서는 반드시 하나님의 백성들과 함께 예배해야 합니다.

"이러므로 내가 하늘과 땅에 있는 각 족속에게 이름을 주신 아버지 앞에 무릎을 꿇고 비노니"(엡 3:14-15)

예배란 계시와 응답으로 이루어진 대화입니다. 하나님은 그리스도 안에서 풍성한 은혜의 말씀을 주십니다. 에베소 교인들을 향한 바울의 편지는 그리스도의 몸인 교회를 통해 마음껏 베푸시고 나타내주신 하나님의 영광스러운 은혜를 보여줍니다. 그러므로 에베소서는 탁월한 예배 교과서입니다.

예배 드릴 때 교회는 하나님이 주신 풍성한 영적 축복을 돌아보게 됩니다(엡 1-3장). 바울은 예배자들에게 하나님이 그들을 택하시고 하나님 앞에서 거룩하고 흠 없게 하신 것에 대해 함께 찬양하기를 원합니다(엡 1:3-14). 에베소의 그리스도인들은 하나님이 창세 전부터 택하셨다는 사실에 기뻐했습니다. 바울은 하나님께서 십자가의 보혈을 통해 사랑하고 용서하신 사실과 선한 계획을 이루게 하시려고 새롭게 창조하신 구원의 은혜를 찬양으로 설명하고 있습니다. 바울은 우리에게 신실한 예배자의 태도와 그리스도 안에서 올바른 신앙의 자세를 강조합니다. 예배를 통해 우리는 영적 무장을 하게 되며 하나님의 전신 갑주를 입고 세상에 나아갑니다(엡 6:10-20). 이를 통해 예배자들이 세상에서 담대한 믿음으로 승리하며 살아갈 수 있는 것입니다.

상황이 좋을 때 우리는 쉽게 하나님께 감사를 드릴 수 있습니다. 그러나 힘들고 어려울 때 어떻게 하나님을 예배할 수 있을까요? 빌립보서를 쓸 당시 바울이 처한 상황은 최악이었습니다. 당시 바울은 예수님을 증거한 간증으로 인해 감옥에 갇혔습니다(빌 1:12-13). 그럼에도 바울의 편지는 예배로 가득 차 있고, 심지어 기뻐하기까지 합니다

"간구할 때마다 너희 무리를 위하여 기쁨으로 항상 간구함은"(빌 1:4)

어떻게 이것이 가능할까요? 고난 중에 어떻게 하나님을 기뻐할 수 있을까요? 바울은 빌립보 교회의 성도들 안에서 착한 일을 시작하신 하나님께서 그 일을 반드시 이루실 것을 알았기에 기쁨을 감추지 못했습니다(빌 1:6). 그리고 언젠가 예수님이 다시 오실 때, 빌립보 교회는 예수 그리스도로 말미암아 의의 열매가 가득하여 하나님의 영광과 찬송이 될 것을 믿었습니다(빌 1:11). 우리 역시 고난 가운데 있을 때, 지금의 괴로움이 아닌 그 너머의 헤아릴 수 없는 영원의 축복을 바라본다면 기쁨으로 하나님을 예배할 수 있을 것입니다. 바울은 전 인류가 예수님을 예배하는 미래를 아름다운 시로 표현했습니다.

"너희 안에 이 마음을 품으라 곧 그리스도 예수의 마음이니 그는 근본 하나님의 본체시나 하나님과 동등됨을 취할 것으로 여기지 아니하시고 오히

려 자기를 비워 종의 형체를 가지사 사람들과 같이 되셨고 사람의 모양으로 나타나사 자기를 낮추시고 죽기까지 복종하셨으니 곧 십자가에 죽으심이라 이러므로 하나님이 그를 지극히 높여 모든 이름 위에 뛰어난 이름을 주사 하늘에 있는 자들과 땅에 있는 자들과 땅 아래에 있는 자들로 모든 무릎을 예수의 이름에 꿇게 하시고 모든 입으로 예수 그리스도를 주라 시인하여 하나님 아버지께 영광을 돌리게 하셨느니라"(빌 2:5-11)

이 옛 찬송 시는 자신을 낮추고 하나님의 특권을 포기하고 사람이 되신 그리스도를 찬양하고 있습니다. 그리스도는 십자가에 죽기까지 자기 자신을 완전히 내려놓았습니다. 그리스도의 최후 승리와 영광을 바라보고 견딜 때 우리의 괴로움과 고난은 기쁨으로 충만하게 될 것입니다. 바울은 우리의 상황이 어떠하든 하나님께서 우리에게 주신 것을 기억하라고 말합니다.

웨스트민스터 소요리 문답(Westminster Shorter Catechism)은 우리 인생의 가장 큰 목적이 "하나님을 영화롭게 하고 그를 영원히 즐거워하는 것"이라고 말합니다. 거친 감방 안에서 편지를 쓰면서, 바울은 박해와 매 맞음, 파선, 곤궁함 등의 부정적인 상황을 강조하려는 마음에 이끌렸을지도 모릅니다(고후 11:23-28). 그러나 그는 자신이 받은 고난보다는 하나님의 영광이 언제나 중심이 되는 감사의 태도를 보였습니다. 바울은 상황이 비록 암울할지라도 하나님은 언제나 자신을 예배자들의 삶 가운데서 목적을 이루시기 위해 쉼 없이 일하신다는 확신을 하고 있습니다.

"내가 궁핍하므로 말하는 것이 아니라 어떠한 형편에든지 나는 자족하기를 배웠노니 나는 비천에 처할 줄도 알고 풍부에 처할 줄도 알아 모든 일 곧 배부름과 배고픔과 풍부와 궁핍에도 처할 줄 아는 일체의 비결을 배웠노라"(빌 4:11-12)

바울은 그동안 자신을 아낌없이 도운 빌립보 교회 그리스도인들에게 감사하면서, 이 편지를 읽는 모든 이들에게 기도 가운데 감사의 태도를 가지라고 강력히 권고합니다.

"아무 것도 염려하지 말고 다만 모든 일에 기도와 간구로, 너희 구할 것을 감사함으로 하나님께 아뢰라"(빌 4:6)

그는 온 우주가 '그리스도는 주님'이심을 예배할 것을 선포했습니다.

"이러므로 하나님이 그를 지극히 높여 모든 이름 위에 뛰어난 이름을 주사 하늘에 있는 자들과 땅에 있는 자들과 땅 아래에 있는 자들로 모든 무릎을 예수의 이름에 꿇게 하시고 모든 입으로 예수 그리스도를 주라 시인하여 하나님 아버지께 영광을 돌리게 하셨느니라"(빌 2:9-11)

예배의 자리에 나오는 그 자체로 하나님의 영광을 깊이 생각하게 되고, 우리의 마음에 기쁨이 가득 임하게 됩니다.

"주 안에서 항상 기뻐하라 내가 다시 말하노니 기뻐하라"(빌 4:4)

빌립보 성도들에게 바울은 다음과 같이 마지막으로 권면합니다.

"끝으로 나의 형제들아, 주 안에서 기뻐하라"(빌 3:1)

골로새서에서 바울은 예배에서 우리가 가진 장벽과 예수 그리스도께 집중할 필요성을 지적하고 있습니다. 사람을 속이는 헛된 철학, 음식을 제한하는 것, 천사 숭배, 이방 종교의 영향을 받은 새로운 종교 관행들, 각자의 취향에 맞추어 변질된 예배 등으로 인해 1세기 골로새 교회의 성도들은 올바른 기독교 신앙에서 자꾸만 벗어나고 있었습니다(골 2:8-23). 바울은 하나님께 온전히 경배하는 것을 막는 헛된 활동들과 철학들에 사로잡혀 있는 상태를 지적합니다.

"내가 이것을 말함은 아무도 교묘한 말로 너희를 속이지 못하게 하려 함이니"(골 2:4)

바울은 하나님과의 관계에서 어떤 율법적 의식이나 천사 숭배 같은 것은 필요 없다고 단언합니다. 왜냐하면 하나님이 예수 그리스도로 온전히 오셨기 때문입니다(골 2:10). 하나님으로부터 우리를 분리시키는 모든 죄는 예수님의 십자가로 사함 받았습니다(골 2:13-14). 그러므로 예수님과 더 깊은 관계로 성숙 되기 위해서는 새로운 종교적 의식이 필요한 것이 아니라, 삶 속에서 예수님과 동행하며 관계를 견고히 해야 합니다(골 2:6-7, 19). 바울은 예수님이 단지 수많은 영적 종교 지도자들 중 한 분이 아니라고 확실하게 말합니다.

"그는 보이지 아니하는 하나님의 형상이시오 모든 피조물보다 먼저 나신 이시니 만물이 그에게서 창조되되 하늘과 땅에서 보이는 것들과 보이지 않는 것들과 혹은 왕권들이나 주권들이나 통치자들이나 권세들이나 만물이 다 그로 말미암고 그를 위하여 창조되었고 또한 그가 만물보다 먼저 계시고 만물이 그 안에 함께 섰느니라 그는 몸인 교회의 머리시라 그가 근본이시요 죽은 자들 가운데서 먼저 나신 이시니 이는 친히 만물의 으뜸이 되려 하심이요"(골 1:15-18)

그러므로 우리가 믿음과 관련 없는 것들에 관심을 가지는 것이 아니라, 오직 예수님을 믿으며 예수님만으로 충분하다는 확신을 가질 때 영적으로 보다 성숙하게 자랄 수 있습니다. 오직 예수님만이 우리를 하나님과 깊은 관계로 인도하시며, 하나님의 거룩한 영광에까지 참여할 수 있도록 이끄십니다. 우리는 하나님의 선택을 받은 자녀이며, 하나님의 백성으로 예배를 드립니다(골 3:12-16).

우리는 예배를 통해 하나님께 감사의 기도와 찬양으로 영광을 돌립니다. 하지만 더 나아가 우리가 하는 모든 일을 예수님의 이름으로 행하고, 그분의 말씀으로 인도받으며 감사로 충만할 때 하나님께 더 큰 영광을 돌릴 수 있습니다.

"그리스도의 말씀이 너희 속에 풍성히 거하여 모든 지혜로 피차 가르치며 권면하고 시와 찬송과 신령한 노래를 부르며 감사하는 마음으로 하나님을 찬양하고"(골 3:16)

바울은 골로새 성도들에게 성자 하나님이신 예수 그리스도에게 집중하라고 가르칩니다. 예수님은 보이지 않는 하나님이시요, 통지자이시며, 창조주이시자 생명을 존속시키시는 분이십니다. 그리스도는 교회의 머리가 되시며, 하나님과 우리를 화해시키신 근원이십니다. 예수님과의 관계는 우리를 자유케 하여 그분을 그 영광 가운데 경험하도록 합니다(골 3:1-4). 하나님이신 예수 그리스도께 바울은 우리의 마음을 움직여 열린 마음과 간절함으로 그분을 높이고, 열정으로 경배하고, 예배하며, 감사하게 해야 한다고 강조합니다(골 3:1). 우리는 다양한 음악으로 찬양할 수 있습니다(골 3:16). 그리고 우리의 말과 행동으로써 감사를 드립니다.

"또 무엇을 하든지 말에나 일에나 다 주 예수의 이름으로 하고 그를 힘입어 하나님 아버지께 감사하라"(골 3:17)

또한 기도를 통해 하나님을 갈망합니다.

"기도를 계속하고 기도에 감사함으로 깨어 있으라"(골 4:2)

심지어 우리는 매일 믿음의 삶을 통해서도 그분을 높이고 경배할 수 있습니다.

"외인에게 대해서는 지혜로 행하여 세월을 아끼라 너희 말을 항상 은혜 가운데서 소금으로 맛을 냄과 같이 하라 그리하면 각 사람에게 마땅히 대답

할 것을 알리라"(골 4:5-6)

이 모든 것은 하나님께서 기뻐 받으시는 '예배'를 이루는 부분입니다. 참된 예배에 대해 사도 바울은 오직 예수 그리스도만이 우리의 사랑과 존귀의 대상이 되어야 한다는 단순한 진리만을 남깁니다. 이것이 참된 예배의 바탕입니다.

바울은 골로새서를 통해 오직 믿음과 그리스도가 어떤 분이신지에 대한 올바른 이해가 결합 될 때 하나님을 진정으로 높이는 예배가 있을 수 있다고 말합니다. 균형 있는 예배는 하나님을 더욱 온전히 예배하게 하고 그 풍성한 은혜로 인해 우리에게 기쁨이 넘치게 됩니다.

1. 바울은 에베소서 성도들에게 하나님이 우리를 창조하신 목적을 무엇이라고 하나요?
2. 바울은 빌립보 성도들에게 왜 항상 기뻐하라고 하나요?
3. 바울은 골로새 성도들에게 예수 그리스도를 어떤 분으로 설명하고 있나요?

제 33 일

예배는 하나님의 은혜를 경험하는 것입니다.

데살로니가전서, 데살로니가후서

우리는 모두 휴가나 택배, 사랑하는 사람의 만남 등을 기다리며 날짜를 손꼽은 적이 있습니다. 마찬가지로 우리의 예배 또한 미래를 기대하며 그리스도의 다시 오심을 고대해야 합니다. 데살로니가의 교인들은 미래에 관심을 두고 있었습니다. 그들은 간절히 예수님의 재림을 기다렸으나, 그 간절한 기대 가운데 또한 불안해하고 있었습니다. 이미 세상을 떠난 가족과 친척들을 포함해 함께했던 그리스도인들이 예수님의 재림 때 천국에 올라갈 수 있을지에 대한 불확실성입니다. 바울은 이에 대해 걱정하지 말고 하나님을 믿음의 눈으로 바라볼 것을 분명하게 말합니다.

"형제들아 자는 자들에 관하여는 너희가 알지 못함을 우리가 원하지 아니하노니 이는 소망 없는 다른 이와 같이 슬퍼하지 않게 하려 함이라 우리가 예수께서 죽으셨다가 다시 살아나심을 믿을진대 이와 같이 예수 안에서 자는 자들도 하나님이 그와 함께 데리고 오시리라 우리가 주의 말씀으로 너희에게 이것을 말하노니 주께서 강림하실 때까지 우리 살아 남아 있는 자도 자는 자보다 결코 앞서지 못하리라 주께서 호령과 천사장의 소리와 하나님의 나팔 소리로 친히 하늘로부터 강림하시니 그리스도 안에서 죽은 자들이 먼저 일어나고 그 후에 우리 살아 남은 자들도 그들과 함께 구름 속으로 끌어 올려 공중에서 주를 영접하게 하시리니 그리하여 우리가 항상 주와 함께 있으리라"(살전 4:13-17)

또한 계속해서 생계를 위해 일해야 하는지 아니면 매일 하늘나라를 위해 살아야 하는지에 대한 고민도 있었습니다.

"또 너희에게 명한 것 같이 조용히 자기 일을 하고 너희 손으로 일하기를 힘쓰라"(살전 4:11)

바울은 이렇게 말하면서 예배 공동체와 데살로니가 그리스도인들을 격려합니다.

"또 형제들아 너희를 권면하노니 게으른 자들을 권계하며 마음이 약한 자들을 격려하고 힘이 없는 자들을 붙들어 주며 모든 사람에게 오래 참으라"(살전 5:14)

데살로니가 교회는 바울의 제2차 전도 여행(AD 49-52) 중 세운 교회입니다. 신약 성경에서 가장 오래된 편지 중 하나로 꼽히는 데살로니가서에서 사도 바울은 그의 양 떼들에게 그리스도의 재림에 대해 가르치며 예배의 중요한 요소인 거룩한 생활을 강조합니다.

"그들이 우리에 대하여 스스로 말하기를 우리가 어떻게 너희 가운데에 들어갔는지와 너희가 어떻게 우상을 버리고 하나님께로 돌아와서 살아 계시고 참되신 하나님을 섬기는지와"(살전 1:9)

바울은 사랑하는 성도들에게 최근 우상을 떠나 살아계신 하나님을 섬기게 된 것을 다시 한번 일깨워주며 계속해서 거룩한 삶의 길로 나아가라고 촉구하고 있습니다.

"그러므로 형제들아 우리가 끝으로 주 예수 안에서 너희에게 구하고 권면하노니 너희가 마땅히 어떻게 행하며 하나님을 기쁘시게 할 수 있는지를 우리에게 배웠으니 곧 너희가 행하는 바라 더욱 많이 힘쓰라 우리가 주 예수로 말미암아 너희에게 무슨 명령으로 준 것을 너희가 아느니라"
(살전 4:1-2)

예배는 종교적 의식 그 이상으로 거룩한 삶을 사는 것입니다. 사도 바울은 하나님의 백성들에게 참된 복음을 가르치는 것이 그들이 예배 공동체원들과 세상을 잘 섬기는 방법이라고 강조합니다. 바울의 가르침을 잘 배우면서 데살로니가 교인들은 그리스도의 다시 오심을 잘 준비하며 기다릴 수 있었습니다.

우리는 데살로니가전서를 통해 몇 가지 예배의 통찰을 얻습니다. 첫째, 우리는 감사와 기도를 통해 다른 그리스도인들이 어떻게 하나님을 섬기는지 기억해야 합니다.

"우리가 너희 모두로 말미암아 항상 하나님께 감사하며 기도할 때에 너희를 기억함은 너희의 믿음의 역사와 사랑의 수고와 우리 주 예수 그리스도에 대한 소망의 인내를 우리 하나님 아버지 앞에서 끊임없이 기억함이니"(살전 1:2-3)

둘째, 우리는 심판에서 구원해 내신 하나님의 아들 예수님이 다시 오시는 소망이 있음을 감사해야 합니다.

"또 죽은 자들 가운데서 다시 살리신 그의 아들이 하늘로부터 강림하실 것을 너희가 어떻게 기다리는지를 말하니 이는 장래의 노하심에서 우리를 건지시는 예수시니라"(살전 1:10)

셋째, 예배에 있어 우리의 목적은 사람이 아닌 하나님을 기쁘시게 하는 것입니다.

"오직 하나님께 옳게 여기심을 입어 복음을 위탁 받았으니 우리가 이와 같이 말함은 사람을 기쁘게 하려 함이 아니요 오직 우리 마음을 감찰하시는 하나님을 기쁘시게 하려 함이라"(살전 2:4)

넷째, 하나님은 우리 삶에 말씀의 능력을 불어넣으셔서 그 말씀을 믿고 순종하게 하십니다.

"이러므로 우리가 하나님께 끊임없이 감사함은 너희가 우리에게 들은 바 하나님의 말씀을 받을 때에 사람의 말로 받지 아니하고 하나님의 말씀으로 받음이니 진실로 그러하도다 이 말씀이 또한 너희 믿는 자 가운데에서 역사하느니라"(살전 2:13)

다섯째, 참된 예배는 우리 안의 사랑이 서로에게 넘쳐 흘러갈 수 있게 해 줍니다.

"또 주께서 우리가 너희를 사랑함과 같이 너희도 피차간과 모든 사람에 대한 사랑이 더욱 많아 넘치게 하사"(살전 3:12)

여섯째, 거룩한 예배의 삶을 사는 것이 참된 예배의 완성입니다.

"그러므로 형제들아 우리가 끝으로 주 예수 안에서 너희에게 구하고 권면하노니 너희가 마땅히 어떻게 행하며 하나님을 기쁘시게 할 수 있는지를 우리에게 배웠으니 곧 너희가 행하는 바라 더욱 많이 힘쓰라 우리가 주 예수로 말미암아 너희에게 무슨 명령으로 준 것을 너희가 아느니라"
(살전 4:1-2)

일곱째, 참된 예배는 서로를 격려하며 세워줍니다.

"그러므로 피차 권면하고 서로 덕을 세우기를 너희가 하는 것 같이 하라 형제들아 우리가 너희에게 구하노니 너희 가운데서 수고하고 주 안에서 너희를 다스리며 권하는 자들을 너희가 알고 그들의 역사로 말미암아 사랑 안에서 가장 귀히 여기며 너희끼리 화목하라 또 형제들아 너희를 권면하노니 게으른 자들을 권계하며 마음이 약한 자들을 격려하고 힘이 없는 자들을 붙들어 주며 모든 사람에게 오래 참으라"(살전 5:11-14)

여덟째, 우리는 언제나 하나님께 감사하도록 부름 받았기 때문에 상황과 환경이 어떻든지 항상 예배해야 합니다.

"범사에 감사하라 이것이 그리스도 예수 안에서 너희를 향하신 하나님의 뜻이니라"(살전 5:18)

바울은 데살로니가서를 통해 예배자들에게 가장 중요한 것은 거룩한 삶의 예배를 사는 것이라고 강조합니다. 이것이 하나님이 원하시는 참된 그리스도인의 모습이며 '거룩'하게 사는 것은 곧 하나님 존재의 중심에 있는 것이라고 말합니다.

"너는 이스라엘 자손의 온 회중에게 말하여 이르라 너희는 거룩하라 이는 나 여호와 너희 하나님이 거룩함이니라"(레 19:2)

또한 '거룩'은 도덕적 속성뿐 아니라 하나님의 심판, 구원, 사랑, 신실함을 모두 포함합니다.

"내가 나의 맹렬한 진노를 나타내지 아니하며 내가 다시는 에브라임을 멸하지 아니하리니 이는 내가 하나님이요 사람이 아님이라 네 가운데 있는 거룩한 이니 진노함으로 네게 임하지 아니하리라"(호 11:9)

그러므로 예배 속에서 하나님을 만나는 영적 감동을 누리기 위해서는 거룩한 영적 삶을 사는 예배자가 되어야만 합니다.

한 비행사가 대서양을 작은 비행기로 횡단하던 중 길을 잃었습니다. 무선 송신은 그가 포르투갈령 아조레스(Azores) 제도가 바로 앞에 있다고 착각했음을 알려주고 있었습니다. 캐나다 뉴펀들랜드(Newfoundland)를 출발할 때의 아주 작은 계산의 오류가 비행기가 매 순간 앞으로 나아감에 따라 점점 커지게 되었습니다. 처음의 작은 실수가 광활한 바다 한가운데로 비행기를 날아가게 해 이제는 목숨이 위태롭게 되었습니다.

데살로니가후서는 바른길에서 떠나 헤매는 교회에 대한 경고입니다. 당시 가짜 예언이 성도들의 믿음을 뒤흔들고 있었습니다.

"영으로나 또는 말로나 또는 우리에게서 받았다 하는 편지로나 주의 날이 이르렀다고 해서 쉽게 마음이 흔들리거나 두려워하거나 하지 말아야 한다는 것이라"(살후 2:2)

그리스에 있는 데살로니가가 잘못된 예배의 도시였다는 것은 이해하기 어렵지 않습니다. 그리스 신화에 등장하는 이시스(Isis), 아프로디테

(Aphrodite), 디오니소스(Dionysos), 제우스(Zeus) 등의 신에게 바치는 신전이 예배 처소 가까이에 있었습니다. 이런 환경 속에서 새로 생긴 교회는 핍박 가운데 굳게 버틸 수밖에 없었습니다.

> "그러므로 너희가 견디고 있는 모든 박해와 환난 중에서 너희 인내와 믿음으로 말미암아 하나님의 여러 교회에서 우리가 친히 자랑하노라"
> (살후 1:4)

그러나 데살로니가 성도들은 그리스도의 재림에 대한 고민과 영적 흔들림으로 힘들게 되었습니다.

> "영으로나 또는 말로나 또는 우리에게서 받았다 하는 편지로나 주의 날이 이르렀다고 해서 쉽게 마음이 흔들리거나 두려워하거나 하지 말아야 한다는 것이라 누가 어떻게 하여도 너희가 미혹되지 말라 먼저 배교하는 일이 있고 저 불법의 사람 곧 멸망의 아들이 나타나기 전에는 그 날이 이르지 아니하리니"(살후 2:2-3)

근거 없는 가르침이 떠돌아 하나님의 말씀에서 점점 게으른 성도들이 늘어나기 시작했습니다.

> "형제들아 우리 주 예수 그리스도의 이름으로 너희를 명하노니 게으르게 행하고 우리에게서 받은 전통대로 행하지 아니하는 모든 형제에게서 떠나라"(살후 3:6)

사도 바울의 날카로운 경고에서, 우리는 예배가 진리의 본질에 기초하는 것이 얼마나 중요한지 알게 해 줍니다. 눈에 보이는 것에 지나치게 집중한 예배는 본질을 놓치게 하며, 하나님께 예배하는 우리의 영적 시야를 흐리게 합니다.

"악한 자의 나타남은 사탄의 활동을 따라 모든 능력과 표적과 거짓 기적과"(살후 2:9)

거룩한 삶에 기반을 두지 않은 예배는 세상을 향한 증인의 역할을 약화 시킵니다. 그리고 결국 성도들 가운데 불만족이 퍼지게 합니다.

"우리가 들은즉 너희 가운데 게으르게 행하여 도무지 일하지 아니하고 일을 만들기만 하는 자들이 있다 하니"(살후 3:11)

바울은 사랑의 마음을 가지고 데살로니가 성도들을 향해 하나님을 만난 첫사랑으로 다시 돌아오도록 촉구하고 있습니다. 그리고 어려운 환경 속에서 그리스도를 따르는 사랑하는 성도들을 온유한 마음으로 고치고, 격려하고 있습니다.

데살로니가후서는 우리에게 몇 가지 예배에 대한 통찰을 줍니다. 첫째, 예배는 하나님께 감사하는 것으로부터 시작합니다.

"형제들아 우리가 너희를 위하여 항상 하나님께 감사할지니 이것이 당연

함은 너희의 믿음이 더욱 자라고 너희가 다 각기 서로 사랑함이 풍성함이니"(살후 1:3)

둘째, 우리의 삶에 그리스도의 영광이 드러날 때 예배가 세워집니다.

"우리 하나님과 주 예수 그리스도의 은혜대로 우리 주 예수의 이름이 너희 가운데서 영광을 받으시고 너희도 그 안에서 영광을 받게 하려 함이라"(살후 1:12)

셋째, 우리는 세상의 운명을 손에 쥐고 계시는 하나님을 전적으로 신뢰하고 예배해야 합니다.

"그 때에 불법한 자가 나타나리니 주 예수께서 그 입의 기운으로 그를 죽이시고 강림하여 나타나심으로 폐하시리라"(살후 2:8)

넷째, 예배의 중심은 기사나 이적이 아니라 하나님이 되어야 합니다.

"악한 자의 나타남은 사탄의 활동을 따라 모든 능력과 표적과 거짓 기적과"(살후 2:9)

다섯째, 우리 삶에 일어나는 모든 것이 예배이며 하나님께 영광을 돌려야 합니다.

"어떻게 우리를 본받아야 할지를 너희가 스스로 아나니 우리가 너희 가운데서 무질서하게 행하지 아니하며 누구에게서든지 음식을 값없이 먹지 않고 오직 수고하고 애써 주야로 일함은 너희 아무에게도 폐를 끼치지 아니하려 함이니 우리에게 권리가 없는 것이 아니요 오직 스스로 너희에게 본을 보여 우리를 본받게 하려 함이니라"(살후 3:7-9)

바울은 데살로니가 성도들을 향해 하나님께 감사하면서 칭찬을 아끼지 않았습니다.

"형제들아 우리가 너희를 위하여 항상 하나님께 감사할지니 이것이 당연함은 너희의 믿음이 더욱 자라고 너희가 다 각기 서로 사랑함이 풍성함이니 그러므로 너희가 견디고 있는 모든 박해와 환난 중에서 너희 인내와 믿음으로 말미암아 하나님의 여러 교회에서 우리가 친히 자랑하노라"(살후 1:3-4)

그는 데살로니가 성도들의 믿음과 오래 참음을 드러내놓고 자랑했습니다. 예배자가 믿음 안에 잘 자라는 것만큼 감사한 일은 없습니다. 그러한 감사는 하나님이 우리 가운데 하신 일을 인정하고 잘 견디도록 격려합니다. 감사가 없는 우리의 삶은 시들어갑니다. 우리는 칭찬이라는 은혜의 선물을 주신 하나님께 감사하며 찬양해야 합니다. 그것은 단순한 칭찬일 뿐만 아니라 우리 공동체를 살리고 서로를 치유하는 열쇠입니다.

예수님은 다시 오십니다. 우리의 죄를 심판하시고 우리 안에서 그의 선한 일을 마무리하기 위해서만이 아니라 그의 성도들에게서 영광을 받으시고 모든 믿는 자들에게서 놀랍게 여김을 얻으시기 위해서입니다(살후 1:10). 예수님은 준비된 자들의 예배를 받으시기 위해 다시 오십니다. 그리고 모든 성도들의 영광을 받으신다는 예수님의 말씀은 지금 이 순간 우리의 예배를 더욱 뜨겁게 합니다.

1. 재림에 대해 의심하는 데살로니가 성도들에게 바울은 무엇이라고 말 하나요?
2. 바울은 우리가 하늘나라에 갈 때까지 이 땅 위에서 어떤 예배자로 살 것을 강조하나요?
3. 바울이 데살로니가 성도들에게 말한 참된 공동체는 어떤 공동체인가요?

제 34 일

예배는 말씀의 기초위에 세워져야 합니다.

디모데전서, 디모데후서, 디도서, 빌레몬서

어느 나라나 자신이 그리스도인이라고 주장하는 사람들이 많습니다. 하지만 이들의 주장은 허무맹랑하며 대부분 기독교 진리와도 맞지 않습니다. 한편 교회 공동체와 그리스도인 중에도 잘못된 가르침을 전하는 일은 항상 있었습니다. 바울의 사역 후기에 이는 매우 심각한 문제였으며 여러 세대에 걸쳐 교회를 오염시켰습니다. 바울은 디모데와 디도에게 이와 같은 교회 내에 잘못된 가르침에 대한 문제를 해결하도록 권고했습니다. 디모데전후서와 디도서는 교회 지도자들과 성도들에 대한 목회 서신입니다. 이 편지들에는 특히 바른 교리와 믿음의 지도력에 대한 바울의 염려가 많이 나타나 있습니다. 바울이 어떤 사람들이 믿음에서 떠나 미혹하는 영과 귀신의 가르침을 따르리라고 쓴 것을 보면, 당시 교회 안에 이단 교사들이 많았음을 보여줍니다(딤전 4:1). 이들은 속임수를 가르치면서 변론과 헛된 말을 부추기며 믿는 자들을 참된 신앙에서 멀어지게 만들었습니다.

"디모데야 망령되고 헛된 말과 거짓된 지식의 반론을 피함으로 네게 부탁한 것을 지키라"(딤전 6:20)

바울은 디모데와 디도에게 잘못된 교사들에 맞서 하나님의 진리로 물리칠 것을 권고합니다.

"그레데인 중의 어떤 선지자가 말하되 그레데인들은 항상 거짓말쟁이며 악한 짐승이며 배만 위하는 게으름뱅이라 하니 이 증언이 참되도다 그러므로 네가 그들을 엄히 꾸짖으라 이는 그들로 하여금 믿음을 온전하게 하고"(딛 1:12-13)

바울은 디모데전후서에서 바른 말을 본받아 지키며 잘 가르칠 것을 충고합니다. 그리고 디도서에서는 오직 바른 교훈에 합당하게 말할 것을 강조하고 있습니다. 그는 모든 성경이 하나님의 감동으로 된 것으로 교훈과 책망과 바르게 함과 의로 교육하기에 유익하다고 말합니다(딤후 3:16). 신학은 반드시 성경의 내용과 맞는지가 중요한 기준입니다. 하나님의 말씀은 그리스도 예수 안에 있는 믿음으로 말미암아 구원에 이르는 지혜가 있게 하고 모든 선한 일을 행할 능력을 갖추게 합니다(딤후 3:15, 17). 그러므로 우리는 성경의 안내를 받아 참된 예배를 드릴 수 있게 됩니다. 특히 성경 말씀 속에는 우리가 무엇을 찬양해야 할지, 왜 찬양해야 하는지에 대해 잘 알려줍니다. 그러므로 우리는 진리로 예배드릴 수 있습니다(요 4:23-24). 성경 말씀을 통해 우리의 예배와 가르침은 올바르게 됩니다. 그리고 하나님께 집중하게 되며 하나님을 더욱 사모하게 됩니다. 이전까지 마지못해 예배를 드렸다면 이제는 하나님의 본질을 더 깊이 깨닫고 기쁘게 예배드리게 됩니다.

바울은 신학적으로 바르고 진리에 기초한 예배를 알려주고 있는데 이는 하나님의 계시된 진리입니다. 디모데에게 쓰는 편지에서 바울은 두 번씩이나 초대교회 성도들의 예배 고백으로 찬양을 시작합니다. 하나님께 참된 예배를 드리고자 고민하는 우리에게 좋은 본을 보여줍니다.

"영원하신 왕 곧 썩지 아니하고 보이지 아니하고 홀로 하나이신 하나님께 존귀와 영광이 영원무궁하도록 있을지어다 아멘"(딤전 1:17)

"기약이 이르면 하나님이 그의 나타나심을 보이시리니 하나님은 복되시고 유일하신 주권자이시며 만왕의 왕이시며 만주의 주시요 오직 그에게만 죽지 아니함이 있고 가까이 가지 못할 빛에 거하시고 어떤 사람도 보지 못하였고 또 볼 수 없는 이시니 그에게 존귀와 영원한 권능을 돌릴지어다 아멘"(딤전 6:15-16)

하나님의 본질을 알지 못하면 예배가 지루하게 되며, 하나님에 대한 진실한 고백이 없는 지식은 참된 예배가 불가능합니다. 그러므로 하나님이 어떤 분이신지를 명확하게 말씀을 통해 깨닫는 것이 예배의 목적과 초점을 명확하게 만드는 것입니다. 당시 가짜 교사들은 신화와 족보에 관한 논쟁과 쓸데없는 이야기로 성도들의 기쁨을 빼앗아가고 있었습니다. 바울은 디모데에게 영혼을 죽이는 이 모든 헛소리에 대해, 하나님이 누구이시며 어떻게 예배드리고 섬겨야 하는지에 대해 상세히 가르치도록 했습니다. 바울은 편지에서 하나님은 닿을 수 없는 빛 가운데 거하시며 경외감을 불러일으키시는 창조주이시지만, 또한 아버지이자 구세주시라고 말합니다. 또한 그분은 통치자, 영원한 왕이시며 죽지 않으시고 보이지도 않으시지만, 또한 죄인 중에 우두머리에게도 풍성한 은혜를 부어주시는 분으로 묘사합니다.

디모데전서는 초대 교회 성도들의 예식을 기록하고 있는 예배의 보물창고입니다. 디모데전서 1:17과 디모데전서 6:15-16에는 '송영(doxology)'[3]이 있고, 디모데전서 2:5-6에는 간단한 '신앙고백'도 나옵니다. 기도하면서 성도들이 두 손을 드는 것과(딤전 2:8) 예식에서 장로들이 안수하는 모습(딤전 4:14)을 통해 예배에서의 몸짓도 엿볼 수 있습니다. 또한 성경을 읽고, 설교하고, 가르치며, 감사의 기도를 올리는 것도 중요한 예배의 일부입니다(딤전 4:3-5). 감사하게도 성령님께서는 기도와 감사, 그리고 예배자로서의 거룩한 삶을 통해 하나님을 올바로 예배하도록 우리를 격려하며 도와주십니다. 이를 통해 예배가 어렵고 답답한 것이 아니라 자유로움으로 기쁘게 드릴 수 있게 되는 것입니다.

한편 디모데후서에서 사도 바울은 자신의 어려운 상황에도 불구하고 예배에 참여한다는 것이 어떤 의미인지 자세히 알려줍니다. 바울에게 있어 예배는 단지 하나의 교리가 아닌 그 이상이었습니다. 그것은 구원의 은혜에 대한 진심을 담은 응답이며, 어떤 상황이 닥치더라도 행해야

---

3 '영광송(doxology)'은 다양한 기독교 예배에서 주님께 찬양하는 짧은 찬송가다. 칸티쿰, 시편, 찬송가의 끝에 추가되기도 한다. 유대교 회당 '시나고그(synagogue)'에서 행해지던 비슷한 관습에서 비롯되었다.

하는 생명과 같은 것이었습니다. 바울은 이 편지를 쓸 때 죽음을 기다리고 있었습니다.

"전제와 같이 내가 벌써 부어지고 나의 떠날 시각이 가까웠도다"(딤후 4:6)

그럼에도 불구하고 바울은 끝까지 한결같은 마음과 평안을 잃지 않았습니다. 그는 젊은 디모데에게 모든 예배의 목적이 되시는 예수님의 성품과 본질에 집중하라고 권면합니다.

"너는 그리스도 예수 안에 있는 믿음과 사랑으로써 내게 들은 바 바른 말을 본받아 지키고"(딤후 1:13)

바울은 계속해서 자신이 가진 올바른 예배의 정의와 어떻게 감옥생활을 감당하는지, 그리고 임박한 죽음과 교회와 이별해야 하는 예배자의 모습을 보여줍니다(딤후 1:15, 4:10, 4:16). 그러나 이런 절망의 시간에도 그는 하나님께 감사의 예배를 드리고 있습니다. 바울에게 있어 예배는 짧은 헌신이 아니었으며 때때로 가지는 시간이 아니었습니다. 예배자로 창조된 바울에게는 어떤 고난이든 평화롭게 맞을 수 있는 능력이었습니다.

우리는 디모데전후서를 통해 몇 가지 예배의 통찰을 배웁니다. 첫째, 예배는 하나님의 위엄과 영광에 대한 우리의 반응입니다(딤전 1:17, 6:15-16). 둘째, 예배는 기도와 중보, 감사드림을 포함합니다(딤전 2:1-3). 셋째, 예배는 겸손한 마음으로 질서 있게 행해야 합니다(딤전 2:8-15). 넷째, 예배자는 행동이나 입은 옷 등으로 다른 사람의 주의를 흩트려서는 안 됩니다(딤전 2:9). 다섯째, 참된 예배는 선한 행동이 드러나는 예배의 삶에 의해 인정받습니다(딤전 2:10). 여섯째, 예배는 하나님과 계속 교제하는 것입니다(딤후 1:3). 일곱째, 하나님은 우리에게 두려움을 극복할 용기를 주십니다(딤후 1:7-8). 여덟째, 하나님을 예배하고 그분을 전적으로 신뢰할 때, 우리의 문제는 해결됩니다(딤후 1:12). 아홉째, 예배는 하나님을 전적으로 신뢰하게 합니다(딤후 4:18).

디도서에서 바울은 소유와 자기 절제에 대한 믿음과 믿음에 따라 사는 것 사이의 관계를 명확히 했습니다. 그레데 섬 신자들의 주위에는 헛되게 말하는 사람들이 많았습니다(딛 1:10). 바울은 그레데 섬의 그리스도인들에게 복음을 더럽히는 생활 습관을 지닌 사람들과 멀리할 것을 부탁했습니다. 장로들에 대해서도 거룩한 책임을 지고 그 직분에 맞게 살아야 할 것을 분명히 강조합니다. 그러면서 바울은 자신의 위치에 상관없이 합당하고 절제 있는 삶을 사는 것이 참된 그리스도인이라고 알려줍니다(딛 2:2-10). 그리고 그리스도인은 어리석은 변론은 무익하므로 피해야 하며(딛 3:9). 이단을 물리치며(딛 3:10), 필요가 있는 사람을 도와야 한다고 강조합니다(딛 3:14). 바울은 이를 통해 교회가 하나 되어 예배드릴 수 있으며, 범사에 우리 하나님의 교훈을 빛나게 할 수 있다고 말했습니다(딛 2:10).

우리는 디도서를 통해 몇 가지 예배의 통찰을 배웁니다. 첫째, 영생을 약속하신 하나님에 대한 신뢰가 우리를 참된 예배로 인도합니다(딛

1:2). 둘째, 건전한 교훈은 바른 가르침이며 다른 사람들을 격려합니다(딛 1:9). 셋째, 그리스도의 재림에 대한 소망은 거룩한 삶을 살게 합니다(딛 2:12-13). 넷째, 삶의 예배에 대한 가르침은 나이, 성별, 사회적 신분을 초월해 모든 사람들에게 필요합니다(딛 2:2-10).

빌레몬서는 빌레몬 개인의 문제를 주로 다루고 있습니다. 빌레몬의 노예 중 한 명이었던 오네시모를 원래 주인이었던 빌레몬에게 돌려보내는 내용입니다. 바울은 이전에 빌레몬을 전도했는데, 당시 바울을 기쁘게 환영했던 것과 똑같이 그의 노예였던 오네시모를 두 팔 벌려 환영해주길 조언합니다(몬 17, 19절).

얼마 후에 오네시모는 바울과 지내고 싶어 빌레몬의 허락 없이 도망쳤습니다. 아마 오네시모는 바울이 자신을 자유롭게 해 줄 수 있을 거라고 믿었을 것입니다. 하지만 오네시모가 바울에게 얻은 것은 그가 원하던 것을 훨씬 뛰어넘는 것이었습니다. 그는 예수 그리스도를 영접했습니다(몬 10, 15-16절). 그 후 잠시 바울을 도우며 함께 머물렀습니다(몬 13절). 바울은 오네시모와 함께 하고 싶었지만 빌레몬에게 그리스도 안에서 책임감을 알게 해 주고 싶었습니다. 또한 노예는 주인에게 돌아가야 한다는 법을 지키고자 했습니다. 당시 빌레몬은 오네시모를 죽일 수 있는 막강한 권리가 있었지만. 바울은 그가 오네시모를 잘 대해줄 것을 약속받고 싶었습니다. 나아가 빌레몬이 오네시모를 자신과 함께 할 수 있도록 돌려보내 주길 원했습니다(몬 11-14절).

빌레몬서는 예배와 관련이 없어 보입니다. 짧은 내용으로 아주 옛날에 있었던 특수한 문제에 대한 편지이기 때문입니다. 감사에 대해 짧게 다루는 내용(몬 4-5절)을 제외하면 예배에 대해 언급하는 부분은 거의 없습니다. 하지만 이 짧은 편지에는 하나님의 마음을 엿볼 수 있는 훌륭한 내용이 담겨 있습니다. 갈라디아서에서 바울은 "너희는 유대인이나 헬라인이나 종이나 자유인이나 남자나 여자나 다 그리스도 예수 안에서 하나이니라"(갈 3:28)라고 선포했습니다. 하나님은 사회적 배경이나 계층과 상관없이 그리스도 안에서 자신의 백성을 사랑하고 정의롭게 하시며 선택하셨습니다. 우리가 사회적으로나 경제적으로 하류층에 있다고 할지라도 하나님 앞에서는 전혀 차별받지 않습니다. 하나님의 아들이 우리를 위해 죽으셨기에 우리의 외모와 형편이 어떠하든 우리는 주의 사랑하는 자녀이자 가족으로 택함을 받은 것입니다. 하나님을 찬양하지 않을 수 없는 놀라운 은혜입니다. 오네시모를 통해 우리는 하나님께 거저 받은 자유롭고 놀라운 은혜를 다시 한번 확인하게 되며, 이로 인해 넘치는 기쁨으로 하나님의 이름을 높이게 됩니다.

빌레몬서를 통해 참된 예배는 인간관계를 변화시키는 것임을 알 수 있습니다. 빌레몬이 하나님을 하늘 아버지로 찬양한다면 오네시모의 사회적 신분이 무엇이든 그를 그리스도 안에서 자신의 형제로 받아들이지 않을 수 없습니다. 우리는 인간관계와 하나님과의 관계를 따로 분리해 하나님을 예배할 수 없습니다. 예수님은 하나님께 예배드리러 나오기 전에 먼저 무너진 인간관계를 회복하라고 말씀하셨습니다(마 5:23-24). 하나님의 우선순위는 정말 놀랍습니다. 빌레몬서는 예배를 통해 하나님을 순전하게 만날수록 인간관계를 비롯한 우리 삶의 많은 부분들이 점점 더 하나님의 임재와 은혜로 변화됨을 알려줍니다.

"이로써 네 믿음의 교제가 우리 가운데 있는 선을 알게 하고 그리스도께 이르도록 역사하느니라"(몬 1:6)

바울이 친구 빌레몬에게 보낸 그리스도인이자 바울의 제자가 된 오네시모에 관해 염려하는 편지에서 모든 성도들 사이에 존재하는 가족 관계가 잘 드러납니다. 바울은 빌레몬을 그의 형제라고 했습니다(몬 7절, 20절). 또한 동료 디모데를 형제로(몬 1절), 압비아를 자매로(몬 2절) 불렀습니다. 오네시모는 '아들'(몬 10절)이자 '사랑 받는 형제'(몬 16절)로 언급됩니다. 빌레몬서에서 가족은 빌레몬의 집에서 모이는 예배 공동체로 그 의미가 더 크게 확대되었습니다. 바울은 이 짧은 편지를 통해 그리스도의 복음을 통해 개인들의 관계를 변화시켜 새로운 예배 공동체의 정체성을 지닌 한 가족으로 만드신 일을 찬양하고 있습니다.

우리는 빌레몬서를 통해 몇 가지 예배의 통찰을 배웁니다. 첫째, 초대교회 예배 공동체는 각 가정에서 시작했습니다(몬 2절). 둘째, 선포된 하나님의 말씀은 항상 우리에게 힘이 됩니다(몬 3절, 25절). 셋째, 우리는 기도할 때마다 하나님의 은혜에 감사하게 됩니다.

"내가 항상 내 하나님께 감사하고 기도할 때에 너를 말함은"(몬 4절)

넷째, 하나님 아버지를 예배하는 사람은 모두 한 가족입니다(몬 1-2절, 16절).

말씀은 예배의 본질이자 중요한 핵심입니다. 우리는 성경 말씀을 아는 만큼 하나님을 알고 예배할 수 있습니다. 오늘 우리를 예배자로 만드시고 날마다 깨닫게 해 주신 하나님께 감사와 찬양과 영광을 돌려드려야 합니다.

1. 교회를 미혹하는 거짓 교사들에 대해 바울은 어떻게 대항하라고 권면하나요?
2. 바울은 예배 공동체가 하나님 말씀을 배우고 아는 것이 왜 중요하다고 말 하나요?
3. 빌레몬서는 오네시모를 통해 우리에게 어떤 가르침을 주고 있나요?

일곱째, 하나님은 우리와 늘 이야기하기 원하십니다.

여덟째,
하나님은 이 땅에서 참된 예배자로 살기 원하십니다.

제35일 믿음은 하나님께 나아가는 예배자의 필수요건입니다. **히브리서**

제36일 참된 예배자는 삶에서 그리스도가 드러나는 사람입니다. **야고보서**

제37일 하나님은 세상 속의 참된 예배자가 되기 원하십니다. **베드로전서, 베드로후서**

제38일 참된 예배자는 하나님과 늘 교제합니다. **요한일서, 요한이서, 요한삼서**

제39일 하나님이 원하시는 예배자는 성령의 음성을 늘 듣는 사람입니다. **유다서**

제 35 일

믿음은 하나님께 나아가는 예배자의 필수요건입니다.

히브리서

    언젠가 초청된 한 설교자가 강단에 서서 설교 말씀을 전하려고 했습니다. 그가 성경을 펼쳐 오늘의 구절을 읽으려고 할 때, 강단에 부착된 동판을 보게 되었습니다. 동판에 새겨진 단어들은 설교자를 잠시 멈추게 했고 곧 예배의 새로운 눈을 떠 흥분되었습니다. "우리가 예수를 뵈옵고자 하나이다"(요 12:21) 동판에 새겨진 이 말은 히브리인들에게 보내는 편지를 요약합니다. 저자가 말대로 우리는 믿음의 창시자이시며 완성자이신 예수님을 바라봄으로써 참된 그리스도인의 삶을 추구합니다.

    "믿음의 주요 또 온전하게 하시는 이인 예수를 바라보자 그는 그 앞에 있는 기쁨을 위하여 십자가를 참으사 부끄러움을 개의치 아니하시더니 하나님 보좌 우편에 앉으셨느니라"(히 12:2)

    기독교 예배의 기초는 유대인에게 임했던 하나님의 계시입니다. 우리는 유대인 시편으로 하나님을 찬양하고, 유대인 잠언에서 영감을 받습니다. 하지만 메시아이자 온 세상의 구세주이신 예수님을 통해 이제 우리의 예배는 옛 유대교 관습과 달라졌습니다. 히브리서 저자들은 예수님의 사역이 유대교 제사장들을 모든 면에서 훨씬 능가한다고 가르칩니다. 제사장들은 살아있는 동안만 섬길 수 있었지만, 예수님은 영원한 제사장이 되셨기 때문입니다.

"제사장 된 그들의 수효가 많은 것은 죽음으로 말미암아 항상 있지 못함이로되"(히 7:23)

제사장들은 사람이 지은 성소에 들어갔지만 예수님은 바로 하나님 앞으로 들어가셨습니다.

"그리스도께서는 참 것의 그림자인 손으로 만든 성소에 들어가지 아니하시고 바로 그 하늘에 들어가사 이제 우리를 위하여 하나님 앞에 나타나시고"(히 9:24)

끊임없이 희생 동물을 드려야 했던 제사장들과 달리 예수님은 그 자신을 단번에 드리셨습니다.

"그는 저 대제사장들이 먼저 자기 죄를 위하고 다음에 백성의 죄를 위하여 날마다 제사 드리는 것과 같이 할 필요가 없으니 이는 그가 단번에 자기를 드려 이루셨음이라"(히 7:27)

"그리하면 그가 세상을 창조한 때부터 자주 고난을 받았어야 할 것이로되 이제 자기를 단번에 제물로 드려 죄를 없이 하시려고 세상 끝에 나타나셨느니라"(히 9:26)

구약시대에서는 제사장들의 제사로 죄가 완전히 사라질 수 없었습니다.

"이는 황소와 염소의 피가 능히 죄를 없이 하지 못함이라"(히 10:4)

하지만 예수님은 새로운, 그리고 더 좋은 언약의 중보자로서 영원한 속죄를 이루어주셨습니다.

"그러나 이제 그는 더 아름다운 직분을 얻으셨으니 그는 더 좋은 약속으로 세우신 더 좋은 언약의 중보자시라"(히 8:6)

"이로 말미암아 그는 새 언약의 중보자시니 이는 첫 언약 때에 범한 죄에서 속량하려고 죽으사 부르심을 입은 자로 하여금 영원한 기업의 약속을 얻게 하려 하심이라"(히 9:15)

제사장이신 예수님으로 인해 우리는 속죄함을 얻었습니다.

"그러므로 그가 범사에 형제들과 같이 되심이 마땅하도다 이는 하나님의 일에 자비하고 신실한 대제사장이 되어 백성의 죄를 속량하려 하심이라"(히 2:17)

우리는 끊임없이 우리를 위해 간구하시는 그리스도를 통해 완전한 구원을 얻습니다.

"그러므로 자기를 힘입어 하나님께 나아가는 자들을 온전히 구원하실 수 있으니 이는 그가 항상 살아 계셔서 그들을 위하여 간구하심이라"(히 7:25)

그리고 우리는 결박된 죄에서 벗어나 영원한 구속의 은혜를 받았습니다.

"염소와 송아지의 피로 하지 아니하고 오직 자기의 피로 영원한 속죄를 이루사 단번에 성소에 들어가셨느니라"(히 9:12)

단순히 우리의 죄를 묻지 않는 정도가 아니라, 완전히 죄에서 풀려나 양심을 깨끗하게 합니다.

"하물며 영원하신 성령으로 말미암아 흠 없는 자기를 하나님께 드린 그리스도의 피가 어찌 너희 양심을 죽은 행실에서 깨끗하게 하고 살아 계신 하나님을 섬기게 하지 못하겠느냐"(히 9:14)

"이와 같이 그리스도도 많은 사람의 죄를 담당하시려고 단번에 드리신 바 되셨고 구원에 이르게 하기 위하여 죄와 상관 없이 자기를 바라는 자들에게 두 번째 나타나시리라"(히 9:28)

히브리서는 우리의 예배를 한층 발전시키며 구체적인 예배의 본질과 기초를 보여줍니다. 먼저, 우리는 그리스도께서 하나님께로 나아가는 길을 열어주신 것을 알기에 하나님의 성소에 나아갈 담력을 얻었습니다.

"그러므로 형제들아 우리가 예수의 피를 힘입어 성소에 들어갈 담력을 얻었나니 그 길은 우리를 위하여 휘장 가운데로 열어 놓으신 새로운 살 길이요 휘장은 곧 그의 육체니라"(히 10:19-20)

이로 인해, 죄책감 때문에 하나님 앞에 나아가지 못하는 것이 아니라, 우리를 은혜의 보좌 앞으로 이끌어주십니다.

"그러므로 우리는 긍휼하심을 받고 때를 따라 돕는 은혜를 얻기 위하여 은혜의 보좌 앞에 담대히 나아갈 것이니라"(히 4:16)

그러므로 우리는 하나님의 은혜를 얻기 위해 예배를 드리는 것이 아니라, 예배를 통해 그의 은혜에 화답하는 것입니다. 둘째, 우리가 깨끗하게 되어 살아계신 하나님을 섬길 수 있게 되었습니다.

"하물며 영원하신 성령으로 말미암아 흠 없는 자기를 하나님께 드린 그리스도의 피가 어찌 너희 양심을 죽은 행실에서 깨끗하게 하고 살아 계신 하나님을 섬기게 하지 못하겠느냐"(히 9:14)

그리스도의 제사장 사역으로 은혜를 얻은 우리는 제사장이 되었습니다. 동물 희생 제사를 대신하여 우리는 하나님께 항상 찬송의 제사를 드리며 선을 행해야 합니다.

"그러므로 우리는 예수로 말미암아 항상 찬송의 제사를 하나님께 드리자 이는 그 이름을 증언하는 입술의 열매니라 오직 선을 행함과 서로 나누어 주기를 잊지 말라 하나님은 이같은 제사를 기뻐하시느니라"(히 13:15-16)

셋째, 우리 그리스도인들은 예수님을 통해서만 하나님께 예배를 드립니다.

"그러므로 우리는 예수로 말미암아 항상 찬송의 제사를 하나님께 드리자 이는 그 이름을 증언하는 입술의 열매니라"(히 13:15)

히브리서는 예수님의 근본이 하나님의 아들이라고 명확하게 말합니다.

"그러므로 우리에게 큰 대제사장이 계시니 승천하신 이 곧 하나님의 아들 예수시라 우리가 믿는 도리를 굳게 잡을지어다"(히 4:14)

예수님은 하나님의 영광의 광채로 빛나며 하나님의 형상입니다.

"이는 하나님의 영광의 광채시요 그 본체의 형상이시라 그의 능력의 말씀으로 만물을 붙드시며 죄를 정결하게 하는 일을 하시고 높은 곳에 계신 지

극히 크신 이의 우편에 앉으셨느니라"(히 1:3)

하나님도 시편 45편의 저자를 통해 주의 보좌는 영원하다고 말씀하시며 예수님을 하나님으로 언급하셨습니다.

"하나님이여 주의 보좌는 영원하며 주의 나라의 규는 공평한 규이니이다"(시 45:6)

이를 히브리서 저자는 다시 강조합니다.

"아들에 관하여는 하나님이여 주의 보좌는 영영하며 주의 나라의 규는 공평한 규이니이다"(히 1:8)

그러므로 예수님은 영광과 존귀로 관을 쓰십니다.

"오직 우리가 천사들보다 잠시 동안 못하게 하심을 입은 자 곧 죽음의 고난 받으심으로 말미암아 영광과 존귀로 관을 쓰신 예수를 보니 이를 행하심은 하나님의 은혜로 말미암아 모든 사람을 위하여 죽음을 맛보려 하심이라"(히 2:9)

넷째, 믿음의 저자이며, 완성자이신 예수님께 초점을 맞출 때 우리는 항상 살아계신 하나님을 신뢰하며 믿음의 삶으로 하나님을 예배할 수 있습니다. 믿음의 장인 히브리서 11장은 하나님께 나아가는 예배자들에게 가장 필요한 믿음에 대해 가르쳐줍니다. 예배는 믿는 자들이 하나님께 드리는 감사와 찬양과 고백입니다.

아벨처럼 우리는 믿음으로 하나님께 영적 제사를 드리고(히 11:4), 아브라함처럼 하나님께 믿음으로 순종함으로 하나님께 영광을 올려드립니다(히 11:8). 비록 고난의 때가 올지라도, 우리는 모든 무거운 것과 얽매이기 쉬운 죄를 벗어 버리고 인내로써 우리 앞에 당한 경주를 하며 우리에게 구름 같이 둘러싼 허다한 증인들의 믿음과 충성을 보며 힘을 얻을 수 있습니다(히 12:1). 우리가 선진들의 믿음을 본받아 모든 일에 하나님을 신뢰할 때, 하나님은 그 앞에 즐거운 것을 예수 그리스도로 말미암아 우리 가운데 이루십니다. 그리고 영광이 그에게 세세 무궁토록 계실 것입니다(히 13:21). 믿음은 하나님을 기쁘시게 하는 첫 단추이며, 예배는 믿음을 통해 완성된 아름다운 우리의 모습입니다.

예배는 예수 그리스도의 교회가 가장 선명하게 나타나는 행위로 하나님의 위엄과 능력, 죄에 대한 그분의 희생과 자신의 백성을 위한 그분의 중보에 집중하는 본질이자 기초입니다. 이것이 히브리서의 주제이며, 이 모든 것으로 인해 우리는 예수로 말미암아 항상 찬송의 제사를 하나님께 드리기 위해 다른 예배자들과 함께 모여 나아오는 것에 최선을 다합니다.

"그러므로 우리는 예수로 말미암아 항상 찬송의 제사를 하나님께 드리자 이는 그 이름을 증언하는 입술의 열매니라"(히 13:15)

"모이기를 폐하는 어떤 사람들의 습관과 같이 하지 말고 오직 권하여 그

날이 가까움을 볼수록 더욱 그리하자"(히 10:25)

히브리서의 기자는 이스라엘 백성의 예배 모습에 그리스도와 그가 하신 일을 발전시키고 있습니다. 예수님은 하나님의 아들이시며 하나님을 통해 말씀하심으로 만물을 창조하고 또 붙드십니다(히 1:1-3). 또한 그분은 높고도 오래도록 존재하신 대제사장이시며, 자기 자신을 마지막이자 완전한 제물로 바쳐 죄에 물든 인류를 아버지 하나님과의 교제로 돌아오도록 회복시키십니다. 예수님을 통해 하늘의 성소가 우리 앞에 열리고, 우리는 거룩하신 하나님의 임재로 들어갈 수 있습니다(히 10:1-22). 예배는 하나님과 그의 백성이 맺은 언약을 축하하는 자리입니다. 예수님은 순종을 통해 우리를 새롭고 더 좋은 언약으로 이끄십니다.

"그러나 이제 그는 더 아름다운 직분을 얻으셨으니 그는 더 좋은 약속으로 세우신 더 좋은 언약의 중보자시라"(히 8:6)

"새 언약이라 말씀하셨으매 첫 것은 낡아지게 하신 것이니 낡아지고 쇠하는 것은 없어져 가는 것이니라"(히 8:13)

즉, 우리를 흔들리지 않는 나라로 이끌어오셨습니다.

"그러므로 우리가 흔들리지 않는 나라를 받았은즉 은혜를 받자 이로 말미암아 경건함과 두려움으로 하나님을 기쁘시게 섬길지니"(히 12:28)

하나님의 옛 종들은 이 희망이 이루어질 것을 믿었으며, 이 성도들의 증언은 우리가 동일한 소망을 가지도록 격려하고 있습니다. 한편 히브리서 기자는 살아계신 하나님께서 그의 의로우신 판결에 있어 엄중함을 말해주고 있습니다. 그러나 그리스도를 통한 구원의 은혜로 우리는 이제 임재 가운데 기쁨의 예배에 참여할 수 있게 되었습니다.

우리는 히브리서를 통해 몇 가지 예배의 통찰을 배웁니다. 첫째, 하나님은 거룩하신 분이시므로 예배 드릴 때 정결한 마음이 필요합니다.

"하물며 영원하신 성령으로 말미암아 흠 없는 자기를 하나님께 드린 그리스도의 피가 어찌 너희 양심을 죽은 행실에서 깨끗하게 하고 살아 계신 하나님을 섬기게 하지 못하겠느냐"(히 9:14)

둘째, 우리는 예수 그리스도로 말미암아 하나님의 보좌 앞으로 나아가 아무런 제약 없이 예배 드릴 수 있습니다.

"그러므로 형제들아 우리가 예수의 피를 힘입어 성소에 들어갈 담력을 얻었나니 그 길은 우리를 위하여 휘장 가운데로 열어 놓으신 새로운 살 길이요 휘장은 곧 그의 육체니라 또 하나님의 집 다스리는 큰 제사장이 계시매 우리가 마음에 뿌림을 받아 악한 양심으로부터 벗어나고 몸은 맑은 물로 씻음을 받았으니 참 마음과 온전한 믿음으로 하나님께 나아가자"(히 10:19-22)

셋째, 믿음은 참된 예배의 기초입니다.

여덟째, 하나님은 이 땅에서 참된 예배자로 살기 원하십니다.

"믿음은 바라는 것들의 실상이요 보이지 않는 것들의 증거니 선진들이 이로써 증거를 얻었느니라"(히 11:1-2)

넷째, 거룩함과 순종은 예배의 중요한 표현입니다.

"모든 사람과 더불어 화평함과 거룩함을 따르라 이것이 없이는 아무도 주를 보지 못하리라"(히 12:14)

다섯째, 하나님께서는 우리가 경외감으로 드리는 기쁨의 예배를 받으시기 합당하십니다.

"그러므로 우리가 흔들리지 않는 나라를 받았은즉 은혜를 받자 이로 말미암아 경건함과 두려움으로 하나님을 기쁘시게 섬길지니"(히 12:28)

함께 모여 드리는 공예배는 천국을 연습하는 것입니다. 천국에서 우리가 해야 할 단 한 가지 일은 하나님의 보좌를 둘러싼 찬양에 함께하는 것이기 때문입니다. 우리가 하나님의 백성들과 모여 예배 드리는 것은 하나님의 천국 임재에 들어가는 것과 같습니다.

"하나님의 병거는 천천이요 만만이라 주께서 그 중에 계심이 시내 산 성소에 계심 같도다"(시 68:17)

이 시편의 말씀을 히브리서는 다시 강조합니다.

"그러나 너희가 이른 곳은 시온 산과 살아 계신 하나님의 도성인 하늘의 예루살렘과 천만 천사와"(히 12:23)

이미 우리는 하나님의 첫째 자녀인 수많은 천사와 천국에 있는 구원 받은 영혼들과 함께 즐거워하고 있는 것입니다. 무엇보다 중요한 것은 우리는 모든 것의 재판관이 되시는 하나님의 임재 안에서, 그리고 새 언약을 하나님과 우리 사이에 중재하신 예수님의 임재 안에서 예배 드린다는 사실입니다. 하나님의 백성으로서 우리는 예배 생활을 소홀히 여기면 안 됩니다. 왜냐하면 이것은 아직 오지 않은 것을 위한 단순한 준비과정이 아니라 실제 상황이기 때문입니다. 천국의 예배를 위해서 우리가 그 나라에 갈 때까지 기다릴 필요가 없습니다. 그것은 지금 마음과 뜻과 정성을 다한 우리의 예배를 통해 하나님께 더 큰 영광을 올려드리는 것입니다.

1. 이제 우리가 하나님께 매번 제물과 함께 제사를 드리지 않게 된 이유는 무엇인가요?
2. 하나님께 나아가는 데 있어서 왜 믿음이 중요할까요?
3. 예수 그리스도의 탄생과 공생애, 죽으심과 부활, 그리고 재림이 예배의 중심이 되어야 하는 이유는 무엇인가요?

제 36일

참된 예배자는 삶에서 그리스도가 드러나는 사람입니다.

야고보서

그리스도인들이 가장 많이 받는 비판 중 하나는 위선적이라는 것입니다. 특히 우리의 믿음과 행위가 다를 때 그렇습니다. 예배 시간에 아름다운 언어로 하나님을 찬양하면서, 집으로 돌아가는 길 내 차 앞을 갑자기 가로막는 차 운전자에게 고함을 질러대기도 합니다. 위선이라는 문제는 기독교 그 자체의 역사만큼 깁니다. 교회가 태동되고 몇 년 지나지 않아 야고보는 자신의 믿음대로 살지 못하고 있는 그리스도인들의 문제를 해결하기 위해 편지를 썼습니다. 야고보는 이 편지에서 그리스도인으로서 믿음이 실제 하나님이 드러나는 삶을 살 수 있도록 조언하고 있습니다. 예수님의 친동생으로 알려져 있는 야고보는 초대교회에서 중요한 위치를 차지하고 있었습니다. 그는 처음 주님이 그리스도이심을 거부했습니다.

"이는 그 형제들까지도 예수를 믿지 아니함이러라"(요 7:5)

하지만 나중에 예루살렘 교회의 중요한 지도자가 되었습니다. 야고보의 지도력에 대한 중요한 일화는 사도행전 15장에서 찾을 수 있으며, 당시 그는 이방인에 대한 선교를 변호하고 있었습니다. 야고보는 열두 사도 중 한 사람은 아니지만 넓은 의미에서는 초대교회의 토대를 놓은 그의 역할로 인해 사도로 불릴 수 있습니다.

야고보서는 시험과 도덕, 선한 일, 공평함, 기도에 대해 많은 이야기를 하고 있으며, 많은 그리스도인들을 실제적인 삶의 예배로 인도하고 있습니다. 예배는 그리스도인의 삶에 있어 중요한 부분이므로 야고보는 진실한 믿음이 예배에 포함되어야 한다고 주장합니다. 예배는 영적 훈련이며 개인과 회중 기도, 설교, 가르침, 치유, 고백, 그리고 다양한 교회 모임에서의 예식을 통해 하나님과 그의 백성은 예배를 통해 서로 소통하고 교제합니다. 예배는 의로우며 진실한 것으로, 의로운 믿음과 예배는 하나님의 의로우신 성품에서 나옵니다. 하나님은 우리에게 시험을 허락하십니다.

"내 형제들아 너희가 여러 가지 시험을 당하거든 온전히 기쁘게 여기라" (약 1:2)

"시험을 참는 자는 복이 있나니 이는 시련을 견디어 낸 자가 주께서 자기를 사랑하는 자들에게 약속하신 생명의 면류관을 얻을 것이기 때문이라" (약 1:12)

하지만 하나님은 시험하지는 않으십니다.

"사람이 시험을 받을 때에 내가 하나님께 시험을 받는다 하지 말지니 하나님은 악에게 시험을 받지도 아니하시고 친히 아무도 시험하지 아니하시느니라"(약 1:13)

하나님은 너그러우신 분이시며(약 1:5), 선하시고 변치 않으시는 분이시기 때문입니다(약 1:17). 그분은 우리 마음에 굳게 새겨진 구원의 원천이십니다(약 1:21). 그러므로 우리의 고난과 시험은 하나님이 우리를 사랑하신다는 증표이며 축복의 열쇠입니다. 야고보서에서 가장 잘 알려진 부분은 믿음과 사역에 대한 논쟁인 야고보서 2장입니다. 겉으로 보면 야고보서의 "사람이 행함으로 의롭다 하심을 받고 믿음으로만은 아니니라"(약 2:24)는 부분이 갈라디아서 2:16의 '믿음으로 의롭게 된다'고 한 바울의 가르침과 상충 되는 것처럼 보입니다. 하지만 야고보서와 바울의 서신서들을 좀 더 자세히 읽어보면 이런 오해가 풀립니다. 바울에게 있어 그리스도 안에서 참된 믿음은 언제나 선한 일로 표현되고 있습니다.

"너희는 그 은혜에 의하여 믿음으로 말미암아 구원을 받았으니 이것은 너희에게서 난 것이 아니요 하나님의 선물이라 행위에서 난 것이 아니니 이는 누구든지 자랑하지 못하게 함이라 우리는 그가 만드신 바라 그리스도 예수 안에서 선한 일을 위하여 지으심을 받은 자니 이 일은 하나님이 전에 예비하사 우리로 그 가운데서 행하게 하려 하심이니라"(엡 2:8-10)

이와 마찬가지로 야고보는 행함 없는 믿음은 죽은 믿음이라고 말합니다.

"이와 같이 행함이 없는 믿음은 그 자체가 죽은 것이라"(약 2:17)

야고보는 왜 이 논쟁에서 부정적인 면들만 강조했을까요? 그는 바울의 가르침을 왜곡하는 그리스도인들 때문입니다. 이들은 단순히 복음의 진리를 믿기만 해도 충분하다고 주장하고 있었습니다. 이들에게 믿음은 살아있는 반응이나 삶의 변화가 필요한 믿음이 아니었습니다. 사실 이 같은 신학의 논리는 기독교인들이 위선적인 삶을 살 수 있는 핑계가 되었습니다. 야고보와 바울 모두 믿음이 사람의 삶을 변화시키고 선한 일로 드러나야 한다는 점에 똑같이 동의했습니다. 당연히 야고보는 예배가 살아있는 일상의 삶에서 드러나야 한다고 강조하고 있는 것입니다.

"누구든지 스스로 경건하다 생각하며 자기 혀를 재갈 물리지 아니하고 자기 마음을 속이면 이 사람의 경건은 헛것이라"(약 1:26)

하나의 입으로 하나님을 찬양하면서 하나님의 형상으로 창조된 사람들을 저주한다는 것이 얼마나 큰 비극인지 모릅니다.

"이것으로 우리가 주 아버지를 찬송하고 또 이것으로 하나님의 형상대로 지음을 받은 사람을 저주하나니 한 입에서 찬송과 저주가 나오는도다 내 형제들아 이것이 마땅하지 아니하니라"(약 3:9-10)

여덟째, 하나님은 이 땅에서 참된 예배자로 살기 원하십니다.

우리의 예배가 참되다면 하나님께 찬양을 드리는 것과 동일하게 다른 사람들에게도 아름다운 말을 하고 그러한 관계를 맺는 삶으로 변하게 됩니다. 더불어, 우리의 예배는 하나님을 찬양하는 것에서 끝나는 것이 아니라, 실제로 보이는 주위 사람들을 돌보는 것, 즉 하나님 아버지 앞에서 곧 고아와 과부를 그 환난 중에 돌보는 것으로 이어져야 합니다(약 1:27). 우리를 긍휼히 여기시는 자비로우신 하나님은 항상 우리에게 아낌없이 주시므로 우리도 다른 사람들에게 그렇게 해야 합니다. 이 말씀은 마태복음 25:31-46에서 예수님이 하신 말씀입니다. 예수님은 지극히 작은 자 한 사람을 돌보면 우리가 예수님을 돌본 것이라고 말씀하셨습니다.

> "이에 임금이 대답하여 이르시되 내가 진실로 너희에게 이르노니 이 지극히 작은 자 하나에게 하지 아니한 것이 곧 내게 하지 아니한 것이니라 하시리니 그들은 영벌에, 의인들은 영생에 들어가리라 하시니라"(마 25:45-46)

그러므로 우리가 고아와 과부, 그리고 도움이 필요한 사람들에게 사랑을 베풀 때, 그 행위를 통해 하나님은 우리의 마음을 받으시는 것입니다.

야고보가 간절하게 말하고 있는 의의 예배에 대한 말씀은 야고보서에 가득합니다. 야고보는 계속해서 하나님 말씀에 대해 의로운 응답을 해야 한다고 강조합니다.

"사람이 성내는 것이 하나님의 의를 이루지 못함이라 그러므로 모든 더러운 것과 넘치는 악을 내버리고 너희 영혼을 능히 구원할 바 마음에 심어진 말씀을 온유함으로 받으라 너희는 말씀을 행하는 자가 되고 듣기만 하여 자신을 속이는 자가 되지 말라"(약 1:20-22)

가난한 사람보다 부자에게 치우친 예배는 하나님의 율법을 거스르는 것입니다.

"내 형제들아 영광의 주 곧 우리 주 예수 그리스도에 대한 믿음을 너희가 가졌으니 사람을 차별하여 대하지 말라"(약 2:1)

또한 자비와 순종의 선한 열매를 맺지 않는 예배도 죽은 것입니다.

"영혼 없는 몸이 죽은 것 같이 행함이 없는 믿음은 죽은 것이니라"(약 2:26)

우리는 사람들을 저주하는 혀로 하나님을 찬양할 수 없습니다.

"우리가 다 실수가 많으니 만일 말에 실수가 없는 자라면 곧 온전한 사람이라 능히 온 몸도 굴레 씌우리라 우리가 말들의 입에 재갈 물리는 것은 우리에게 순종하게 하려고 그 온 몸을 제어하는 것이라"(약 3:2-3)

하나님께 가까이 다가가기 위해, 우리는 시기와 분노를 내버리고 자신의 죄에 대해 애통함을 보여야 합니다(약 4:1-10). 삶의 모든 걸음은 기도의 삶으로 충만해야 하며, 정욕이 아니라 선한 마음으로 하나님의 뜻이 이루어지기를 구해야 합니다.

"너희는 욕심을 내어도 얻지 못하여 살인하며 시기하여도 능히 취하지 못하므로 다투고 싸우는도다 너희가 얻지 못함은 구하지 아니하기 때문이요 구하여도 받지 못함은 정욕으로 쓰려고 잘못 구하기 때문이라"(약 4:2-3)

의의 예배는 결코 하나님에 대한 사랑과 이웃에 대한 정의와 긍휼을 분리하지 않습니다.

"들으라 부한 자들아 너희에게 임할 고생으로 말미암아 울고 통곡하라 너희 재물은 썩었고 너희 옷은 좀먹었으며 너희 금과 은은 녹이 슬었으니 이 녹이 너희에게 증거가 되며 불 같이 너희 살을 먹으리라 너희가 말세에 재물을 쌓았도다"(약 5:1-3)

한편 우리는 하나님의 때에 목적이 이루어지기를 참을성 있게 기다리고, 하나님을 조종하려 들지 말아야 합니다.

"그러므로 형제들아 주께서 강림하시기까지 길이 참으라 보라 농부가 땅에서 나는 귀한 열매를 바라고 길이 참아 이른 비와 늦은 비를 기다리나니 너희도 길이 참고 마음을 굳건하게 하라 주의 강림이 가까우니라 형제들아 서로 원망하지 말라 그리하여야 심판을 면하리라 보라 심판주가 문 밖에 서 계시니라"(약 5:7-9)

그는 야고보서를 마무리하면서 의로운 사람의 절실한 기도에는 큰 능력과 놀라운 결과가 있다고 말합니다.

"그러므로 너희 죄를 서로 고백하며 병이 낫기를 위하여 서로 기도하라 의인의 간구는 역사하는 힘이 큼이니라"(약 5:16)

야고보는 하나님 백성들의 믿음과 예배는 하나님의 정의와 공의, 자비로우신 성품과 함께 가야 한다는 것을 강하게 역설하고 있습니다.

우리는 야고보서를 통해 예배에 대한 귀중한 통찰을 얻습니다. 첫째, 참되고 의로운 믿음은 '인내'(약 1:3, 12), '지혜'(약 1:5), '겸손함'(약 1:9-10)으로 나타납니다.
둘째, 참되고 의로운 믿음은 선한 행실과 착한 일(2:1-26)로 증거됩니다(약 2:1-26).
셋째, 절제하는 혀는 저주보다는 축복을 말합니다(약 3:1-3).
넷째, 하나님으로부터 오는 참된 지혜는 우리를 화평케 합니다. "오직 위로부터 난 지혜는 첫째 성결하고 다음에 화평하고 관용하고 양순하며 긍휼과 선한 열매가 가득하고 편견과 거짓이 없나니 화평하게 하는 자들은 화평으로 심어 의의 열매를 거두느니라"(약 3:17-18)
다섯째, 참되고 의로운 믿음은 하나님의 뜻에 대한 신뢰와 고난 가운데 인내를 보여줍니다(약 4:15-17).
여섯째, 참되고 의로운 믿음은 잃어버린 영혼에 대한 구원과 병든 자들의 치유에 대한 기도에 관심을 보입니다(약 5:13-16).

여덟째, 하나님은 이 땅에서 참된 예배자로 살기 원하십니다.

야고보에게 있어 의로운 삶은 신실한 그리스도인의 징표였습니다. 따라서 야고보가 고백과 기도를 그리스도인의 예배에 있어 중요한 것으로 강조한 것은 이상한 일이 아닙니다. 죄의 고백은 우리의 불완전함을 일깨우며 그리스도 안에서 하나님의 은혜에 의지해야 함을 알려줍니다. 이는 영적 갱신으로 나아가는 예배의 기본입니다. 기도는 우리가 예배하는 분과 지속적으로 연결되게 합니다. 하나님은 영이시기 때문에 예배하는 우리는 영으로 기도하는 것입니다.

"하나님은 영이시니 예배하는 자가 영과 진리로 예배할지니라"(요 4:24)

특히 함께 모여 하는 공동의 기도는 우리가 속한 몸의 필요성을 더욱 일깨워줍니다. 야고보가 말했듯이 기도의 역사와 힘은 큽니다.

"그러므로 너희 죄를 서로 고백하며 병이 낫기를 위하여 서로 기도하라 의인의 간구는 역사하는 힘이 큼이니라"(약 5:16)

야고보는 그리스도의 몸을 세울 수 있는 성도들의 교제에 관한 중요한 원칙을 가르쳐줍니다. 그는 우선 서로에게 공평할 것을 말합니다. 돈이 많고 유명한 사람들을 위해 특별 대우하면서 가난하고 별 볼 일 없어 보이는 사람들을 무시하지 말라는 것입니다. 우리의 예배는 하나님 앞에서 공평해야 합니다. 배타가 아닌 포용이 우리 예배를 움직이는 불변의 원칙이 되어야 합니다. 야고보는 또한 우리가 성급히 판단하거나 비판하지 말 것을 강조합니다. 그리스도인들의 교제나 예배는 그리스도의 지체들을 향해 판단하는 사람들 때문에 자주 방해를 받습니다. 야고보는 우리는 단지 율법에 순종해야 하는 것으로, 그것을 큰 소리로 말하는 사람이 되어서는 안 된다고 경고합니다(약 4:11-12). 그리고 함께 드리는 공예배는 세상의 시련으로부터 힘이 되고 용기를 북돋워 준다고 강조합니다.

우리는 야고보의 실제적인 가르침들에 대해 생각해볼 필요가 있습니다. 내가 드리는 예배가 주위를 돌아보는 포용성이 있는지, 혹은 교회 내에서 파벌을 형성하거나 배타적이지 않은지 말입니다. 그리고 하나님이 원하시는 좋은 예배를 드리기 위해 예배팀이나 찬양대의 팀원들이 하나가 되고 있는지, 또는 어떤 사람들이 교회 활동에 참여하지 못하고 주변인이 되고 있지 않은지 살펴보아야 합니다. 야고보는 하나님을 향한 우리의 예배가 하나 되지 못하는 안타까움을 자주 드러내고 있습니다. 상대방을 판단하는 태도는 종종 우리 예배의 본질과 섬김을 훼손시킵니다. 예수님께서는 우리에게, 특히 우리와 맞지 않는 사람들을 향해 은혜와 용서를 보이라고 하셨습니다. 그리고 기도가 우리의 예배에서 얼마나 큰 비중을 차지하고 있는지, 또한 우리의 기도가 교회 공동체의 예배자뿐 아니라 교회의 필요를 얼마나 반영하고 있는지를 돌아봐야 할 것입니다.

예배는 하나님을 경험하는 것입니다. 야고보는 주위를 늘 살피는 사랑의 공동체가 참된 예배 공동체이며, 기도를 통해 늘 하나님과 영적으로 교제하면서 하나님이 원하시는 참된 삶의 예배를 살아가야 한다고 강조합니다.

1. 야고보의 '행함이 없는 믿음은 죽은 믿음'이라고 한 이유는 무엇인가요?
2. 우리의 겪는 시련과 고난의 의미를 야고보는 무엇이라고 하나요?
3. 야고보가 말하는 '참됨 믿음'과 '예배'는 무엇인가요?

제 37 일

하나님은 세상 속의 참된 예배자가 되기 원하십니다.

베드로전서, 베드로후서

참된 그리스도인들은 예수님이 십자가에 못 박힌 이후 계속 박해를 계속 받아 왔으며, 그 희생은 지금도 줄지 않고 있습니다. 지난 10여 년 간 전 세계에서 박해받은 그리스도인들이 예수님 이후 1세기 동안 박해받은 숫자보다 많습니다. 일부 그리스도인들은 삶에 있어 하나님의 주권과 운명을 거부하는 세속 문화와 마주합니다. 그리고 제 3 세계에서는 이슬람을 비롯한 극단적인 종교들이 복음의 전파를 막기 위해 그리스도인들을 향해 폭력을 쓰는 일들이 일어나고 있습니다. 베드로가 첫 번째 편지를 쓴 배경도 이러했습니다. 그러면서도 그는 너희를 연단하려고 오는 불시험을 이상한 일 당하는 것 같이 이상하게 여기지 말라고 말합니다(벧전 4:12). 아마도 베드로는 사도행전에 기록된, 그와 다른 제자들이 예루살렘의 종교 기구 앞에 불려가 예수의 이름으로 설교하는 것을 금지당한 사건을 떠올렸을 것입니다. 그러나 그들이 풀려났을 때 그 이름을 위해 능욕 받는 일에 합당한 자로 여기심을 기뻐하면서 떠났습니다(행 5:41).

고난이 올 때 우리는 어떻게 이겨낼 수 있을까요? 그리고 고난 당할 때, 그 고난 한가운데서 어떻게 하나님을 예배하며, 심지어 믿음을 지킬 수 있을까요? 사도 베드로는 이 질문에 대한 답을 두 편지에 쓰면서 그리스도인들이 그리스도 안에서 견고히 서도록 힘을 북돋아 줍니다. 베드로전서는 그리스도를 믿는 믿음으로 인해 고난받고 있는 사람들에게 보내는 편지입니다.

"만일 그리스도인으로 고난을 받으면 부끄러워하지 말고 도리어 그 이름으로 하나님께 영광을 돌리라"(벧전 4:16)

고난받는 것과 기뻐하는 것은 서로 상충되지 않습니다. 베드로전서는 예배란 핍박에 의미를 부여하는 것이며 핍박을 견디게 도와주는 것이라고 말합니다. 우리는 예배를 통해 믿음의 공동체로서 우리가 진정 누구인지를 이해합니다. 우리는 주님의 영이 거하시는 곳, 성전입니다. 그 이상으로, 우리는 그리스도를 통해 하나님이 받으시는 찬양의 제사를 올려드리도록 위임받은 거룩한 제사장입니다. 그리고 우리는 하나님의 소유이며, 그의 탁월하심과 그의 구원을 선포하도록 택함 받았습니다(벧전 2:5-10). 예수 그리스도에 대한 믿음으로 인해 핍박을 당할 때, 우리는 오직 예배자라는 높은 사명만이 우리를 지탱할 수 있습니다. 예배를 통해 우리는 영원한 하나님의 위대하심을 찬양하며, 이를 통해 우리에게 적대적이고 무관심한 이들에게도 복음을 증거하고 그들 또한 언젠가 하나님께 영광을 돌릴 수밖에 없게 합니다.

베드로는 그리스도 안에서 우리가 받은 것들과 우리가 그리스도의 백성임을 강조하며 편지를 시작합니다. 하나님은 크신 긍휼로 예수 그리스도를 죽은 자 가운데서 부활하게 하셨으며 우리를 거듭나게 하셨습니다.

> "우리 주 예수 그리스도의 아버지 하나님을 찬송하리로다 그의 많으신 긍휼대로 예수 그리스도를 죽은 자 가운데서 부활하게 하심으로 말미암아 우리를 거듭나게 하사 산 소망이 있게 하시며"(벧전 1:3)

또한 전에는 우리가 하나님의 백성이 아니었지만, 이제는 택하신 족속이요 왕 같은 제사장들이요 거룩한 나라요 그의 소유가 된 백성이 되었습니다.

> "그러나 너희는 택하신 족속이요 왕 같은 제사장들이요 거룩한 나라요 그의 소유가 된 백성이니 이는 너희를 어두운 데서 불러 내어 그의 기이한 빛에 들어가게 하신 이의 아름다운 덕을 선포하게 하려 하심이라 너희가 전에는 백성이 아니더니 이제는 하나님의 백성이요 전에는 긍휼을 얻지 못하였더니 이제는 긍휼을 얻은 자니라"(벧전 2:9-10)

하나님은 특별한 백성으로 우리를 준비해 놓으시고 우리를 어두운 데서 불러내어 아름다운 덕을 선포하게 하셨습니다. 우리는 산 돌 같이 신령한 집으로 세워지고 예수 그리스도로 말미암아 하나님이 기쁘게 받으실 신령한 제사를 드릴 거룩한 제사장이 될 것입니다(벧전 2:5). 하나님의 백성으로서 우리 삶의 푯대 중심에는 예배가 있어야 합니다. 우리는 주의 성전이며 주의 제사장입니다. 그리스도 안에서 우리의 신분과 예배로의 부르심을 알 때 어떤 역경 속에서도 하나님을 변함없이 찬양할 수 있습니다. 미래에 대한 소망 또한 고난을 이기고 하나님을 예배할 수 있는 힘을 줍니다. 베드로는 온갖 시련으로 슬픔 속에 있더라도 말세에 나타내기로 예비하신 구원과 그들을 위해 준비된 하늘의 유업에 대한 소망이 있기에 더 크게 기뻐할 수 있다고 확언합니다.

"썩지 않고 더럽지 않고 쇠하지 아니하는 유업을 잇게 하시나니 곧 너희를 위하여 하늘에 간직하신 것이라 너희는 말세에 나타내기로 예비하신 구원을 얻기 위하여 믿음으로 말미암아 하나님의 능력으로 보호하심을 받았느니라 그러므로 너희가 이제 여러 가지 시험으로 말미암아 잠깐 근심하게 되지 않을 수 없으나 오히려 크게 기뻐하는도다"(벧전 1:4-6)

영광의 날을 바라볼 수 있기에 고난 가운데서도 기뻐할 수 있는 것입니다. 고난 중에 우리는 예수 그리스도께서 다시 오실 때에 우리에게 가져다주실 은혜를 온전히 바라야 합니다.

"그러므로 너희 마음의 허리를 동이고 근신하여 예수 그리스도께서 나타나실 때에 너희에게 가져다 주실 은혜를 온전히 바랄지어다"(벧전 1:13)

베드로의 두 번째 편지는 거짓 선생들 때문에 괴로움을 받는 성도들에게 보내는 편지입니다(벧후 2:1) 주변 사람들이 예수님의 재림을 부인한다면 예수님의 재림을 소망하는 자들에게는 힘이 빠지는 일일 수 있습니다. 베드로는 예수님의 재림을 거부하며 조롱하는 사람들이 나타날 것을 경계합니다.

> "먼저 이것을 알지니 말세에 조롱하는 자들이 와서 자기의 정욕을 따라 행하며 조롱하여 이르되 주께서 강림하신다는 약속이 어디 있느냐 조상들이 잔 후로부터 만물이 처음 창조될 때와 같이 그냥 있다 하니"(벧후 3:3-4)

주님의 재림이 미루어지고 있는 것처럼 보이지만 베드로는 그 날이 도둑같이 올 것이라고 말하며 의심을 거두라고 말합니다.

> "그러나 주의 날이 도둑 같이 오리니 그 날에는 하늘이 큰 소리로 떠나가고 물질이 뜨거운 불에 풀어지고 땅과 그 중에 있는 모든 일이 드러나리로다"(벧후 3:10)

우리는 언젠가 새 하늘 새 땅의 시민이 될 것입니다.

> "이 모든 것이 이렇게 풀어지리니 너희가 어떠한 사람이 되어야 마땅하냐 거룩한 행실과 경건함으로 하나님의 날이 임하기를 바라보고 간절히 사모하라 그 날에 하늘이 불에 타서 풀어지고 물질이 뜨거운 불에 녹아지려니와"(벧후 3:11-12)

베드로는 예수님께서 지금의 거짓된 안정이 아니라 새 하늘과 새 땅이라는 장래의 약속을 붙들고 계심을 알았습니다.

"우리는 그의 약속대로 의가 있는 곳인 새 하늘과 새 땅을 바라보도다"
(벧후 3:13)

그리고 하나님께서 그의 백성들을 부르셔서 예수 그리스도를 통해 영광과 덕을 받게 하시고, 사라져 가는 세상의 썩어질 것으로부터 벗어나게 하셨다는 것을 깨달았습니다(벧후 1:3-4). 그러므로 베드로는 중요한 질문을 던집니다. 우리 주변의 모든 것이 녹아 없어질 것인데, 우리는 어떠한 삶을 살아야 할까요? 예배는 우리의 거룩한 산이신 그리스도의 영광과 하나님의 위엄 있는 목소리를 만날 수 있는 은혜의 통로입니다. 예배를 통해 우리는 하나님의 아들 예수 그리스도의 영광을 찬양하며, 그 말씀으로 인해 새로워지고, 하나님을 섬기는 흠 없는 삶으로 인도됩니다.

가짜 선지자와 교사들은 초대교회에서 문제가 되고 있었기에 베드로는 베드로후서의 많은 부분을 그들을 경고하는 데 할애했습니다. 이 사람들은 그리스도인이 된 뒤에 참된 믿음을 버리고 거짓 가르침으로 자신들을 피로 사신 주님을 부인한 자들입니다(벧후 2:1). 베드로는 그들이 잘못된 가르침을 통해 하나님의 권위를 무시하고 교만하며 자긍한다고 말합니다.

"특별히 육체를 따라 더러운 정욕 가운데서 행하며 주관하는 이를 멸시하는 자들에게는 형벌할 줄 아시느니라 이들은 당돌하고 자긍하며 떨지 않

고 영광 있는 자들을 비방하거니와"(벧후 2:10)

오늘날 세속 문화는 인간을 하나님의 자리에까지 이르게 했습니다. 개인의 권리와 자유에 가장 높은 가치를 두고 그 어느 누구도 절대 침해해서는 안 되는 것으로 삼았습니다. 이 자긍심의 철학을 신봉하는 사람들이 교회 공동체 안에도 있습니다. 거짓 선지자에 대한 베드로의 언급은 지금 우리에게도 여전히 적용됩니다.

"그들에게 자유를 준다 하여도 자신들은 멸망의 종들이니 누구든지 진 자는 이긴 자의 종이 됨이라"(벧후 2:19)

자기 자신과 그 욕망의 노예가 되는 것만큼 세상의 종노릇 하는 것은 없습니다. 그리스도는 사셨고, 죽으셨고, 부활하심으로써 자아도취라는 인본주의로부터 인간을 구원하셨습니다. 그리스도를 섬기는 우리는 고립된 개인이 아니라 한 몸을 이루는 지체로서 하나님의 백성이라는 것을 자각해야 합니다.

우리는 베드로전후서를 통해 예배의 통찰을 배웁니다. 첫째, 예배는 우리 마음의 깊은 감정을 표현하게 합니다.

"예수를 너희가 보지 못하였으나 사랑하는도다 이제도 보지 못하나 믿고 말할 수 없는 영광스러운 즐거움으로 기뻐하니"(벧전 1:8)

둘째, 예배를 통해 아버지께로 나아옴으로써 우리는 성도들과 함께 연합하게 됩니다(벧전 2:5).

셋째, 그리스도인들은 거룩한 제사장이며 하나님께 예배의 제물을 올려드릴 수 있습니다.

"너희도 산 돌 같이 신령한 집으로 세워지고 예수 그리스도로 말미암아 하나님이 기쁘게 받으실 신령한 제사를 드릴 거룩한 제사장이 될지니라"
(벧전 2:5)

넷째, 하나님은 우리가 그의 선하심을 다른 이들에게 보여주도록 소유로 삼으셨습니다(벧전 2:9).

다섯째, 예배는 하나님이 우리를 위해 하신 일에 대한 응답입니다(벧전 2:9-10).

여섯째, 우리는 그리스도를 삶의 주관자로서 예배해야 합니다.

"너희 마음에 그리스도를 주로 삼아 거룩하게 하고 너희 속에 있는 소망에 관한 이유를 묻는 자에게는 대답할 것을 항상 준비하되 온유와 두려움으로 하고"(벧전 3:15)

일곱째, 예배는 하나님 앞에 진정한 겸손으로 나아가야 합니다.

"그러므로 하나님의 능하신 손 아래에서 겸손하라 때가 되면 너희를 높이시리라"(벧전 5:6)

여덟째, 우리의 모든 걱정과 염려까지도 하나님께 드려야 합니다.

"너희 염려를 다 주께 맡기라 이는 그가 너희를 돌보심이라"(벧전 5:7)

아홉째, 하나님은 우리를 신성한 성품에 참여하도록 해주십니다.

"이로써 그 보배롭고 지극히 큰 약속을 우리에게 주사 이 약속으로 말미암아 너희가 정욕 때문에 세상에서 썩어질 것을 피하여 신성한 성품에 참여하는 자가 되게 하려 하셨느니라"(벧후 1:4)

열 번째, 예배하는 삶의 첫걸음은 하나님이 하신 일을 인정하는 것입니다.

"이런 것이 없는 자는 맹인이라 멀리 보지 못하고 그의 옛 죄가 깨끗하게 된 것을 잊었느니라"(벧후 1:9)

열한 번째, 예배자로서 우리는 하나님의 영광과 덕을 계속해서 기억해야 합니다.

"그의 신기한 능력으로 생명과 경건에 속한 모든 것을 우리에게 주셨으니 이는 자기의 영광과 덕으로써 우리를 부르신 이를 앎으로 말미암음이라"(벧후 1:3)

열두 번째, 우리의 믿음은 하나님 말씀을 통해 강해집니다.

"우리 주 예수 그리스도의 능력과 강림하심을 너희에게 알게 한 것이 교묘히 만든 이야기를 따른 것이 아니요 우리는 그의 크신 위엄을 친히 본 자라"(벧후 1:16)

열세 번째, 우리가 예배하는 하나님은 거룩하시며 죄를 멀리하십니다(벧후 2:4).
열네 번째, 하나님의 말씀은 우리 마음을 일깨워 참된 예배를 드리게 합니다(벧후 3:1-2)

우리는 이 세상의 시민이 아니라 잠시 지내다 가는 나그네입니다. 거류민과 나그네로서, 우리는 모든 사람을 진실하게 대하면서 우리의 믿음이 부끄럽지 않은 신실한 예배자의 삶을 살아야 합니다.

"사랑하는 자들아 거류민과 나그네 같은 너희를 권하노니 영혼을 거슬러 싸우는 육체의 정욕을 제어하라"(벧전 2:11)

동시에, 나그네로서 우리의 정체성을 잃어버리지 않도록 조심해야 합니다. 하나님께서는 천국 시민의 정체성을 우리에게 주시기 위해 큰 값을 치르셨습니다. 조상으로부터 물려받은 허무한 삶에서 우리를 구원하시기 위해 하나님께서 몸값을 치르셨습니다. 그 몸값은 하나님의 흠 없는 어린양 예수 그리스도의 피입니다.

"너희가 알거니와 너희 조상이 물려 준 헛된 행실에서 대속함을 받은 것은 은이나 금 같이 없어질 것으로 된 것이 아니요 오직 흠 없고 점 없는 어린 양 같은 그리스도의 보배로운 피로 된 것이니라"(벧전 1:18-19)

우리는 예배를 통해 함께 모이고, 우리를 우리 되게 하는 것들을 기뻐하며, 어려운 환경에서도 우리 정체성을 지킵니다.

1. 베드로는 고난 가운데 어떻게 예배해야 한다고 말하고 있나요?
2. 베드로는 예수님의 재림을 믿지 않는 사람들에게 어떻게 말하고 있나요?
3. 베드로는 우리 그리스도인이자 예배자들을 어떤 존재라고 말하고 있나요?

제 38 일

참된 예배자는 하나님과 늘 교제합니다.

요한일서, 요한이서, 요한삼서

우리는 때때로 하나님이 저 멀리 계신 것 같게 느껴질 때가 많습니다. 그리고 하나님과 이야기를 나눈다고 하지만 친밀하다기보다는 거리가 느껴질 때가 많습니다. 이에 요한의 편지들은 하나님과의 친밀한 교제 속에서 참된 예배 공동체가 무엇인지 알려줍니다. 요한이 이 편지를 쓴 가장 중요한 이유는 거짓 교사들과 싸우는 그리스도인 예배 공동체에 힘을 주기 위함입니다. 당시 속이는 자들의 유혹에 쉽게 미혹될 수 있었던 이유는 그들이 공동체에서 함께 했던 자들이기 때문입니다.

"그들이 우리에게서 나갔으나 우리에게 속하지 아니하였나니 만일 우리에게 속하였더라면 우리와 함께 거하였으려니와 그들이 나간 것은 다 우리에게 속하지 아니함을 나타내려 함이니라"(요일 2:19)

당시 교회는 교회의 정통 가르침, 전통, 권위에 대항해 육체적 존재를 결함이 있거나 악한 것으로 주장한 영지주의와 같은 이단의 유혹에 큰 혼란을 겪고 있었습니다.

"미혹하는 자가 세상에 많이 나왔나니 이는 예수 그리스도께서 육체로 오심을 부인하는 자라 이런 자가 미혹하는 자요 적그리스도니"(요이 1:7)

이에 요한은 영적인 하나님의 자녀들이 처음부터 믿었던 진리를 잘 간직하고 다른 사람들을 사랑함으로써 그들의 믿음을 지킬 것을 촉구합니다.

"너희는 처음부터 들은 것을 너희 안에 거하게 하라 처음부터 들은 것이 너희 안에 거하면 너희가 아들과 아버지 안에 거하리라"(요일 2:24)

"그의 계명은 이것이니 곧 그 아들 예수 그리스도의 이름을 믿고 그가 우리에게 주신 계명대로 서로 사랑할 것이니라"(요일 3:23)

그리고 하나님의 사랑 안에 거하는 참된 그리스도인만이 모든 거짓을 극복할 수 있다고 강조하고 있습니다. 예수님의 사랑하는 제자 중 한 사람인 요한은 우리와 삼위일체 하나님, 그리고 그리스도인 예배 공동체 사이에 친밀한 관계를 중요하게 생각했습니다. 그는 아버지와 그의 아들 예수 그리스도와의 사랑의 관계를 통해 참된 기쁨을 누릴 것을 강조합니다(요일 1:3-4). 그리스도 안에서의 삶은 하나님 안에 거하는 삶이며, 하나님을 통해서만 참된 사귐이 있습니다.

"그가 빛 가운데 계신 것 같이 우리도 빛 가운데 행하면 우리가 서로 사

권이 있고 그 아들 예수의 피가 우리를 모든 죄에서 깨끗하게 하실 것이요"(요일 1:7)

그러므로 예배는 멀리 계시는 하나님을 뒤로한 채 드리는 것이 아니라, 오히려 예배를 통해 하나님과 더 친밀한 교제 가운데로 들어가는 것이며, 함께 예배를 드리는 지체들과도 더욱 친밀해지는 시간입니다. 요한은 하나님과의 깊은 관계를 설명하기 위해 그가 가장 좋아하는 그리스어 동사를 사용했는데, 'meno(메노)'라는 동사로, '살다', '거하다', '계속되다', '머무르다'와 같은 의미입니다. 우리는 예수님을 처음 믿을 때, 하나님 안에서 살기 시작합니다.

"누구든지 예수를 하나님의 아들이라 시인하면 하나님이 그의 안에 거하시고 그도 하나님 안에 거하느니라"(요일 4:15)

그리고 아들과 아버지 안에서 거하게 됩니다.

"너희는 처음부터 들은 것을 너희 안에 거하게 하라 처음부터 들은 것이 너희 안에 거하면 너희가 아들과 아버지 안에 거하리라"(요일 2:24)

또한 우리에게 보내주신 성령으로 말미암아 우리가 이를 깨닫게 됩니다.

"그의 계명을 지키는 자는 주 안에 거하고 주는 그의 안에 거하시나니 우

리에게 주신 성령으로 말미암아 그가 우리 안에 거하시는 줄을 우리가 아느니라"(요일 3:24)

그리고 성령님을 통해 하나님이 우리 안에 거하십니다.

"누구든지 예수를 하나님의 아들이라 시인하면 하나님이 그의 안에 거하시고 그도 하나님 안에 거하느니라"(요일 4:15)

요한은 우리와 하나님과의 관계를 잘 그려내었고, 구름 저편 아주 멀리 계시는 막연한 하나님의 이미지를 명확하게 해주었습니다. 우리가 예수님을 믿을 때, 우리는 하나님 안에, 하나님은 우리 안에 사시게 됩니다. 그러므로 예배는 피상적이 아니라, 아주 친밀한 교감입니다. 우리는 하나님의 생명에 참여한 것입니다. 예수 그리스도를 통해 우리에게 보내주신 견줄 수 없는 하나님의 사랑이 항상 우리와 함께하며 그 충만한 사랑으로, 우리도 이같이 하나님을 사랑하는 것입니다.

"하나님의 사랑이 우리에게 이렇게 나타난 바 되었으니 하나님이 자기의 독생자를 세상에 보내심은 그로 말미암아 우리를 살리려 하심이라 사랑은 여기 있으니 우리가 하나님을 사랑한 것이 아니요 하나님이 우리를 사랑하사 우리 죄를 속하기 위하여 화목 제물로 그 아들을 보내셨음이라"(요일 4:9-10)

이 사랑은 하나님께만 보여드리는 것이 아니라 하나님의 백성들에게도 표현해야 합니다. 요한은 사랑하는 공동체 그리스도인들에게 하나님이 우리를 사랑하셨기 때문에 우리도 서로 사랑하는 것이 마땅하다고 말합니다(요일 4:11), 그리고 누구든지 하나님을 사랑한다고 하면서 그 형제를 미워하면 이는 거짓말하는 자이며, 옆에 보이는 형제를 사랑하지 않는 사람은 보지 못하는 하나님을 사랑할 수 없다고 권고합니다(요일 4:20). 하나님과의 참된 교제는 항상 하나님의 백성과의 교제까지 포함합니다. 하나님을 진정으로 사랑하면 그 사랑은 반드시 다른 사람들에게까지 흘러넘칩니다.

요한일이삼서를 포함한 대부분의 서신서들의 가장 큰 주제 중 하나는 공동체입니다. 교회는 각 지체들이 그리스도의 몸을 이루는 공동체입니다. 교회 공동체라는 주제는 요한의 편지 내내 강조되고 있습니다. 그는 이 새로운 공동체는 단순히 사람의 모임이 아니며, 참된 목적은 하나님만 바라보는 수직적인 관계임을 알려줍니다.

"우리가 보고 들은 바를 너희에게도 전함은 너희로 우리와 사귐이 있게 하려 함이니 우리의 사귐은 아버지와 그의 아들 예수 그리스도와 더불어 누림이라"(요일 1:3)

요한은 이 공동체가 사랑의 공동체라고 말합니다. 그러나 이 사랑은 단순히 사람의 충동이나 감정이 아닌, 하나님께서 우리에게 먼저 보여주신 사랑의 결과입니다.

"사랑은 여기 있으니 우리가 하나님을 사랑한 것이 아니요 하나님이 우리

를 사랑하사 우리 죄를 속하기 위하여 화목 제물로 그 아들을 보내셨음이라"(요일 4:10)

그것은 감상적인 느낌이 아니라 그리스도의 몸을 이루는 다른 지체에 대한 헌신으로 나타납니다. 요한은, 다른 그리스도인들에 대한 신뢰를 통해 우리가 사망으로부터 생명으로 들어갔다는 증거라고 선포합니다(요일 3:14). 함께 믿는 자들에 대한 우리의 사랑과 신실함은 예수 그리스도의 계명을 따르려는 순종의 반응이며, 보이지 않는 하나님을 사랑한다고 하면서 그리스도 안에서의 형제자매들을 미워한다면 그것은 우리를 거짓말쟁이로 만드는 일입니다.

"누구든지 하나님을 사랑하노라 하고 그 형제를 미워하면 이는 거짓말하는 자니 보는 바 그 형제를 사랑하지 아니하는 자는 보지 못하는 바 하나님을 사랑할 수 없느니라"(요일 4:20)

이 사랑의 공동체는 예수 그리스도가 하나님의 아들이라는 공통된 신앙고백에 따라 모였습니다. 그러므로, 이 공동체가 참된 예배 공동체가 됩니다. 왜냐하면 기독교 예배의 핵심적 행위는 예수님을 주님이자 메시아, 하나님의 아들로 높이는 것이기 때문입니다. 이 신앙고백에 대해 타협한다면 우리 예배 공동체는 무력화됩니다. 요한은 예수님이 그리스도라는 점을 부인하는 사람들을 강하게 질책하고 있습니다. 그는 그들을 적그리스도라고 부르면서 그들이 신앙 공동체에 설 자리는 없다고 선포합니다. 그리고 그들이 우리 교회 공동체에서 나간 것은 우리 예배 공동체에게 속하지 않았기 때문이라고 강조합니다(요일 2:19).

이와 같은 요한의 경고는 결코 예배가 세상의 주제나 세속 문화를 발전시키기 위한 수단이 되어서는 안 된다는 것을 일깨워줍니다. 이에 반해 우리의 예배는 예수님을 만유의 주님으로 높이고 모든 사람들이 그분만이 주실 수 있는 참된 복음의 삶으로 들어갈 수 있도록 환대해야 합니다. 그러므로 때때로 교회 공동체는 하나님의 말씀에 비추어 스스로 평가해보는 것이 필요합니다. 요한은 우리에게 몇 가지 기본적인 것들을 일깨움으로써 교회 공동체가 올바른 길로 갈 수 있도록 돕고 있습니다. 우리가 하나님의 계명에 따라 서로를 사랑하고 있는지(요이 5-6절) 아니면 그리스도의 가르침과는 달리 행하고 있는지 말입니다(요이 9절).

특별히 요한은 예배 예식에 관해 언급하지 않았지만 그가 말한 그리스도의 교제와 예배의 삶은 수 세기에 걸쳐 행해진 예배의 요소들과 밀접한 관련이 있습니다. 역사적으로 예배는 하나님께서 예수 그리스도를 통해 하신 일을 선포하는 신앙고백을 포함합니다(요일 1:1-3, 3:23). 예배 중에 우리는 우리의 죄를 고백하고 그리스도를 통해 용서를 받습니다(요일 1:9, 2:1). 그리스도는 우리 예배 가운데 함께 하시며, 장래에도 함께 하십니다(요일 3:2). 성찬식에서 그리스도인들은 죄를 용서받도록 만들어주신 그리스도의 몸의 희생을 기억하게 됩니다.

"사랑은 여기 있으니 우리가 하나님을 사랑한 것이 아니요 하나님이 우리를 사랑하사 우리 죄를 속하기 위하여 화목 제물로 그 아들을 보내셨음이

라"(요일 4:10)

그리고 하나님께 우리와 다른 사람들의 필요를 간구하는 기도가 예배에 포함됩니다(요일 5:14-16).

예수님께서 특별히 사랑하셨던 요한은 예수님과 가장 친밀하게 지냈던 제자 중 한 사람입니다. 그는 사랑으로 표현되는 참된 삶의 중요성에 관한 몇 가지 지침들을 남겼습니다. 그 삶은 예수님께서 기도하고, 가르치고, 웃고, 울고, 사랑하고, 죽으심으로 요한에게 본을 보여주신 것입니다. 이제, 오랜 세월이 지난 후 요한은 믿음의 자녀들이 사랑 안에 거함으로써 하나님께 예배하며, 하나님 말씀을 잘 배우고 자라는 모습을 보고 싶었습니다. 요한은 하나님이 선택하신 우리 모두가 그리스도의 사랑에 반응해 하나님과 말씀에 대한 그들의 사랑을 서로 자유롭게 나누며 그 사랑을 보여줄 것을 부탁하고 있습니다.

요한의 세 번째 편지는 하나님을 위해 사는 그리스도인들과 나눈 기쁨의 대화입니다. 참된 예배의 특징은 진리를 믿고 진리에 따라 사는 것입니다. 요한은 사랑하는 예배 공동체가 그들이 고백하는 진리에 따라 살 수 있기를 고대했습니다.

"형제들이 와서 네게 있는 진리를 증언하되 네가 진리 안에서 행한다 하니 내가 심히 기뻐하노라 내가 내 자녀들이 진리 안에서 행한다 함을 듣는 것보다 더 기쁜 일이 없도다"(요삼 3-4절)

그는 아버지처럼 이 기쁨을 더하도록 마음껏 격려했으며(요삼 5-8절), 믿음의 예배자들이 하나님을 예배하지 못하도록 하는 어리석음에 맞섰습니다(요삼 9-11절). 하나님께 드리는 예배는, 우리가 사랑하는 사람들과 함께 찬양할 때 더욱 특별해집니다.

"내가 네게 쓸 것이 많으나 먹과 붓으로 쓰기를 원하지 아니하고 속히 보기를 바라노니 또한 우리가 대면하여 말하리라"(요삼 13-14절)

요한삼서는 하나님의 자녀들과 함께 예배하면서 그리스도의 진리로 하나가 되어 찬양하는 것이 얼마나 행복한지를 말해줍니다.

요한일이삼에서 우리는 예배의 통찰을 배울 수 있습니다. 첫째, 예배는 생명의 말씀이신 그리스도를 계시하는 것으로 시작됩니다(요일 1:1).
둘째, 예수님께서 세상의 모든 죄를 없애셨으므로, 죄를 고백하는 것은 예배의 한 부분입니다(요일 2:2).
셋째, 세상을 사랑하는 것과 참된 예배의 삶은 양립할 수 없습니다.

"이 세상이나 세상에 있는 것들을 사랑하지 말라 누구든지 세상을 사랑하면 아버지의 사랑이 그 안에 있지 아니하니"(요일 2:15)

넷째, 우리는 그리스도를 통해 우리를 자녀로 삼으신 하나님을 찬양할 수 있습니다(요일 3:1).

다섯째, 예배 공동체의 예배자들은 서로 사랑을 보여야 합니다(요일 3:14-17).

여섯째, 우리는 하나님의 말씀을 선포하는 자들이 성경에 따라 말하고 있는지 확인해야 합니다.

"예수를 시인하지 아니하는 영마다 하나님께 속한 것이 아니니 이것이 곧 적그리스도의 영이니라 오리라 한 말을 너희가 들었거니와 지금 벌써 세상에 있느니라"(요일 4:3)

일곱째, 하나님의 사랑은 우리가 사랑을 통해 온전히 나타납니다.

"어느 때나 하나님을 본 사람이 없으되 만일 우리가 서로 사랑하면 하나님이 우리 안에 거하시고 그의 사랑이 우리 안에 온전히 이루어지느니라"(요일 4:12)

여덟째, 우리는 죄에 빠진 다른 예배자들을 위해 기도해야 합니다(요일 5:16-17).

아홉째, 진리를 가르치는 교회는 항상 그리스도의 신성을 확고히 선언해야 합니다(요이 10-11절).

열 번째, 진리 안에서 살 때 예배자들의 기쁨이 넘칩니다(요삼 4절).

열한 번째, 예수님의 이름으로 환대하는 것은 주님을 높이는 일입니다(요삼 6절, 8절).

열두 번째, 예배에서 스스로를 높이는 것은 주님을 욕되게 하는 것입니다(요삼 9절).

열세 번째, 선한 일을 행한다는 것은 우리가 하나님의 자녀임을 증명하는 것입니다.

"사랑하는 자여 악한 것을 본받지 말고 선한 것을 본받으라 선을 행하는 자는 하나님께 속하고 악을 행하는 자는 하나님을 뵈옵지 못하였느니라"(요삼 11절)

하나님이 기뻐하시는 가장 최고의 교회는 사랑이 넘치는 교회입니다. 각 지체가 하나 되어 하나님을 온전히 찬양할 때 참된 예배가 됩니다. 요한은 사랑이 식어지고 개인주의가 횡행하는 지금의 교회와 예배 공동체에 사랑으로 하나 되어 하나님께 온전히 영광 돌리는 것이 얼마나 중요하지를 말해줍니다.

1. 요한은 우리 교회가 어떤 예배 공동체가 되어야 한다고 강조하나요?
2. 요한은 그리스도인들이 왜 서로 사랑하는 것이 중요하다고 주장하나요?
3. 요한은 왜 우리가 하나님께 예배 드리는 것이 큰 기쁨이라고 주장하나요?

제 39 일

하나님이 원하시는 예배자는 성령의 음성을 늘 듣는 사람입니다.

유다서

유다서의 자신을 '예수 그리스도의 종이요 야고보의 형제인 유다'라고 소개합니다(유 1절). 유다는 야고보의 형제 중 한 명이며, 나사렛 예수의 형제로 알려져 있습니다. 유다는 예수님의 초기 사역에 함께 하던 제자가 아니라, 예수님의 승천 이후에 그리스도인이 된 교회의 지도자입니다. 이 짧은 편지는 교회 내 거짓 선생들에 대한 문제를 정면으로 다루고 있습니다. 내용 면에서는 거짓 교사들에 대한 가르침이 베드로후서와 유사하며, 구약성경의 예화들이 베드로후서 2장 3절에서 3장 4절에 인용된 것과 비슷합니다. 그러므로 유다서를 베드로후서와 함께 읽을 때 내용이 보완됩니다. 당시 교회 예배 공동체를 어지럽힌 영지주의에 대해 강하게 경고하면서 유다는 이성 없는 짐승, 암초, 열매 없는 나무, 유리하는 별 등으로 비유하며 매우 강한 어조로 영지주의를 비판하고 있습니다. 당시 어떤 사람들은 몰래 그리스도인 공동체로 잠입하여 방탕한 삶을 살며 이단적인 교리를 가르쳤습니다(유 4절). 유다는 이 편지를 받는 그리스도인들에게 성도에게 주신 믿음의 도를 위해 힘써 싸우라고 권고합니다(유 3절). 그리스도교의 진리는 당연하게 여겨지거나 가볍게 치부될 수 있는 것이 아닙니다. 거짓 선생들이 복음을 위협하면 우리는 진리를 위해 힘을 다해 싸워야 합니다.

천사장 미가엘이 모세의 시체에 대해 마귀와 변론한 일은 '모세의 승천'이라는 책에 있는 내용으로, 구약성경에는 나오지 않지만 옛날부터 입으로 전해 내려오는 내용이었습니다. 천사장 미가엘이라도 마귀에 대해 감히 훼방하는 판결을 쓰지 못하고 다만 "주께서 너를 꾸짖으시기를 원하노라"라고 말했는데 저 이단자들은 무엇이든지 그 알지 못하는 것을 훼방하고 비난했습니다. 하나님께서 주신 교회의 합법적 권위자들을 정당치 않게 비난하는 것은 악한 일입니다.

"천사장 미가엘이 모세의 시체에 관하여 마귀와 다투어 변론할 때에 감히 비방하는 판결을 내리지 못하고 다만 말하되 주께서 너를 꾸짖으시기를 원하노라 하였거늘 이 사람들은 무엇이든지 그 알지 못하는 것을 비방하는도다 또 그들은 이성 없는 짐승 같이 본능으로 아는 그것으로 멸망하느니라"(유 9-10절)

우리가 '영과 진리로' 하나님을 예배한다면 하나님의 진리가 위협받고 있는데 가만히 앉아있을 수는 없습니다.

"아버지께 참되게 예배하는 자들은 영과 진리로 예배할 때가 오나니 곧 이 때라 아버지께서는 자기에게 이렇게 예배하는 자들을 찾으시느니라"

(요 4:23)

오히려 하나님의 이름을 위해 맞서 싸워야 합니다. 여기저기서 진리라는 개념에 의심이 일어날 때, 우리는 먼저 절대 진리를 알려야 합니다. 둘째로 그 진리는 오직 예수님으로 오신 하나님 안에 있음을 확실히 알려야 합니다. 유다는 그의 짧은 편지를 그리스도인들의 예배에 감동을 주는 찬양으로 마무리합니다.

> "능히 너희를 보호하사 거침이 없게 하시고 너희로 그 영광 앞에 흠이 없이 기쁨으로 서게 하실 이 곧 우리 구주 홀로 하나이신 하나님께 우리 주 예수 그리스도로 말미암아 영광과 위엄과 권력과 권세가 영원 전부터 이제와 영원토록 있을지어다 아멘"(유 24-25절)

이 찬양의 감격은 우리가 하나님으로부터 멀어지지 않도록 보호하시는 하나님에 대한 충성으로 시작합니다. 하나님 영광의 보좌 앞에 설 때 우리는 흠이 없고 기쁨으로 충만케 될 것입니다. 그러므로 우리가 이단 옹호자들과 방탕한 자들과 싸우는 것이 우리 교회와 예배 공동체를 지키는 것이며 하나님의 최종 승리에 참여할 수 있게 됩니다. 그러므로 우리는 오직 유일하신 하나님이시며 구세주를 찬양해야 하며, 결코 세상에 다른 진리는 없음을 알아야 합니다. 우리가 신실한 마음으로 하나님의 진리를 수호할 때 하나님께 영광을 돌리는 것입니다. 물론 신학이나 변증론도 올바른 방법으로 쓰인다면 예배로 이어질 수 있습니다. 그리고 하나님을 찬양함으로 우리의 마음이 새로움을 받아 하나님의 진리를 위한 싸움에 큰 힘을 발휘할 수 있을 것입니다.

유다의 짧은 편지는 거짓된 가르침에 대한 강력한 경고지만, 동시에 성경 전체를 통틀어서 예배에 관해 가장 아름다운 표현 중 하나로 글을 맺고 있습니다. 유다는 하나님의 구원을 찬양하고 영광을 높이는 긍정적인 내용의 편지를 쓰기 원했지만, 초대교회 공동체에 침투하고 있는 영지주의와 같은 악한 영향과 위급한 문제를 다룰 필요가 있었습니다. 그러나 이 문제를 다룬 이후에 유다는 하나님의 영광과 본질에 관해 쓰면서 우리를 참되게 예배하도록 부릅니다. 편지를 마무리하면서 유다는 넘치는 '송영(Doxology)'의 찬양으로 하나님께 영광 돌립니다.

"하나님은 우리를 구원으로 이끄시는 우리의 아버지이십니다. 그는 우리를 사랑하시고, 예수 그리스도 안에 있는 구원의 능력으로 우리를 지키십니다. 그는 '통치하시는 하나님'을 통해 끝없는 은혜를 보여주시며, 우리에게 믿음의 진리를 선포해주셨습니다. 그는 신실한 언약의 하나님이시며, 그의 백성을 애굽에서 구원하심으로써 우리의 구원을 미리 보여주셨습니다. 우리를 그분의 영원한 임재로 이끌기 위해 '수만의 거룩한 자들과 함께' 구세주 예수님을 보내실 때, 택함 받은 자들을 구원하시기 위해 다시 오실 분이 바로 우리의 하나님이십니다."

유다서의 마지막 절은 기독교 공동체의 축도의 원형입니다. 또한 지금도 가톨릭이나 정교회, 성공회 등에서 사용하는 기도문인 '영광송'의 가장 오래된 형태이기도 합니다.

"곧 우리 구주 홀로 하나이신 하나님께 우리 주 예수 그리스도로 말미암

아 영광과 위엄과 권력과 권세가 영원 전부터 이제와 영원토록 있을지어다 아멘"(유 25절)

믿는 자들에게는 마지막 날이 큰 기쁨의 시간이 되겠지만, 믿지 않는 자들에게는 심판의 날이 될 것입니다. 우리 구세주 하나님은 또한 마지막 날에 공의로운 심판자가 되셔서 경건하지 못한 자들과 반역하는 천사들을 단죄하실 것입니다. 유다서의 이 엄중한 선언은 우리 교회와 예배 공동체를 돌아보는 전환점이 되어야 할 것입니다.

우리는 유다서를 통해 몇 가지 예배의 통찰을 배웁니다. 첫째, 예배는 오직 복음의 진리에 충실한 믿는 사람들에서 더욱 풍성해질 수 있습니다.

"사랑하는 자들아 우리가 일반으로 받은 구원에 관하여 내가 너희에게 편지하려는 생각이 간절하던 차에 성도에게 단번에 주신 믿음의 도를 위하여 힘써 싸우라는 편지로 너희를 권하여야 할 필요를 느꼈노니"(유 3절)

둘째, 예배는 하나님이 하신 일을 기억하고 기념하는 예배자들의 감사와 찬양입니다.

"너희가 본래 모든 사실을 알고 있으나 내가 너희로 다시 생각나게 하고자 하노라 주께서 백성을 애굽에서 구원하여 내시고 후에 믿지 아니하는 자들을 멸하셨으며 또 자기 지위를 지키지 아니하고 자기 처소를 떠난 천사들을 큰 날의 심판까지 영원한 결박으로 흑암에 가두셨으며 소돔과 고모라

여덟째, 하나님은 이 땅에서 참된 예배자로 살기 원하십니다.

와 그 이웃 도시들도 그들과 같은 행동으로 음란하며 다른 육체를 따라가다가 영원한 불의 형벌을 받음으로 거울이 되었느니라"(유 5-7절)

셋째, 예배는 거룩하고 공의로우신 하나님 앞에 겸손한 태도입니다.

"이는 뭇 사람을 심판하사 모든 경건하지 않은 자가 경건하지 않게 행한 모든 경건하지 않은 일과 또 경건하지 않은 죄인들이 주를 거슬러 한 모든 완악한 말로 말미암아 그들을 정죄하려 하심이라 하였느니라"(유 15절)

넷째, 예배는 하나님을 향한 믿음과 사랑이 커지는 마음의 자연스러운 표현입니다.

"사랑하는 자들아 너희는 너희의 지극히 거룩한 믿음 위에 자신을 세우며 성령으로 기도하며 하나님의 사랑 안에서 자신을 지키며 영생에 이르도록 우리 주 예수 그리스도의 긍휼을 기다리라"(유 20-21절)

다섯째, 기쁨의 예배는 우리가 그분의 영광스러운 임재 안으로 들어갈 때 천국에서도 계속됩니다.

"능히 너희를 보호하사 거침이 없게 하시고 너희로 그 영광 앞에 흠이 없이 기쁨으로 서게 하실 이"(유 24절)

여섯째, 참된 예배는 하나님 그분에게만 집중하는 예배입니다.

"곧 우리 구주 홀로 하나이신 하나님께 우리 주 예수 그리스도로 말미암아 영광과 위엄과 권력과 권세가 영원 전부터 이제와 영원토록 있을지어다 아멘"(유 25절)

기도를 포함해 모든 예배는 성령님을 통해서 할 수 있습니다. 유다는 예배자들에게 성령으로 기도할 것을 촉구하고 우리를 일깨워줍니다.

"사랑하는 자들아 너희는 너희의 지극히 거룩한 믿음 위에 자신을 세우며 성령으로 기도하며"(유 20절)

유다는 일부 그리스도인들이 성령에서 벗어나 기도하는 것과 같은 열등한 방식으로 기도한다고 비난하는 것이 아닙니다. 그것보다 모든 그리스도인이 기도에서 믿을 만한 수단, 즉 '성령 안에서'라는 영적 능력을 통해 더욱 열심히 기도할 것을 강조했습니다. 우리는 예배를 위해 모일 때마다 성령님께 온전히 의지해야 합니다.

"개들을 삼가고 행악하는 자들을 삼가고 몸을 상해하는 일을 삼가라 하나님의 성령으로 봉사하며 그리스도 예수로 자랑하고 육체를 신뢰하지 아니하는 우리가 곧 할례파라"(빌 3:2-3)

모든 그리스도인 가운데 거하시는 성령님께서 그 마음을 새롭게 하시고 힘주셔서 예배의 모든 순서를 진행하도록 하십니다.

"만일 너희 속에 하나님의 영이 거하시면 너희가 육신에 있지 아니하고 영에 있나니 누구든지 그리스도의 영이 없으면 그리스도의 사람이 아니라"
(롬 8:9)

성령님은 우리 모두를 그리스도의 몸인 교회의 지체가 되도록 만드셨습니다.

"몸은 하나인데 많은 지체가 있고 몸의 지체가 많으나 한 몸임과 같이 그리스도도 그러하니라 우리가 유대인이나 헬라인이나 종이나 자유인이나 다 한 성령으로 세례를 받아 한 몸이 되었고 또 다 한 성령을 마시게 하셨느니라"(고전 12:12-13)

그리고 영적인 진리를 이해하도록 하셨습니다.

"오직 하나님이 성령으로 이것을 우리에게 보이셨으니 성령은 모든 것 곧 하나님의 깊은 것까지도 통달하시느니라 사람의 일을 사람의 속에 있는 영 외에 누가 알리요 이와 같이 하나님의 일도 하나님의 영 외에는 아무도 알지 못하느니라 우리가 세상의 영을 받지 아니하고 오직 하나님으로부터 온 영을 받았으니 이는 우리로 하여금 하나님께서 우리에게 은혜로 주신 것들을 알게 하려 하심이라 우리가 이것을 말하거니와 사람의 지혜가 가르친 말로 아니하고 오직 성령께서 가르치신 것으로 하니 영적인 일은 영적인 것으로 분별하느니라"(고전 2:10-13)

또한 성령님은 우리가 하나님께 속했다는 사실을 확신시키셨습니다.

"너희는 다시 무서워하는 종의 영을 받지 아니하고 양자의 영을 받았으므로 우리가 아빠 아버지라고 부르짖느니라 성령이 친히 우리의 영과 더불어 우리가 하나님의 자녀인 것을 증언하시나니"(롬 8:15-16)

그리고 우리가 힘들 때 우리를 위해 기도하십니다.

"이와 같이 성령도 우리의 연약함을 도우시나니 우리는 마땅히 기도할 바를 알지 못하나 오직 성령이 말할 수 없는 탄식으로 우리를 위하여 친히 간구하시느니라 마음을 살피시는 이가 성령의 생각을 아시나니 이는 성령이 하나님의 뜻대로 성도를 위하여 간구하심이니라"(롬 8:26-27)

성령님은 우리가 하나님 아버지께 나아가는 통로를 여십니다.

"이는 그로 말미암아 우리 둘이 한 성령 안에서 아버지께 나아감을 얻게 하려 하심이라"(엡 2:18)

또한 성령님은 하나님께서 거하시는 교회를 세우십니다.

"너희도 성령 안에서 하나님이 거하실 처소가 되기 위하여 그리스도 예수 안에서 함께 지어져 가느니라"(엡 2:22)

그리고, 성령님은 예배를 포함하여 공동체의 모든 삶의 영역이 기능하도록 교회에 은사를 내려주십니다.

"그가 어떤 사람은 사도로, 어떤 사람은 선지자로, 어떤 사람은 복음 전하는 자로, 어떤 사람은 목사와 교사로 삼으셨으니 이는 성도를 온전하게 하여 봉사의 일을 하게 하며 그리스도의 몸을 세우려 하심이라 우리가 다 하나님의 아들을 믿는 것과 아는 일에 하나가 되어 온전한 사람을 이루어 그리스도의 장성한 분량이 충만한 데까지 이르리니"(엡 4:11-13)

우리 예배자들이 하나님을 찬양하기 위해 모였을 때, 성령의 임재는 하나님을 향한 우리의 마음과 영혼에 큰 확신을 불러일으킬 것입니다. 그러므로 우리는 성령님을 보내주셔서 예배 가운데 함께 하시고, 하나님을 온전히 높이고 경배하도록 우리를 도우시는 하나님께 감사와 찬양과 영광을 돌려드려야 할 것입니다.

유다는 이단들이 우리의 교회와 예배 공동체의 진리를 무너뜨리기 위해 우는 사자와 같이 공격하고 있는 지금의 이 시대에, 성령의 능력을 통해 분별하고 싸워 굳건한 신앙을 세울 것을 우리에게 강하게 일깨워주고 있습니다.

1. 유다는 당시 교회에 나쁜 영향을 주고 있는 거짓 교사들에 대해 어떻게 경고하고 있나요?
2. '성령으로 기도하라'는 말씀의 의미는 무엇인가요?
3. 유다가 강조하는 마지막 때의 참된 예배 공동체는 어떤 모습인가요?

여덟째, 하나님은 이 땅에서 참된 예배자로 살기 원하십니다.

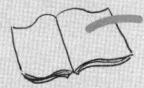

아홉째,
하나님은 우리를 영원한 나라로 인도하십니다.

제 40일 참된 예배자는 영원한 나라를 늘 사모하는 사람입니다. 요한계시록

제 40 일

참된 예배자는 영원한 나라를 늘 사모하는 사람입니다.

요한계시록

    요한계시록은 로마 네로 황제 이후 도미티아누스(Domitianus, 51-96) 황제의 박해 시기인 90-95년경, 요한이 지중해 '에게 해(Aegean Sea)'의 밧모 섬에 유배되었을 때 쓴 것으로 알려졌습니다. 예수님을 직접 마주했던 요한은 영광과 승리의 그리스도, 그리고 모든 악을 극복한 그리스도의 예배자들이 승리하는 환상을 보았습니다. 요한계시록에 나오는 상징들은 매우 복잡하기에 그동안 그리스도인들은 다양한 방식으로 해석해왔습니다. 주님께서 다시 오실 때 일어날 사건들의 예언으로 해석하기도 하고, 또 다른 이들은 계시록을 쓸 무렵인 1세기 말의 사건들을 영감 있게 쓴 것으로 보았습니다.

    세베대의 아들 요한은 교육을 받지 않은 어부로서, 예수님께서 직접 택하신 열두 제자 중 한 명이었습니다. 요한은 3년 동안 예수님께서 기적을 행하시는 것과 능력 있는 말씀을 전하시는 것을 듣고, 잠시지만 예수님의 신성을 엿볼 수 있었습니다. 그는 우리가 상상할 수 없는 것들을 보았으며, 예배의 중요성에 대해 강조할 수 있었던 것은 그가 본 천국의 환상이었기 때문입니다. 요한계시록의 핵심은 예배이며, 우리의 예배를 통해 천국의 예배를 미리 맛볼 수 있습니다. 그래서 예배학자였던 로버트 웨버는 우리가 드리는 최고의 예배는 요한계시록 4-5장의 천국의 예배라고 말하며, 이것이 참된 예배라고 정의했습니다.

우리가 성경에서 볼 수 있는 요한의 첫인상은 충동적이고, 자신만만하고, 때때로 이기적인 모습입니다. 예수님께서는 요한과 그의 형제 야고보를 '천둥의 아들'이라 부르셨으며, 이들은 사마리아 마을을 심판하기 위해 하늘로부터 불을 내려달라고 예수님께 말하기도 했습니다. 그러나, 3년 동안 예수님과 함께 지내면서 요한은 하나님의 백성을 돌보는 사랑과 겸손의 목자로 변화되었습니다. 그는 하나님의 사랑에 대해 가르쳤을 뿐만 아니라, 그 자신도 다른 그리스도인들에게 깊은 사랑을 보여주었습니다.

> "내가 하나님의 아들의 이름을 믿는 너희에게 이것을 쓰는 것은 너희로 하여금 너희에게 영생이 있음을 알게 하려 함이라"(요일 5:13)

사랑은 우리 예배 공동체가 하나님을 위해 행하는 모든 사역의 동기가 되어야 합니다. 사실 우리는 요한의 계시록으로만 알고 있지만, 이 말씀을 주신 분이 누구인지 말씀하고 있습니다.

> "예수 그리스도의 계시라 이는 하나님이 그에게 주사 반드시 속히 일어날 일들을 그 종들에게 보이시려고 그의 천사를 그 종 요한에게 보내어 알게

하신 것이라"(계 1:1)

요한계시록은 예수님의 계시에 관한 말씀입니다. 먼저 하나님이 예수님께 주셨기에 예수님께 속한 것이며, 둘째로 예수님이 요한에게 계시한 것이므로 이 계시록의 기초는 예수님이라 할 수 있습니다. 마지막으로 계시록은 예수님 자체에 대한 말씀입니다. 높이 계시고 보좌에 앉으신 예수님의 모습과 인자의 눈은 '불꽃 같고'(계 1:14), '그 얼굴은 해가 힘있게 비치는 것 같다'(계 1:16)고 묘사하고 있습니다. 요한은 표현하기 힘든 진리와 천국의 실체를 상징적인 언어로 풀었으며, 하나님을 빛이요, 진리, 길, 문, 목자, 처음과 나중이라고 말합니다. 모두 무한하신 하나님을 엿볼 수 있는 유한한 개념들입니다. 이러한 상징은 우리가 예배하는 하나님에 대한 우리의 생각을 일깨우며, 오늘날까지 교회는 이러한 상징들을 풍성하게 사용해왔습니다.

요한이 영광스러운 인자의 발 앞에 엎드리자 예수님은 안심시키시며 그가 본 것을 기록하라고 말씀하십니다(계 1:18-19). 환상을 통해 여러 곳에서 천국 예배의 모습들을 보여주는데 4장과 5장의 경이로운 하나님의 보좌와 천사들, 그리고 다른 천국 생물들이 하나님의 보좌 앞에서 그분의 거룩하심과 위대한 존귀하심을 선포합니다.

"네 생물은 각각 여섯 날개를 가졌고 그 안과 주위에는 눈들이 가득하더라 그들이 밤낮 쉬지 않고 이르기를 거룩하다 거룩하다 거룩하다 주 하나님 곧 전능하신 이여 전에도 계셨고 이제도 계시고 장차 오실 이시라 하고"
(계 4:8)

보좌에 앉으신 죽임 당하신 예수 그리스도(계 5:6, 12)와 예배를 받으시는 전능하신 하나님과 함께 계시는 예수님을 매우 가까이서 봅니다.

"보좌에 앉으신 이와 어린 양에게 찬송과 존귀와 영광과 권능을 세세토록 돌릴지어다"(계 5:13)

우리는 아버지 하나님과 예수 그리스도께 예배 드리지만, 또한 삼위일체이신 아버지, 아들, 성령 하나님이 하나이신 하나님께 예배 드립니다.

요한계시록은 한편의 장엄한 예배 극과 같습니다. 하나님의 임재 가운데 경의로운 예식을 통해 이 세상 심판이 펼쳐집니다. 이 예식은 하나님과 보좌에 앉으신 승리의 어린 양 그리스도께 영광과 존귀를 돌리며, 거룩하신 분의 깊은 임재를 표현합니다. 이 예배는 모든 방언과 족속에서 모인 신실한 자들의 거대한 무리와 함께하며, 예배 인도자들은 구약과 신약을 통틀어 언약의 백성이 된 참 이스라엘의 지도자들을 대표합니다. 요한계시록의 예식들은 신약 교회의 예배 의식, 특히 부활절 촛불과 예배 양식에 영향을 주었습니다. 그리고 요한계시록의 예배는 동방교회로부터 현대 교회의 찬송가와 성가에 이르기까지 기독교 예배의 형식과 내용에 많은 영향을 끼쳐왔습니다. 많은 기독교 교파의 예배에 영향을 주었으며 특히 정교회는 요한계시록의 말씀에 기초해 예배당과 예배 의식을 세웠습니다. 그러므로 기독교 공동체 예배는 주관적인 느낌이나 개인적 필요가 아니라, 살아계신 하나님과 승리하신 그리스도의 위엄과 능력에 객관적 기초에 초점을 맞추어야 합니다. 그것이 요한계시록에서 강조하려는 참된 성경적 예배의 본질입니다.

요한계시록은 또한 마귀에 대한 하나님의 완전한 승리를 보여줍니다. 예수 그리스도가 인자로서 영원히 보좌에서 통치하시며, 영광의 날 우리는 새 하늘 새 땅에서 살게 될 것입니다(계 21:1). 하나님은 우리 안에 거하시며 우리의 모든 눈물을 닦아주시며 만물을 새롭게 하실 것입니다(계 21:4-5). 예배 드릴 때마다 우리는 미래의 천국 찬양대와 함께 하는 것입니다. 그리고 지금은 세상 풍파와 함께 이 땅에서 살고 있지만 이제 곧 하나님의 영광이 있는 미래로 들어가게 될 것입니다. 그러므로 우리는 날마다 영원한 생명과 기쁨을 주신 주님을 찬양해야 합니다.

"세상 나라가 우리 주와 그의 그리스도의 나라가 되어 그가 세세토록 왕 노릇 하시리로다 … 만왕의 왕이요 만주의 주여 … 할렐루야"(계 11:15, 19:16, 19:3)

요한계시록은 하나님의 이야기를 강렬하고 영광스러운 예배로 마무리합니다. 하나님께서 그의 백성들에게 주신 약속이 마침내 완전하게 실현됩니다.

"보라 하나님의 장막이 사람들과 함께 있으매 하나님이 그들과 함께 계시리니 그들은 하나님의 백성이 되고"(계 21:3)

주님의 임재 가운데 '신부'라고 불리는 예배 공동체는 반역하는 '바빌론'이라는 도시, 창녀로 상징되는 공동체와 대비를 이룹니다. 주님의 언약에 신실한 예배자들은 메시아를 인정하지만, 예수를 부정하는 자들은 그리스도인을 박해합니다. 신실하지 못한 도시인 예루살렘과 로마는 예수를 따르는 자들이 로마 정부와 유대교 지도자들의 손에 순교를 당한 모습을 의미합니다. 그러므로 요한계시록은 잘못된 예배, 즉 궁극적인 희생 제물이 되신 예수 그리스도를 무시하고 영적 권세를 주장하는 세상에 바치는 제사를 향해 경고하고 있습니다(계 13:1-8). 세상의 숭배들이 모두 심판받은 후에, 주님의 임재가 참된 교회인 '거룩한 성 새 예루살렘'(계 21:2)에 임하게 됩니다. 이제 성령으로 충만한 교회는 하나님을 향한 참된 예배 속으로, 생명을 갈망하는 모든 사람을 초청합니다.

"성령과 신부가 말씀하시기를 오라 하시는도다 듣는 자도 오라 할 것이요 목마른 자도 올 것이요 또 원하는 자는 값없이 생명수를 받으라 하시더라"(계 22:17)

요한계시록을 통해 우리는 몇 가지 예배의 통찰을 배웁니다. 첫째, 하나님은 감동의 말씀을 통해 우리에게 음성을 들려주십니다.

"주의 날에 내가 성령에 감동되어 내 뒤에서 나는 나팔 소리 같은 큰 음성을 들으니"(계 1:10)

둘째, 예배는 하나님을 향한 우리의 열정적 반응이 필요합니다.

"무릇 내가 사랑하는 자를 책망하여 징계하노니 그러므로 네가 열심을 내라 회개하라"(계 3:19)

셋째, 예배는 하나님의 거룩한 임재에 대한 자연스러운 반응입니다.

"그들이 밤낮 쉬지 않고 이르기를 거룩하다 거룩하다 거룩하다 주 하나님 곧 전능하신 이여 전에도 계셨고 이제도 계시고 장차 오실 이시라 하고 그 생물들이 보좌에 앉으사 세세토록 살아 계시는 이에게 영광과 존귀와 감사를 돌릴 때에"(계 4:8b-9)

넷째, 모든 열방과 민족, 그리고 수많은 사람들이 어린 양이신 그리스도께서 찬양하게 될 것입니다.

"내가 또 들으니 하늘 위에와 땅 위에와 땅 아래와 바다 위에와 또 그 가운데 모든 피조물이 이르되 보좌에 앉으신 이와 어린 양에게 찬송과 존귀와 영광과 권능을 세세토록 돌릴지어다 하니 네 생물이 이르되 아멘 하고 장로들은 엎드려 경배하더라"(계 5:13-14)

다섯째, 환난에서 나온 사람들은 예배를 통해 하나님의 구원에 반응하게 될 것입니다.

"내가 말하기를 내 주여 당신이 아시나이다 하니 그가 나에게 이르되 이는 큰 환난에서 나오는 자들인데 어린 양의 피에 그 옷을 씻어 희게 하였느니라 그러므로 그들이 하나님의 보좌 앞에 있고 또 그의 성전에서 밤낮 하나님을 섬기매 보좌에 앉으신 이가 그들 위에 장막을 치시리니"(계 7:14-15)

여섯째, 기도는 하나님의 보좌 앞에 피우는 향로입니다.

"향연이 성도의 기도와 함께 천사의 손으로부터 하나님 앞으로 올라가는지라"(계 8:4)

일곱째, 예배는 어린 양이신 예수 그리스도께 온전히 집중해야 합니다.

"또 내가 보니 보라 어린 양이 시온 산에 섰고 그와 함께 십사만 사천이 서 있는데 그들의 이마에는 어린 양의 이름과 그 아버지의 이름을 쓴 것이 있더라 내가 하늘에서 나는 소리를 들으니 많은 물 소리와도 같고 큰 우렛소리와도 같은데 내가 들은 소리는 거문고 타는 자들이 그 거문고를 타는 것 같더라"(계 14:1-2)

여덟째, 천국의 예배는 이 땅에서 시작한 찬양과 경배를 이어가는 것입니다.

"하나님의 종 모세의 노래, 어린 양의 노래를 불러 이르되 주 하나님 곧 전능하신 이시여 하시는 일이 크고 놀라우시도다 만국의 왕이시여 주의 길이 의롭고 참되시도다"(계 15:3)

아홉째, 하나님은 우리를 영원한 나라로 인도하십니다.

아홉째, 하나님은 그의 백성들의 고난을 제거하기 위해 악을 심판하실 것입니다.

"하늘과 성도들과 사도들과 선지자들아, 그로 말미암아 즐거워하라 하나님이 너희를 위하여 그에게 심판을 행하셨음이라 하더라"(계 18:20)

열째, 예언의 본질은 예수님을 분명하게 증언하는 것입니다.

"내가 그 발 앞에 엎드려 경배하려 하니 그가 나에게 말하기를 나는 너와 및 예수의 증언을 받은 네 형제들과 같이 된 종이니 삼가 그리하지 말고 오직 하나님께 경배하라 예수의 증언은 예언의 영이라 하더라"(계 19:10)

구세군 창시자 윌리엄 부스(William Booth, 1829-1912)는 어느 날 지옥에 관한 환상을 보고 나서야 비로소 열정적으로 복음을 전하기 시작했다고 합니다. 요한계시록의 천국 예배는 지금 우리의 예배에서 참된 예배를 경험할 수 있음을 보여줍니다. 그러므로 우리 예배는 하나님께 무한한 영광을 돌리며, 하나님의 임재가 가득하고 은혜가 충만한 예배가 되어야 합니다. 요한은 계시록을 통해 영원한 소망을 가지고, 우리의 예배가 더 역동적이고 살아있는 참된 예배가 되며, 무엇보다도 영과 진리가 충만한 예배가 되기를 소망하고 있습니다.

요한은 예배가 하늘의 언어임을 잘 보여주었습니다. 계시록 4, 5, 7, 11, 19장에서 요한은 하나님의 보좌 옆에서 신령한 존재들과 구원받은 백성들이 외치며 노래하는 모습을 표현했습니다. 이 셀 수 없는 무리들의 찬양은 끊임없이 계속될 뿐 아니라 천둥소리 같다고 묘사되었습니다. 이 예배는 명령에 따른 것이거나 강요에 의한 것이 아니라, 자발적이고 자유롭게 이루어진 것입니다. 또한 열정과 충만함, 거룩한 헌신이 함께하고 있습니다.

요한은 하나님을 찬양하는 신령한 무리들의 특징에 관해 말합니다. 그들은 깨어서 기도했습니다.

> "그 두루마리를 취하시매 네 생물과 이십사 장로들이 그 어린 양 앞에 엎드려 각각 거문고와 향이 가득한 금 대접을 가졌으니 이 향은 성도의 기도들이라"(계 5:8)

그리고 환난을 겪었습니다(계 7:14). 하나님의 이름을 경외했으며(계 11:18), 영적으로 순결한 자들입니다(계 14:4). 또한 이들은 흠이 없는 자들로(계 14:5) 선한 행위가 따랐습니다(계 14:13). 그리고 적들을 이겼으며(계 15:2) 우상숭배나 거짓을 행하지 않았습니다(계 21:27).

요한은 이 말씀들을 통해 하나님을 기쁘시게 하는 참된 예배는 신실한 마음에서 나온다는 점을 일깨워줍니다. 그러므로 우리는 이 세상의 유혹과 사단과의 영적 전투에서 승리해 신랑 되신 예수님을 맞을 흠 없는 삶을 살아야 합니다. 그리고 언제나 '주님 오실 날'을 준비하고 있어야 할 것입니다. "아멘! 마라나타, 주 예수여 오시옵소서!"

1. 요한계시록 4-5장에서 하나님의 보좌 앞으로 나아갈 때 우리의 반응은 어떤 모습인가요?
2. 요한이 말한 영적 예배의 본질은 무엇인가요?
3. 우리는 왜 준비된 신부의 모습으로 기다려야 할까요?

나가는 글

예배의 네 가지 구조가 만남과 말씀, 성찬, 파송이라면 하나님의 말씀은 예배의 핵심이라 할 수 있습니다. 우리는 하나님께서 지으신 피조물이자 예배자입니다. 그러므로 예배자는 예배를 잘 드리기 위해 열정을 가지고 최선을 다해야 합니다. 하나님께서 우리를 예배자로 지으셨다면, 완전하신 하나님은 누구를 예배하고 어떻게 예배할지에 대한 분명한 길을 우리에게 주셨을 것입니다. 그것이 바로 변함없는 진리, 하나님 말씀인 성경 말씀입니다. 성경은 무엇보다도 하나님에 관한 책입니다. 우리가 예배 드릴 대상인 하나님에 대한 모든 것이 담겨있습니다. 하나님께서 어떤 것을 좋아하시고 싫어하시는지, 하나님이 원하시는 예배의 모습과 우리의 자세, 마음 등이 상세하게 담겨있습니다.

그러므로 성경을 통해 우리는 하나님을 올바로 예배할 수 있으며 영광 돌릴 수 있습니다. 우리가 연약하고 부족하다고 할지라도 말씀을 읽고 가까이하면 올바로 예배할 수 있다는 뜻입니다. 성경은 우리가 신실하고 온전히 하나님을 예배할 수 있도록 도와줍니다.

이 책은 창세기부터 요한계시록까지 성경 66권을 예배로 통찰한 책입니다. 성경이 하나님을 예배하기 위한 본질과 기초이기에 예배의 본질과 성경적 그리고 신학적 예배의 기초를 추출할 수 있습니다. 그런 점에서 이 책은 우리 인생의 가장 중요한 우선순위인 예배라는 주제를 벗어나지 않으며, 온전히 예배자로서의 책임과 의무를 세우게 합니다. 그리고 신앙이 깊은 성도로부터 연약한 성도에 이르기까지 어렵지 않게 예배의 목적과 예배자의 초점을 찾아갈 수 있게 합니다.

교회의 가장 중요한 목적은 그리스도가 주인 되신 참된 예배 공동체입니다. 선교, 교육, 봉사 등 중요한 많은 사역들이 우리 교회 앞에 있지만, 예배로 잘 세워지지 않은 교회는 사람의 지혜와 인본적인 행위들이 넘쳐날 수밖에 없습니다. 그러므로 참된 예배 공동체는 예배에 집중하는 공동체입니다. 그리고 우리 각 그리스도인 지체들이 하나가 되어 하나님께 영광 돌리는 모습이 하나님이 가장 원하시는 교회의 모습입니다.

이 책을 통해 하나님이 기뻐하시는 참된 예배 공동체가 되기를 소망합니다. 그리고 예배자로 지음 받은 우리들이 예배를 잘 드릴 수 있도록 예배의 본질과 기초를 분명하게 알아야 할 것입니다. 이 책이 하나님을 올바로 예배할 수 있는 도구가 되기를 소망합니다.

주님 오실 날이 점점 가까운 이 때에 조금 더 하나님께 집중하기 위해서는 말씀과 찬양, 기도, 즉 예배에 집중해야 할 것입니다. 날마다 영과 진리의 예배를 통해 기쁨으로 하나님께 영광 돌리는 예배자의 삶과 참된 예배 공동체가 되기를 기도합니다.